石山恒貴
Ishiyama Nobutaka

日本企業のタレントマネジメント

適者開発日本型人事管理への変革

Talent Management of
Japanese Companies

中央経済社

はじめに

　冒頭に，筆者の個人的なキャリアの話にふれることをお許しいただきたい。筆者は2013年から大学教員としてのキャリアを開始したが，それ以前は実務家として，20数年間にわたり，3社の人事部門を経験してきた。人事部門の担当者としては，様々な悩みがあった。その中でも，次の2点についての悩みは深かった。

　第1の悩みは，

　　　　　　「人事部門は，事業にどれだけ貢献できているのか」

ということだった。企業経営にとって，人材の確保，成長こそ重視される事項である，という矜持をもって人事業務を行ってはいた。ただ，間接的な支援を行う業務が多いと，なかなか経営に貢献しているという実感が持てなかった。そんなある日，事業部門のマネージャーと人事案件の打ち合わせをしているときに，次のような言葉を投げかけられた。

　「人事という文字は，人に事と書くから，『ヒトゴト』と読めますよね。人事部門の人たちにとって，会社の事業というのは，所詮，ヒトゴトなんじゃないですか」

　もちろんこの言葉に対して，反論しようとした。しかし，どう反論すべきか，すぐには思いつかなかった。結局うまく反論できずに終わり，このやりとりは苦い思い出として残ることになった。

　第2の悩みは，

　　　　　　「人事の専門性として，何を深めるべきなのか」

ということだった。人事としての役割は，多岐にわたる。経営者とのコミュニケーション，組合とのコミュニケーション，部門間の葛藤の調整，企業変革・組織開発の進行役など。それらは，難易度の高い役割といえる。しかし，こうした役割を果たすための専門性とは何であろうか。これらのコミュニケーションの基盤となる専門性とは抽象的なことのようにも，経験でしか培えない

ことのようにも思えた。そこで生じる疑問とは，具体的に学ぶべき専門知識とは何か，ということだ。たとえば，労働法関連の知識だろうか。たしかに労働法は人事にとって学ぶべき領域であるが，それだけが専門性というのは，何かしっくりこない。

このような悩みを抱えていたとき出会った言葉が，「タレントマネジメント」であった。タレントマネジメントという言葉を意識するようになったのは，2007年か2008年くらいだったと思う。当時，筆者は外資系企業の人事部門で勤務していたが，人事部門の名称がタレント部に変更になった，という話をよく聞くことがあった。

タレントマネジメントという言葉は，筆者にとって魅力的に感じられた。この概念においては，タレントの獲得，選抜，育成に関与することで，経営に貢献する道筋が明確になるように思えた。また，タレントマネジメントとして行うべき機能が具体化されていることから，それらの機能について学ぶことこそ，人事担当者の専門性の醸成につながると思えた。こうした思いから，筆者はある国際的な人材育成団体の，日本でのタレントマネジメントに関する自主的な勉強会に2009年から参加した。

実務家として業務を遂行する傍ら，実際に勉強会に参加してみると，タレントマネジメントへの期待は，そのとおりであった部分と，そうではなかった部分の両方が存在していたように思う。たしかにタレントマネジメントは整理された考え方であり，経営戦略への貢献や行うべき機能は，ひととおり定義されている。しかし，その定義の抽象度は高く，それを実務にどのように応用すればいいのか，実務家としては難しく思えた。そんなある日，タレントマネジメントにも詳しく，人事のプロフェッショナルとして尊敬していた以前の職場の上司を勉強会に招き，講演してもらったことがあった。ところが，その上司の言葉は意外なものであった。

「自分はタレントマネジメントという言葉は好きではない。企業にとってタレントは大事だが，タレントは管理されるものじゃない」

この言葉は，なるほどと思える反面，それではタレントとはどういう意味なのか，マネジメントとはどう意味なのか，という疑問にもつながった。

　勉強会に参加する一方，筆者は社会人大学院博士後期課程にも通い，学会などにも顔を出すようになっていた。神戸大学で開かれた2012年の経営行動科学学会の大会の懇親会に参加したときのこと。論文や本を通してのみ知る存在だった著名な研究者が居並ぶ懇親会は，人見知りである筆者にとって，気後れする場でしかなかった。しかし，この懇親会は実りの多いものでもあった。同じ社会人大学院生など，筆者の主要な研究領域である「越境」についての研究仲間と知り合うことができた。その後，これらの方々と共著で研究書を出版するなど，様々な交流がはじまることになる。

　そして，タレントマネジメントについても，大きな出会いがあった。タレントマネジメントを研究する博士後期課程の大学院生と知り合うことができたのだ。その院生は，目を輝かせながら，語っていた。

　「タレントマネジメントの研究をしています。海外の主要ジャーナルで特集されて盛り上がっているのに，日本では，ほとんど研究されていないですよね。はたして日本の学会で受け入れられるのかわかりませんが，これでやっていきます」

　本書でも後述するように，2012年の段階で，タレントマネジメントの研究は海外の主要ジャーナルにおいて，相当の蓄積が進んでいた。ところが，筆者は勉強会に所属してタレントマネジメントに関心を持ちながら，その盛り上がりに気がついていなかったわけで，自らの不明を恥じることとなった。同時に，日本の学会に挑戦していこうという気概に溢れる，その大学院生の表情が輝いて見えた。その大学院生とは，本書でも多くの引用をさせていただくことになる，柿沼英樹先生であり，実際にタレントマネジメントの概念を日本の学会に紹介することになった先駆者である。

　いつもということではないが，このように学会の懇親会は，時には得難い出会いをもたらしてくれるものだ。気後れしても参加してよかった，と当時，筆者はつくづく思ったものだ。そして，柿沼先生の影響を受け，いつか，日本のタレントマネジメントの研究をしてみたい，と思うようにもなった。2013年に，母校の大学院に運よく職を得た筆者であったが，まずはじめた調査は，タレントマネジメントであった。

　思い出話が長くなってしまって恐縮であるが，タレントマネジメントについては筆者なりに思い入れもあり，また偶然に導かれて研究をはじめたところもある。いずれにせよ，人とのご縁に感謝したい。

　本書の目的であるが，主として欧米においては，タレントマネジメントはまず実務的に注目され，その後，学術的な研究蓄積も進んだ。詳細は後述するが，日本においてもタレントマネジメントという言葉は，人事部門の担当者の中で認知度は向上している。しかしながら，いまだ人事部門の担当者の中でも，タレントマネジメントの定義は曖昧で，多様な捉え方をされていることが実態であろう。また，人事施策にタレントマネジメントの考え方を本格的に取り込む試みを進めている日本企業は，まだ一部であると考えられる。その理由としては，日本型人事管理に対して，タレントマネジメントが馴染みにくいのではないか，と多くの人事部門の担当者が考えている可能性もあろう。

　しかし，そもそもタレントマネジメントの定義が曖昧で，その本質が把握されていないのであれば，導入の検討は難しくなるであろう。また，日本型人事管理そのものも，その強みと弱みを，冷静に振り返って分析する必要もあるのではないだろうか。

　そこで，本書では，タレントマネジメントと日本型人事管理の特徴，強み，弱みを分析する。そのうえで，タレントマネジメントという考え方が，日本型人事管理において受容できるものなのか，その実態を分析し，今後の方向性について提言することを本書の目的とする。

　本書の構成は，以下のとおりである。

　第 1 章では，先行研究のレビューにより，タレントマネジメントの背景と定義について検討していく。定義の前に，まずはタレントという概念そのものを取り上げる。その後，定義，学問領域，タレントマネジメントの分類の可能性，タレントマネジメントへの批判について考えたい。

　第 2 章では，日本型人事管理とタレントマネジメントについて考える。本書では，日本型人事管理の本質的な部分は依然維持されていると考える。そのうえで，その特徴，強み，弱みを分析し，日本型人事管理とタレントマネジメントの関係性を考察する。

　第3章では，本書としてのタレントマネジメントの定義を行う。そのうえで，本書としてのリサーチクエスチョン（RQ）を提示し，そのリサーチクエスチョンが以後の調査・分析とどのように関連しているのかということについて，述べていく。

　第4章では，日本における戦略的タレントマネジメントの導入状況，またそれが機能する条件とメカニズムについて検討していく。まずは戦略的タレントマネジメントのメカニズムを，多国籍に展開する企業を事例として検討する。その後，日本企業が戦略的タレントマネジメントを導入する場合の実態と，その際の効果や課題はどのようなものかについて，検証を進めていく。なお，第4章の初出は，石山恒貴・山下茂樹（2017）「戦略的タレントマネジメントが機能する条件とメカニズムの解明—外資系企業と日本企業の比較事例研究—」『日本労務学会誌』Vol.18, No.1, pp.21-43.であり，加筆，修正して掲載したものである。

　第5章では，選別アプローチ（一部の社員だけを主にタレントマネジメントの対象とする考え方）ではなく，社員全員を対象としてタレントマネジメントを行う日本企業における，競争戦略のタレント戦略への転換の詳細を，定量調査により分析していく。具体的には，タレントマネジメント施策に関する集団的認知と個人的認知がワークエンゲイジメントに与える効果について検討する。第5章は，経営行動科学学会第21回年次大会における筆者の口頭発表「タレントマネジメント施策に関する集団的認知と個人的認知がワークエンゲイジメントに与える影響—マルチレベル分析による検討—」を大幅に加筆，修正して掲載したものである。

　第6章，7章，8章では，事例研究として，6章でサトーホールディングス，7章で味の素，8章でカゴメを取り上げる。いずれの企業も，創業以来の企業理念を尊重し，日本型人事管理の強みを有し，それを維持する意図があると同時に，タレントマネジメントの導入を試みている。こうした条件が，本書の調査対象として適切であるが，3社それぞれの異なる状況もある。そこで，3社の異なる状況を分析することで，多角的にタレントマネジメントと日本型人事管理の接続の可能性を分析していく。

　第9章では，タレントマネジメントという考え方が，日本型人事管理において受容できるものなのか，その実態を分析し，今後の方向性について提言する

という本書の目的にそって，第4章から8章までの調査・分析結果に基づき，考察と結論を述べる。具体的には，RQの分析結果，本書の主な発見事項，理論的意義と実践的意義，今後の課題について述べる。

目　次

第5章　タレントマネジメント施策に関する集団的認知と個人的認知の効果の検討　111

第8章 事例研究③　カゴメ

第9章　まとめにかえて
—タレントマネジメントと日本型人事管理の接続は可能か—　191

第1章

タレントマネジメントが
なぜ注目されるのか

第1章では，先行研究のレビューにより，タレントマネジメントの背景と定義について検討していく。まだまだ曖昧で，議論の余地が大きい定義を考える前に，まずはタレントという概念そのものを取り上げる。タレント自体について検討しない限り，定義を考えていくことはできないだろう。また，タレントマネジメントの基盤となる学問領域は，いくつかの異なる分野により成り立っている。学問領域の異なる関心が定義にも影響しており，この点についても検討する。

さらに，タレント，定義，学問領域について考えたうえで，タレントマネジメントの分類の可能性を検討する。タレントマネジメントは，地理，文化，産業などの様々な条件により，適した類型が存在する可能性が指摘されている。この点について検討していきたい。本章の最後では，タレントマネジメントへの批判についても考えたい。

1 なぜ，タレントマネジメントが注目されるのか

もともとタレントマネジメント（talent management）は，1997年のマッキンゼー・レポートにおける，ウォー・フォー・タレント（war for talent）という有能な人材の獲得こそが企業の競争優位に直結するという概念の提唱（Michaels, Handfield-Jones and Axelrod, 2001）が出発点とされる。この概念は，ウォー・フォー・タレントアプローチと呼ばれ，社員を成果の発揮度で，A，B，Cに位置づける。すなわち，企業のポジションはなるべく多くのAプレイヤーで充足し，Cプレイヤーはなるべくその数を減らすことを意味する

(Lewis and Heckman, 2006)。このウォー・フォー・タレントの考え方は，とりわけ当時の米国，あるいはアングロサクソンの労働市場においては，納得性の高いものだったと考えられる。米国型の人材管理においては，pay-for-the-jobアプローチ（職務で報酬を定める）が主流であったところ，タレントという概念を導入したことにより，pay-for-the-personアプローチ（人で報酬を定める）という認識が広がるきっかけになったとされる（Sparrow, 2019）。

　職務よりも人に注目することで，知識経済化における人の才能の重要性が認識されることになった。そうなると，人材の流動性が高いアングロサクソン型の労働市場においては，その確保が経営上の優先課題になる。同時に伝統的な人事施策では人材の需要予測の精度が低く，激しく変動する競争環境に対応しなければならないという課題も生じた。この課題に対応するため，Cappelli (2008) が唱えた概念が，タレント・オン・デマンド（talent on demand）である。タレント・オン・デマンドとは，サプライチェーンマネジメントのようなジャスト・イン・タイムでの素早い需給ギャップの調整を，タレントについても実施するという考え方を意味する。

　こうした主張はあくまでアングロサクソン型の労働市場を前提としたものであり，詳細は後述するが，人をオンデマンドに調達するとは，あたかも人を資材のように考えているとの批判も生じる（Sparrow, 2019）。しかし，この主張に説得力があったこともたしかであり，グローバルに事業を展開する企業において，タレントマネジメントが一般化しつつあるとさえ評されるようになった（石原, 2013）。

　ただし，タレントマネジメントという概念の勃興は，現象（phenomenon），もしくはより否定的に捉えれば流行（fashion）であり，理論（theory）にまで到達したわけではない，という見解も多い。タレントマネジメントに関する文献は1990年から2013年にかけて，2000年頃から急増し，その数は7000件を超えている。しかし，そのうち，学術的なピアレビューの論文は100件程度にすぎない。つまり，学術的な関心を集めつつあるものの，タレントマネジメントへの注目は実務家が中心であるということになる（Dries, 2013）。こうした実務上の関心を踏まえて，2000年代以降，多くの学術雑誌でタレントマネジメントの特集が組まれ，研究論文の蓄積が進んだが，その3分の2以上は概念的なものでタレントマネジメントの定義を探索しているものだとされる

（Thunnissen, Boselie and Fruytier, 2013）。

　では，タレントマネジメントは，なぜそこまで実務家に注目されるように
なったのか。実務家を中心とする国際的な人材育成団体のATD[1]は，知識経済
の進展によりタレントが企業の競争優位の源泉になったことが，注目された原
因としている（ATD, 2009）。これは，ウォー・フォー・タレントという言葉
どおり，タレント獲得競争の帰趨こそが，企業経営を左右するという認識が，
実務家に共有されているからだろう。実は，この認識は，学術的なタレントマ
ネジメントにおいても共通している。学術的には，人的資本（Human
Capital）としてのタレントが，企業の競争優位に直結するようになったとい
う認識が概ね前提になっている（Collings and Mellahi, 2009; Sparrow, 2019）。
しかし先述のとおり，この認識はアングロサクソン型労働市場に偏った視点と
いう批判があり，さらに現象としてのタレントマネジメントは，その定義自体
が曖昧であるとされる（Dries, 2013; Lewis and Heckman, 2006; Sparrow,
2019）。そこでタレントマネジメントの定義についての検討は欠かせないが，
その前にタレントとは何を意味するのか，ということを考えてみなければなら
ない。

2　タレントとは誰のことか：定義

　タレントとは，いったいどのような存在を意味するのであろうか。すぐに思
い浮かぶことは，次のような分類ではないだろうか。社内における10%以内の
優れた存在か，平均以上の優れた存在か，それとも社員全員のことを意味する
のか。これは単純にいえば，社内におけるタレントの比率が10%程度なのか，
50%程度なのか，100%なのか，という違いになる。しかし，これではあまり
にも単純すぎる比較になってしまう。また，優れた，という基準はどのように
判定するのだろうか。

　ここに述べたことは単純すぎる比較ではあるものの，この違いさえ明確でな
いまま，タレントマネジメントが語られてしまうことや，制度設計されてしま
うことがある。理論化するにせよ，実務的に制度設計するにせよ，タレントに
ついて，明確な定義を行うことは欠かせないだろう。

2-1　タレントという言葉の変遷

　まず，タレントという言葉の変遷をみてみよう。タレントは，古代ギリシャ
では，重量の単位を意味しており，25.86kgがその単位であったいう。その後，
タレントは貨幣への単位へと意味を転じ，聖書のマタイ書でも，「タラント」
という呼称で，貨幣単位の意味で使用されている。次にタレントの意味は，中
世以降のヨーロッパで，個人の内部に存在する特有の能力，才能，神から与え
られたものへと転じていく。13世紀までに気質，15世紀では宝や生来の能力，
17世紀では特別な能力，19世紀までには特別な能力を有する人，という意味に
なっていく。結果として今日では，ミュージシャンやアスリートなど，天賦の
才能が影響すると思われる職種で，タレントという言葉は多く使用されるよう
に な っ て い る（Gallardo-Gallardo, Dries and González-Cruz, 2013;Tansley,
2011）。

　Michaelsほか（2001）は，中世で意味が転じたのは，新約聖書（マタイ書）[2]
の寓話についてのマルティン・ルターの解釈がきっかけだとしている。この寓
話では，旅にでかける主人が，3人の従僕に，それぞれ5タラント，2タラン
ト，1タラントを預ける。5タラント預けられた従僕と，2タラント預けられ
た従僕は，それを元手に商売をして，それぞれ5タラントと2タラントを儲け
る。それを旅から帰ってきた主人に報告し，この2人の従僕は主人から褒めら
れた。他方，1タラント預けられた従僕は，その1タラントを地中に隠して保
管しておいた。主人は旅から帰ると，地中に隠して1タラントを増やさなかっ
た従僕を罰するのである。

　ルターは貨幣単位としてのタレントを増やした者が褒められ，保管だけして
増やさなかった者が罰せられたという寓話から，人間には勤勉を心がけ，自ら
の内なるタレント，すなわち才能を増やす義務がある，と解釈したのだった。
こうしてタレントは天からのギフトであって個人に帰属するとともに，個人が
それを伸ばすべく努力する対象ともなったわけだ。また，Tansley（2011）は，
ギリシャ語から英語にタレントという言葉が翻訳される際に，貨幣の単位であ
るからこそ，資本（capital）とも訳されたことを紹介している。これは今日の
タレントが人的資本（human capital）としてみなされることと共通性がある
と指摘している。

　日本では，放送を職業とする人，いわゆる芸能人を意味してタレントと称されることが多い[3]。そのため筆者も，人事領域とは関係のない会議や講演などの場でタレントマネジメントという用語を使用した際に，芸能人事務所の話をしているのかという誤解を受けた経験がある。日本ではタレントという用語が「才能」を意味するので，やはり天賦の才能を有するということで芸能人という意味に転じたと考えられる。先述のとおり，欧米でもミュージシャンやアスリートにタレントという言葉が多く使われる。芸能人を指すという使い方は日本特有だが，天賦の才能がある，ということでは欧米での使用方法と，ことさら異なっているわけではない。

　日本におけるタレントという言葉には，芸能人を意味する以外に，他国と比較して何か違いがあるだろうか。Tansley（2011）は，日本ではタレントは「才能」と呼ばれる，と紹介している。さらに「才能」は「才」と「能」に分解できる。「才」は能力，すなわち資質に富むことを意味するという。他方「能」は，伝統芸能の能と関連があり，スキルと達成を意味するという。ここからTansleyは，日本文化においては「才能」とは先天的な概念というよりも，長年にわたる努力の結果としての達成と実践によって獲得される資質が強調されるのだとする。これはヨーロッパ諸国で意味されるタレントが，天賦で先天的なものに基づく傑出した達成であることに対し，日本のそれが，長年の後天的な努力の積み重ねによる達成であるから，対照的なのだという。

　Tansleyが指摘するほど日本の「才能」の意が後天的な意味に偏っているのかということについては疑問があるものの，タレントという言葉に先天性と後天性が含まれ，その解釈について国際的な文化の違いがあることはたしかであろう。そうであれば，文化による解釈の違いが，タレントマネジメントの制度設計や運用のあり方に影響を与える可能性も否定できないだろう。

　なお，関連して「人材」という言葉についても述べておきたい。川喜多（2004）は，日本においては，「材」という言葉が「材料」を連想させることから，「人材」という言葉が企業に嫌われ，「人財」と言い換えられることがあると指摘している。しかし川喜多によれば，「材」は「木」と「才」に分解され，いずれも良い意味で使われていた言葉である。「木」は神の現れる聖なる場所を意味し，「才」は聖地の標識を意味し，ここから「才」は立派な人，立派な能力を意味するようになる。また「材」と「才」は同等に使われていたことも

あり，「人才」や「材能」という表現もあったという。

　「材」と「才」が同等の意味で，「才」が立派な人，立派な能力を意味すると
なると，まさに「人材」の意味は，才能ある人，ということになる。つまりは，
タレントが意味するところと同義であると考えることもできよう。もし，「人
材」の「材」において「材料」の意を重く捉えるなら資源（resource），「才能」
と捉えるならタレントになる。他方，「人財」という言葉に言い換え，「財産」
として捉えるなら，資本という意味を示唆していることにもなろう。「人材」
あるいは「人財」という言葉の使用方法は，意味の違いと言ってしまえばそれ
までだが，企業の人への姿勢，立場を表現しているという見方も可能であろう。
そのため，言葉の違いが，タレントマネジメントの制度設計や運用のあり方へ
の影響力を秘めていると考えることもできよう。

2-2　タレントという概念の解釈

　タレントマネジメントにおけるタレントという概念の解釈には，いくつかの
論点がある。Gallardo-Gallardoほか（2013）は，解釈を客観（object）アプ
ローチと主観（subject）アプローチに大別する。Gallardo-Gallardo（2019）に
よれば，客観とは「何がタレントか」（What is talent?）であり，主観とは「誰
がタレントか」（Who is talent?）という区分を意味するという。つまり，タレ
ントを「才能」という特性として捉え，それが何であるのかを考えることが客
観アプローチになる。他方，タレントを「人」として捉え，それがどのような
人かについて考えることが主観アプローチになる。**図表1-1**は，アプローチ
の違いの概要を示している。

2-2-1　客観アプローチ

　客観アプローチとは，タレントを「才能」，つまり個人の特性として捉える
解釈である。英語および欧州の他言語において，タレントは特定の領域での生
来の能力を意味していた（Tansley, 2011）。その意味に則すと，タレントとは
特定の領域において平均以上の能力となり，結果としてその領域での傑出した
成果につながる。このように，ある特定の領域で客観的に把握できる能力とし
てタレントを解釈することが，客観アプローチとして位置づけられている。

　客観アプローチは4種類の観点に区分できる。第1の観点は，タレントとは

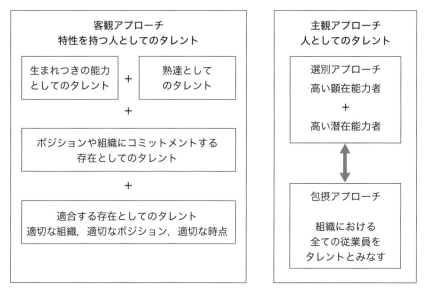

（図表1-1）　タレントという概念の解釈枠組み

（出所）Gallardo-Gallardoほか（2013），p.297, Figure.1.を抜粋して筆者が翻訳

「生まれつきの能力」を有する存在だという考え方である。能力が生まれつき
なのか，育成できるのかという議論は，終わりがないものなのかもしれない。
しかしながら，多くの研究者も実務家も，ある程度はタレントが，生まれつき
の能力であると合意しているという。ただ，生まれつきの能力であるという程
度を高く見積もるならば，そもそもタレントを管理することは難しいという議
論が生じることになろう。

　第2の観点は，タレントとは「熟達」した存在だという考え方である。熟達
者とは，Drcyfus（1983）が5段階の区分で示したように，特定の領域に関し
ては，最終段階では全体的な認識を有機的に行うと同時に決断を直観で行うこ
とができるほど，その道を究めた存在である。Benner（2001）が看護師の5
段階の熟達について具体化していることも，有名である。

　熟達アプローチには，タレントが発揮している成果は明確に測定できる，と
いう前提がある。その前提に基づき，かつタレントを特定の領域を極めた存在
と考えるため，熟達アプローチにおけるタレントとは，平均以上の存在という

よりも，その領域でトップ10％の成果を収める存在ということになる。つまり熟達アプローチにおけるタレントとは，明確な指標で選別できるものであり，すなわち顕在化している成果で選別できる存在である。

第3の観点は，タレントとは「コミットメント」する存在だ，という考え方である。コミットメントの対象は2つに区分できる。まずは，仕事そのものに並々ならぬ情熱を傾け，努力するという意味でのコミットメントである。次に，組織の成功に努力を傾注するという意味でのコミットメントである。組織の成功にコミットするならば，タレントの個人としての目標と組織としての目標の整合をいかに実現するのか，という点が重要になってくる。

第4の観点は，タレントとは「適合（fit）」している存在だ，という考え方である。この場合の適合とは，個人としてのタレントが，環境（従事している仕事の文脈）と適合しているという意味になる。環境とは，適所（the right place），適ポジション（the right position），適時（the right time）などで示される。適合アプローチに基づけば，タレントとはどのような文脈でも同じように力が発揮できる，いわば普遍的なAプレイヤーではない，ということになる。ある文脈のみで力が発揮できる存在であり，その異動は慎重に検討されるべきだ，ということになる。また，だからこそ，企業の中におけるキーポジションを定義し，明確化することが必要になるともいえる。この考え方は，後述する戦略的タレントマネジメント（Collings and Mellahi, 2009）につながるものとなる。なお，key position と pivotal position という用語は，多くのタレントマネジメントの先行研究で，ほぼ同義で使用されている。したがって本書では，いずれの用語もキーポジションとして，以降，訳出する。

2-2-2　主観アプローチ

主観アプローチではタレントを「人」そのものと考える。このアプローチでは，タレントという概念は人そのものであり，両者を切り離すことはできない。たとえば，人は組織の財産であり「人財」だ，と表現されるときは，主観アプローチがその前提として存在することになるだろう。

主観アプローチは，まず選別（exclusive）アプローチと包摂（inclusive）アプローチに区分される。選別アプローチは，さらに「高業績者」（high performers）と「高い潜在能力者」（high potentials）に分類される。

　選別アプローチにおいて，タレントとは企業に大きな組織成果をもたらす限られた者を意味し，必然的に企業内の労働力は区分されることになる。選別アプローチにおける第1の観点では，タレントを「高業績」を実現する者，として捉える。これは，ある意味わかりやすい。高業績とは傑出した目に見える成果をあげ，企業に貢献している状態を意味する。そのため企業の競争優位に欠かせない存在であり，Aプレイヤーと位置づけられる。これは，まさに先述のMichaelsほか（2001）のウォー・フォー・タレントアプローチが想定しているタレントに合致するものだろう。さらに，高業績の基準は，しばしば全社員の中のトップ10%以内と表現される。Michaelsほかは，こうしたAプレイヤーを企業内のあらゆる階層に配置し，Bプレイヤー，Cプレイヤーを極力減らしていくことこそ，企業が競争相手の他社を圧倒する方法だと主張する。しかし，そもそも，トップ10%以内であるべきAプレイヤーの比率が企業内で増加していけば，必然的に10%以内でなくなってしまうという矛盾がある。

　さらに，上記と関連し，成果とは何を意味し，どのように計測すべきなのか，という問題もある。長期間持続するものなのか，短期間に限定されたものなのか。企業の業績指標に直接影響を与える数値的なものなのか，高業績者の行動特性であるとされるコンピテンシー（competency）など，行動として捉えるものなのか。さらに，特定の集団内での相対評価で捉えるものなのか，何らかの指標により絶対評価で捉えるものなのか。こうした点が曖昧であれば，Aプレイヤーの定義そのものが曖昧になってしまう。これらの点は議論すべき重要なものであるが，後のタレントマネジメントの定義と分類において詳しく検討してみたい。

　選別アプローチにおける第2の観点では，タレントを「高い潜在能力」を有する者として捉える。「潜在能力」は「顕在能力」よりもわかりにくい概念であるが，顕在能力と対置されることで把握しやすくなる。まず潜在であるから，将来の活躍可能性を意味する。したがって，現状高い成果を発揮していなくても，将来発揮できる可能性であって，しかも活躍する場は現状の職務と限らず，企業内のその他の様々な職務においても活躍できるという可能性になる。さらに将来活躍できるということであるので，今後，大きく成長できるという，成長の可能性を有した存在になる。

　潜在能力をこのように考えてみると，いったいそれをどうやって測定するの

か，という問題が，顕在能力よりさらに難しいことがわかる。潜在能力への代表的な批判は，結局，潜在能力とは過去の「顕在的に達成された業績」によって計測されるのであり，ハロー効果などのバイアスによって歪んだ結果で計測されている，というものだ（Martin and Schmidt, 2010）。この批判は，端的にいえば潜在能力を計測するのは難しいのであって，結局のところ顕在能力と同じ概念にすぎない，ということになろう。潜在能力とは本当に計測できるのか，という点は，本書の調査分析においても議論していきたい。

　Gallardo-Gallardoほかは，顕在能力と潜在能力から構成される選別アプローチに対する主要な批判を6点にまとめているので，それについても触れておこう。第1は，選別は客観性に乏しく主観的なもので，トップと現場のマネージャーのバイアス，極端にいえば好き嫌いによって実施されるのではないか，という批判だ。第2は，タレントとは傑出した存在であり，そうではない者と明らかに違うという前提があると，AプレイヤーがBプレイヤーのように見えてしまうのではないか，という批判だ。第3は，先述したとおり，潜在能力とは過去の顕在能力の発揮度に基づく予測にすぎず，潜在能力と顕在能力に本質的な差はないのではないか，という批判だ。第4は，ピグマリオン効果などの影響である。人は期待されるほど，その期待に応えて成果を発揮するのであり，潜在能力にせよ顕在能力にせよ，結局は現時点のその対象者への期待度の差により選別が決定してしまうのではないか，という批判だ。第5は，選別されて将来が約束されたと考えた対象者は，失敗を恐れ大胆にリスクを取るような行動をしなくなってしまうのではないか，という批判だ。第6は，少数のスーパースター，にまつわる批判である。少数のスーパースターが選別されたとわかると，選別されなかった者たちのやる気が削がれ，組織全体の士気にかかわるのではないか，というものだ。たしかにこれらの批判は，実務的にもしばしば言及されるものであり，本書の調査分析においても議論していきたい。

　では，選別アプローチと対をなす包摂アプローチとは，どのようなものだろうか。これは端的にいえば，全社員，組織の全員をタレントとみなす考え方である。この考え方は，しばしばタレントマネジメントの中の「強み重視アプローチ」（strength-based approach）の中に見い出せるという。強み重視アプローチでは，個人はそれぞれ生来に特定の領域において才能があるのであり，それを強みとして伸ばすべきで，弱み（weakness），開発課題（development needs）などを改善しようというギャップアプローチを取るべきではない，とする（Buckingham and Vosburgh, 2001）。ここで想定されているタレント（才能）とは，個人において繰り返し起こる感情，行動が生産的に活用できる，ということである。つまり，その個人のユニークさそのものなのであり，タレント（才能）を教えることはできない。そうなると，個人は誰でも特定の領域において才能があるのだから，すなわち組織の全員がタレントということになる。

　このように包摂アプローチにおいては，少数のスーパースターだけに着目するのではなく，組織の全員に目配りすることが特徴となる。そのため，この考え方は，次節で述べる戦略的人的資源管理におけるベストプラクティス・アプローチ（Lawler, 1986 ; Pfeffer, 1994）となじみがよい。ベストプラクティス・アプローチとは最善の人的資源管理施策が存在するという考え方だが，その考え方の基盤には平等主義があり，それによって，組織に在籍する多数の者のモチベーションが維持されることになる。他方，この点こそが，包摂アプローチへの批判の主眼となる。もし，タレントが組織全員を対象とするのであれば，その施策は戦略的人的資源管理，あるいは人的資源管理と本質的になんら異なる必要はない。であれば，ことさらに，タレントマネジメントなどと，わざわざ新しい言葉を使用する意味もない，という批判である。

　以上，選別アプローチと包摂アプローチについて，その詳細を検討してきた。この2つのアプローチの違いを端的に示す概念が，マタイ効果（Matthew effect）とマルコ効果（Mark effect）である（Bothner, Podolny and Smith, 2011）。マタイ効果とは，新約聖書（マタイ書）における，先述のタレントという言葉の解釈に関する同じ寓話が根拠になっている。この寓話では，3人の従僕のうち，5タラントと2タラントを元手に商売をして，その元手を増やした2人は，旅から帰った主人に褒められ，1タラントを地中に隠して増やそうとしなかった従僕は罰せられた。

　では，従僕はどのように罰せられるのであろうか。従僕は役に立たないという烙印をおされ，外の暗いところに追い出され，泣き叫ぶことになる。そのうえで，この1タラントは，すでに10タラントを持っている者に与えられるように指示されるのである。そして，マタイ書は，持てる者はいよいよ与えられ富むようになり，持っていない者は持っている物さえ取り上げられる，と告げる

のである。マタイ効果は，もともとMerton（1968）がこの寓話の持てる者は
ますます富むという点に着目し，高い地位にある研究者はますます多くの信用
を有するようになり，それによって多くの肯定的な評価や報酬を得る，という
現象の説明に使用したものである。

　Bothnerほか（2011）によれば，マタイ効果とは配分の問題であり，勝者が
多くを獲得する（winner-take-most）ことにつながるのであるが，それはいっ
たん確立した評判の良さによって，目に見えない資源や報酬が勝者に集まり，
獲得できるからなのである。先述したとおり，Michaelsほか（2001）はこの寓
話を，タレント（才能）は個人に帰属するものであって，かつ個人はそれを伸
ばすべく努力する必要もある，という解釈に使っている。これをあわせてマタ
イ効果を考えると，個人に帰属するものであるタレント（才能）を努力して開
発すると高い地位を獲得でき，いったん高い地位につくと，ますます信用され
評価されるので，さらに多くの資源を獲得し，タレント（才能）を一層伸ばせ
ることになる。こうした観点から選別アプローチは，マタイ効果を発揮できる
タレント（個人）を選別することを正当化する。

　他方，Bothnerほか（2011）は，マルコ効果を正反対の観点から提唱した。
マルコ効果は，新約聖書（マルコ書）[4]におけるイエスの言葉に基づいている。
ここで，イエスは，金持ちが神の国に入るよりも，らくだが針の穴を通るほう
が容易いとする。神の国に入るためには，何もかも捨てたほうがよく，先にい
る多くの者が後にあり，後にいる多くの者が先になる，とイエスは告げるので
ある。ここから，Bothnerほかは，一部の高い地位の者に資源を集中すると，
その他の低い地位の者は，職務満足も士気も，健康さえも低下するとする。む
しろ，組織の全員を平等に遇すれば，組織全体の職務満足，生産性，協働する
文化が向上するのである。

　選別アプローチと包摂アプローチを，マタイ効果とマルコ効果は極めてわか
りやすく対比してその本質を示している。単純化していえば，マタイ効果はア
ングロサクソン型のタレントマネジメントを，マルコ効果は日本型人事管理を
象徴する概念でもあろう。以降も，本書の重要な論点として検討していきたい。

2-2-3　Driesの5つの論点

Gallardo-Gallardoほか（2013）によるタレント概念の整理と密接に関連して，

Dries（2013）はタレントに関する論点を5つあげている。この論点もタレントを考える際には欠かせない重要なものであろう。論点は，第1に「客観と主観」，第2に「包摂と選別」，第3に「生まれながら（innate）と後天的（acquired）」，第4に「インプット（input）とアウトプット（output）」，第5に「移転可能（transferable）と文脈依存（context-dependent）」である。

　第1の論点は，Gallardo-Gallardoほかの整理と重なるところであるが，Driesはその基盤となる学問領域との関連をあげているので，これは後に議論したい。第2の論点もマタイ効果とマルコ効果との関連で既に詳述したものである。

　第3は，タレントとは生まれながらに獲得できるものなのか，後天的に獲得できるものなのか，という論点である。生まれながらの観点にたてば，有能なタレントとは労働市場で目に見えて特定できる（tangible）存在になるので，タレントの選抜，評価，採用という側面が重要となる。そこで，タレント・オン・デマンドという労働市場の状況にあわせて，自社の人材需要と過不足なく確保することが求められるようになる（Cappelli, 2008）。他方，タレントは後天的に育成されるという捉え方は，リーダーシップ開発は日常の経験の系統化により適者開発としてなされるべきであるという主張（McCall, 1998）に合致する。つまり生まれながらの観点は外部採用，後天的の観点は内部育成に軸足を置いている。したがって，これは，企業の人事施策のmake（内部育成）or buy（外部採用）の考え方を設計する際に，影響を与える論点ともなるだろう。

　なお，先述したタレントという用語の意味を，Tansley（2011）は，ヨーロッパ諸国では天賦で先天的なもの，日本では後天的な努力の積み重ねによる達成としていたが，ここからDriesは生まれながらにはヨーロッパ諸国の文化，後天的には日本の文化の影響もあると指摘する。

　第4は，タレントにおいて，インプットを重視するのか，アウトプットを重視するのか，という論点である。インプットは，外からは簡単に観察できず，タレント（個人）の内部に存在するものである。たとえば，努力，動機，野心，キャリア志向性などに該当するものだ。他方，アウトプットとは，成果，達成，結果など組織において，外部から観察可能なものが該当する。タレントを選抜，評価する際に，インプットを重視するのか，アウトプットを重視するのか，これは企業にとってはアセスメントを設計する際の重要な側面であるだろう。

　なお，インプットとアウトプットは峻別して使用するべきではなく，両方用いて総合的に判断すべきだという考え方も当然に存在する。さらに，タレントマネジメントにおいては，タレント個人の動機が軽視されがちだという指摘もある。たとえば，McCall（1998）はいったん成功しながらリーダーになることに失敗して，脱線（derailment）した多くの高い潜在能力を有していたリーダーたちは，そもそもリーダーになりたいという動機を有していなかったと主張している。

　第5は，タレントとは移転可能な存在であるか，文脈依存な存在であるか，という論点である。移転可能とは，どのような環境下であろうとも，タレントは活躍できるという考え方である。そのような考え方にたてば，Cappelli（2008）の主張するように，タレントマネジメントにおいては，人材の獲得，外部採用が重視されることになる。他方，文脈依存とは，タレントと環境の適合を重視する考え方であり，あらゆる環境においてタレントが活躍できるとは限らない。個人と環境の適合（PE fit: person-environment fit）の理論においては，職業や組織など様々な環境が個人に影響を及ぼすことを示されている（Kristof, 1996）。文脈依存という考え方においては，このPEfitが前提となっており，タレントは適合した環境においてこそ，活躍できるということになる。

　スターとして華々しく活躍していたタレントが，他の会社に転職し，早期での成果を期待されるがその期待を満たせず，その後活躍できなくなるという例もある。同時に，タレントは，別の職務，職種でも幅広く活躍したという例もある。この論点についても，他の論点と同様に，いずれかが正しいと簡単に結論づけることも難しそうだ。

　以上の5つの論点を，組織における実践的な課題も含めて整理したものが，図表1-2である。

2-3　タレントの両義性

　本節では，タレントという言葉の変遷，あるいはその概念について検討してきた。その検討において浮き彫りになった特徴とは，タレントの両義性ではないだろうか。変遷のところで述べたように，そもそもタレントには「才能」という意味と，「人」という意味がある。言葉の意味として，この2つの異なる意味があるからこそ，タレントには両義性が存在するのであろう。

図表1-2　タレントに関する5つの論点

論点	実践的な課題	相反する点
タレントとは何を意味するのか	タレントはどのように管理すべきか	客観（object） 主観（subject）
組織に占めるタレントの比率は	組織のタレントへの資源配分をどうするか	包摂（inclusive） 選別（exclusive）
タレントは育成できるのか	労働市場におけるタレント不足にどう対応するか	生まれながら（innate） 後天的（acquired）
タレントに重要なのは能力か動機か	組織はどのようにタレントを選抜すべきか	インプット（input） アウトプット（output）
タレントは環境に左右されるか	タレントは外部採用すべきか，内部育成すべきか	移転可能（transferable） 文脈依存 　（context-dependent）

（出所）Dries（2013），p.278, Table3を抜粋して筆者が翻訳

　タレントの両義性には，Gallardo-Gallardoほか（2013）およびDries（2013）の議論にあるように，多くの論点があった。ただ，主要な論点としては，2点に集約されるのではないだろうか。タレント（才能）は天からのギフトであり生まれながらのものであるのか，それとも努力して熟達した者がタレント（人）であるのか，という論点が第1点。そして，タレント（人）は，組織の一部のスターのような存在を示すのか，組織の構成員全てを対象と考えるのか，という論点が第2点である。ただ，こうした両義性は，必ずしも相反するものではない場合もある。

　新約聖書（マタイ書）のエピソードでは，貨幣である「タラント」を与えられ，それを元手に商売で増やした従僕が主人から賞賛された。対照的に，土の中に「タラント」を大事に保管していた従僕は罰せられた。「タラント」で商売をするには，元手が減少してしまうというリスクもあったはずだ。しかし賞賛された従僕は，個人の判断でリスクを取って，「タラント」を増やした。

　ここから，タレントとは天からのギフトであるとともに，個人が努力して（リスクさえも取りつつ）伸ばすことも含意されるようになった。この場合のタレントには，第1の論点のタレントの両義性（生まれつきか，努力して熟達するものか）は包含されていることになる。

　たとえば，スターウォーズのように欧米で大ヒットする映画には，聖書の影

響が少なからず反映されているのではないだろうか。主人公のルーク・スカイウォーカーにとって，才能としてのフォースは，父親であるアナキン（ダースベイダー）から受け継いだギフトであった。しかし，そのままでは，ルークはフォースを十全に発揮することはできなかった。ルークが真にフォースを発揮できるようになったのは，マスター・ヨーダのもとで，修行を積んでからである。つまり，スターウォーズにおいても，タレントとはギフトであって，かつ努力して熟達すべきものだったのだ。

　もっともTansley（2011）は，タレントをヨーロッパ諸国では天からのギフト，日本に代表される東洋では熟達により獲得されるもの，と文化的な差異によって捉え方が違う，と説明していた。ところがマスター・ヨーダは，その風貌や発言から老荘思想のような東洋思想との関連が取り沙汰されることも多い。そうなると，スターウォーズにおけるタレントを象徴するフォースは，西洋と東洋を接続しているとも考えられ，さらに興味深い。

　このように第1の論点の両義性が包含され共存するという考え方は，Ulrich and Smallwood（2012）の，タレントは「コンピテンシー，コミットメントおよび貢献」（competency×commitment×contribution）から構成される，という意見の中でも示されている。Ulrich and Smallwoodによれば，この場合のコンピテンシーとは，現在と将来の仕事に必要な知識，スキル，価値であり，コミットメントとは自分の時間を投じて専心して働くことであり，貢献とは，自身のやりたいことが，組織の方向性と合致するときに生じる行為である。言い換えるとコンピテンシーはスキル，コミットメントは意志，貢献は目的であり，この3要素がひとつでも欠けるとタレントは成立し得ない。このように「コンピテンシー，コミットメントおよび貢献」はインプットとアウトプットの両方の要素を包含するものであり，また，生まれつきの要因と努力して獲得する要因の両方も包含している。

　以上述べてきたように，タレントという概念は両義性を包含している。ただし，両義性を包含し，それが並立する場合もあれば，その両義性が排他的である場合もあろう。たとえば第2の論点の場合，ある企業の人事施策の考え方において，タレントを組織の一部のスターに限定し選別的な人事施策を組むのか，組織全員と考えてそれに相応しい人事施策を組むのか，この選択は全く同一ということはあり得ないだろう。

　Gallardo-Gallardoほかは，タレントという概念に，唯一の正解があるわけではない，と述べている。筆者もその見解に賛同する。タレントには様々な論点で両義性があり，それが共存する場合もあれば，排他的な場合もある。結局のところ，組織がどのように自組織のタレントを定義するか，自ら考えることが求められるであろう。そのためには，タレントにどのような論点と，どのような両義性が存在するのか，それ自体の認知がまずは重要になるだろう。

3　タレントマネジメントの定義

　タレントマネジメントの定義を検討する前に，まずはタレントそのものの定義を検討してみた。しかし，タレントには様々な論点で両義性があり，かつそれが共存する場合も，排他的な場合もあった。結局のところ，タレントの定義には唯一の正解があると考えるべきではなく，各組織がその必要性に応じて，各論点を踏まえつつ独自に定義することが求められることが実態であった。

　タレントに唯一の正解がない以上，タレントマネジメントの定義にも唯一の正解はないであろう。実際，タレントマネジメントの定義は実務的にも学術的にも定まっていないとされる。たとえば2006年のイギリスの調査において，タレントマネジメントを定義したうえで実行している人事実務家の割合は約20%にすぎない（Collings and Mellahi, 2009）。ATD（2009）では，タレントマネジメントに関する白書を作成したが，その目的は実務的に曖昧なタレントマネジメントの統一的な定義を確立することにあった。こうした状況に対して，タレントマネジメントの定義を明確化しようという試みがなされている（ATD, 2009; Collings and Mellahi, 2009; Lewis and Heckman, 2006）。

　実務上の関心を踏まえて，2000年代以降，多くの学術雑誌でタレントマネジメントの特集が組まれ[5]，研究論文の蓄積が進んだが，その3分の2以上は概念的なものでタレントマネジメントの定義を模索しているものだとされる（Thunnissen, Boselie and Fruytier, 2013）。タレントマネジメントの堅牢な実証分析は不十分であり（Collings and Mellahi, 2009），いまだ理論ではなく現象の段階にとどまっているとする主張すらある（Dries, 2013）。

　タレントマネジメントの定義に唯一の正解はないかもしれない。しかし，特定の条件などを前提にして，必ずしも統一性が確立できなくとも，定義を明確

化していく努力は実務的にも学術的にも欠かせないであろう。そこで，本節で
は，先行研究をレビューし，主要な定義について検討していく。検討するのは，
Lewis and Heckman（2006）の3つの定義，ATDの定義，戦略的タレントマ
ネジメント，グローバルタレントマネジメント，包摂的タレントマネジメント
という7つの定義である。

3-1　Lewis and Heckman（2006）の3つの定義

　タレントマネジメントの定義の曖昧さに対して，Lewis and Heckman（2006）
が試みた3つの定義の分類は，学術的に大きな役割を果たしたといえよう。
Lewis and Heckmanが従来の定義に関する論文をレビューした結果，それま
での定義のあり方に関する課題が浮き彫りになったからだ。Lewis and
Heckmanの指摘にこたえる形で，以降に述べるタレントマネジメントの様々
な定義が洗練されていった面もあろう。では，3つの定義の詳細を検討してい
こう。結論を先取りすると，Lewis and Heckmanは，3分類とも不満足な定
義であるとする。

　第1の定義の分類は，採用，選抜，人材開発，キャリア開発，後継者計画の
ような一連の人的資源管理施策をタレントマネジメントと称するものが該当す
る。これらの分類の定義者は，タレントを戦略的に管理するには，こうした一
連の人的資源管理施策を，従来に比べ，より速く，またより良く行う必要があ
ると主張する。しかし，Lewis and Heckmanは，こうした主張は従来の人的
資源管理施策を新しいものに見せるための呼称変更にすぎず，特にタレントの
戦略的かつ有効な管理に寄与する点はないとする。この定義が実務に応用され
ることによる問題もある。人的資源管理施策の個々の要素とタレントの関係性
が強調されるあまり，それぞれの部門の実務家が，タレントマネジメントを
個々の要素に限定して捉えがちになってしまうのだ。たとえば採用部門であれ
ば「タレントを採用すること」，人材育成部門であれば「タレントを成長させ
ること」と捉えることになり，実務的にはタレントマネジメントの統合性を損
なってしまう。

　第2の定義の分類は，企業における労働力の需要を予測し，それに合致する
社員の能力開発を行うために，タレントプール（talent pool）の概念に焦点を
あてる施策を示す。この定義は，主に後継者計画（succession planning）と労

働力計画（workforce planning）を中心に運用する施策に注目する。Lewis and Heckmanは，この定義も単に，従来の後継者計画の焼き直しにすぎないとする。従来の後継者計画も，組織内の有望な後継者をタレントプールに選抜し，そこで集中的に育成してきたからだ。この定義は，本質的にその取り組みから進化している面に乏しい。さらに，タレントの対象の焦点が組織内に向けられるため，外部採用という観点が欠けてしまうという課題もある。

　第3の定義の分類は，社員を成果の発揮度で，A，B，Cに位置づけるという施策が該当する。この施策の目的は，企業のポジションはなるべく多くのAプレイヤーで充足し，Cプレイヤーはなるべくその数を減らす，ということである。この第3の分類は，先述したMichaelsほか（2001）のウォー・フォー・タレントによるアプローチに依拠している。ウォー・フォー・タレントアプローチは説明がわかりやすく，それゆえタレントマネジメントという概念が耳目を集めるきっかけとなったわけだ。ところが，Lewis and Heckmanはこの定義こそ，3つの定義の中でも，もっとも大きな課題を抱えているという。

　第3の分類においては，Aプレイヤーという定義の具体的な内容が示されていない。そうなると，基本的には，Aプレイヤーは移転可能な存在ということになり，PEfitについては考慮されていないことになる。しかしMichaelsほかは，タレントがなぜ文脈依存ではないのか，なぜPEfitを考慮する必要がないのか，これらの疑問については特に説明していない。そうなると，あまりにも単純に，普遍的にどこでも活躍できるAプレイヤーという概念を前提にしていることになってしまう。

　また，仮に普遍的なAプレイヤーという概念をいったん前提にするとしても，すべてのポジションをAプレイヤーで満たすためには，結局は社員全員に均等な能力開発機会を提供しなければならず，資源配分の観点から現実的には難しいのではないかという疑問が提示される。

　また，ウォー・フォー・タレントアプローチには，痛烈な批判もある。実は，ウォー・フォー・タレントアプローチにおいて，その書籍の中でMichaelsほか（2001）が，賞賛していた企業のひとつがエンロンである。利益のために不正を許容するエンロンの企業文化が，結局，同社の破滅につながったことは周知のとおりである。Gladwell（2002）は，エンロンでは，ウォー・フォー・タレントアプローチがチーム文化を破壊したと批判している。エンロンのCEOは

マッキンゼー出身であり，ウォー・フォー・タレントアプローチを提唱どおり
に導入した。エンロンでは，有能なタレントこそが業績を左右すると強く信じ
られていた。そこで，マッキンゼーと同様に，エンロンでは米国のトップ
MBA校から，多くのタレントを採用することに成功していた。トップMBA校
から採用された人材は，そのまま，Aプレイヤーとしての扱いを受けることに
なる。いったん，Aプレイヤーとして認定されると，短い期間での異動や昇進
を繰り返すことになり，実際の業績とAプレイヤーであることの関係性は，実
は曖昧である。Aプレイヤーであれば，それはずっとAプレイヤーであること
も意味するのだ。このような，優秀なタレント，優秀なAプレイヤーが業績を
向上させると過信したことがエンロンの問題点であり，それは神話にすぎない，
とGladwellは主張する。

　同様な批判を，ポジティブ心理学の見地から，Duckworth（2016）が行っ
ている。Duckworthによれば，ウォー・フォー・タレントとは，能力の高い
人材を積極的に昇進させ，低い人材は容赦なく切り捨てることを提案している
考え方である。その代表例がエンロンである。エンロンでは，「誰よりも優秀
だと証明してもみせろ」と上司から煽られる文化が蔓延し，社員は「自分の能
力を見せつけなければ」と強い不安と衝動に駆られ，短期志向に陥っていった。
また，マッキンゼー出身のCEOが，下位15％の社員をクビにする「昇進と処
罰」と呼ばれる評価制度を導入したことにより，狡猾な者が得をし，正直者は
バカを見るという企業文化が，一層強化された。

　つまり，ウォー・フォー・タレントアプローチは従業員の不安を呼び起こし，
短期志向，場合によっては不正に手を染めても利益を生むことが必要という考
え方を誘発する。そのため，Duckworthは企業の業績にとっても，ウォー・
フォー・タレントアプローチは負の側面が大きい，と主張するのである。

　Lewis and Heckmanの定義の３分類は，皮相的にタレントマネジメントを
定義すると，既に存在していた考え方を，「より速くより良く」実行するとい
う焼き直しに陥る，あるいはウォー・フォー・タレントアプローチのように，
一見画期的に思える概念にも欠陥がある，ことを示したという価値があろう。
そこで，Lewis and Heckman以降，焼き直しでもなく，神話としてのAプレ
イヤーを過信してしまうウォー・フォー・タレントアプローチでもない，より
精緻化されたタレントマネジメントの定義が検討されることになっていく。

3-2　ATDの定義

　より精緻化された定義としては，まず，ATD（2009）のタレントマネジメントに関する白書におけるものを検討したい。ATDは産学の関係者が参加する，世界最大の人材開発に関する団体とされている[6]。ATDでは，2008年にタレントマネジメントに関する調査[7]を行い，定義をまとめた。ATDの定義は，学術性を意図したというより，実務家に役立つことを目的として作成されている。実務においても，タレントマネジメントの定義が曖昧すぎるという問題意識に基づくものである。ただし，作成のためのアドバイザリーコミッティに，Edward E. Lawler Ⅲも加わっている。後述するように，Lawlerはベストプラクティス・アプローチという，社員を高度に組織の経営に参画させる人的資源管理施策の代表的な提唱者のひとりである。ベストプラクティス・アプローチにおいては，社員全員の動機づけが重視されることから，タレントマネジメントにおける包摂アプローチやマルコ効果と親和性があると思われる。実際，ATDの定義は，包摂アプローチに近いものになっている。

　ATDは「ビジネス目標と整合した統合的なタレントの獲得，開発，配置のプロセスを通じて，企業文化，エンゲイジメント，労働力の量と質を確立することによって，人々を導く組織的なアプローチである」（ATD, 2009, p.8）とタレントマネジメントを定義している。また，この定義と整合して，タレントマネジメントには8つの構成要素があるとしている。8つの構成要素とは，「組織開発，後継者計画，パフォーマンスマネジメント，獲得，能力開発，能力評価，キャリア計画，リテンション（タレントを留め続ける）」である。タレントマネジメントによって確立されるべき4つの要素（組織文化，エンゲイジメント，労働力の量，労働力の質）は，**図表1-3**にあるとおり，それぞれが該当する辺にあたる部分の3つの構成要素，たとえば組織文化であれば，組織開発，リテンション，キャリア計画と関係している。

　ATDの定義の価値は，Lewis and Heckmanがその第1と第2の定義を「焼き直し」と批判したことに対し，タレントにとって必要な要素を選別したことにあるだろう。タレントを戦略的にマネジメントするために重要なことは，その「獲得，開発，配置」であり，具体施策が「組織開発，後継者計画，パフォーマンスマネジメント，獲得，能力開発，能力評価，キャリア計画，リテ

図表1-3　タレントマネジメントの8つの構成要素

（出所）ATD（2009），p.8の図を筆者が翻訳

ンション」という8つの構成要素なのである。この8つの構成要素は，Lewis
and Heckmanの第1定義より具体的で領域が絞られており，またタレントプー
ルだけに焦点を当てた第2定義より有機的である。さらに，Lewis and
Heckmanの第1定義では，タレントマネジメントを個々の要素に限定して捉
えがちである（タレントを採用すること，などに限定する）のに対し，8つの
要素を統合的タレントマネジメント（integrated talent management）として
運用することが強調されている。

　なおかつ，この白書での事例企業は，Darden Restaurantsであり，そこで
目指されているタレントマネジメントは内部育成であり，過半数のマネー
ジャーが時給労働者から昇格したことが紹介されている。つまり，包摂アプ
ローチが推奨すべき事例として紹介されているのであり，トップMBA出身の
Aプレイヤーを重視するウォー・フォー・タレントアプローチとの違いが際
立っている。

　このようにATDの定義は，実務家への有用性を意識しながら，Lewis and Heckmanの定義の 3 分類との差異も明確なものになっていることに価値があろう。ただし，「組織開発，後継者計画，パフォーマンスマネジメント，獲得，能力開発，能力評価，キャリア計画，リテンション」という 8 つの構成要素は依然として広範であり，それを統合的に運用するといっても，その運用プロセスの詳細が曖昧なままになっている，という課題もある。

3-3　戦略的タレントマネジメント

　続いて，Collings and Mellahi（2009）が唱える，戦略的タレントマネジメント（Strategic Talent Management，以下STM）という定義を分析してみたい。STMは，「企業の競争優位に貢献するキーポジションを特定し，これらのキーポジションに相応しい高い潜在能力を有し成果発揮できる人材をタレントプールで開発し，有能な人材がキーポジションを充足することができる人材アーキテクチャーを構築し，有能な人材の組織への継続的コミットメントを確保する」（Collings and Mellahi, 2009, p.304）と定義されている。

　Collings and Mellahiは，**図表 1-4** によって，STMのメカニズムを次のように説明する。メカニズムの起点は事業戦略である。STMの眼目は，事業戦略

（図表 1-4）　STMのメカニズム

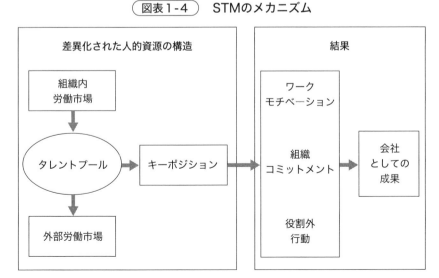

（出所）Collings and Mellahi（2009），p.306, Figure1を筆者が翻訳

に基づき，ポジションを戦略ポジションと非戦略ポジションに仕分けするところにある。Lepak and Snell（1999）の人材アーキテクチャーにおいては，事業戦略への価値の発揮度に基づき企業内の人材を分類し，それにあわせて雇用モード，雇用関係，HRM施策のあり方を考慮する。他方STMは，事業戦略に影響を与える戦略ポジションを担うことのできる人材だけが価値を発揮するとみなす。この戦略ポジションはキーポジション[8]と呼ばれる。キーポジションの要件が定まると，その要件に基づき，ポジションを担う人材像が定義される。

　STMの独自性は，Lepak and Snellの人材アーキテクチャーをより差異化し，該当組織に必要なキーポジションを差異化したところにある。キーポジションの要件定義と人材像の決定の後には，タレントプールの戦略構築が行われる。ここでは，キーポジションおよびその求める人材像にあわせて，誰をその対象とするかを決定する。対象者は組織内外の労働市場から獲得したタレントであるが，対象者はタレントプールに選抜され，その後の集中的な育成を経て，キーポジションへの登用が行われる。人材開発されたタレントは，キーポジションを担うことで，ワークモチベーションと組織コミットメントが向上し，また役割外行動を自ら行うようになる。その結果，企業全体の成果も向上するのである。

　ウォー・フォー・タレントアプローチでは，もっぱらAプレイヤーを活躍させることとCプレイヤーを退出させることに力点があるが，普遍的に優秀なAプレイヤーという概念は企業の個別の事業戦略との結びつきが曖昧である。また，Minbaeva and Collings（2013）は，企業内の全てのポジションにAプレイヤーを配置することの問題点を指摘する。非戦略ポジションにもAプレイヤーを配置することは，企業としては過剰投資になる。Aプレイヤーにとっては世界共通基準で評価される戦略ポジションに配置されなかったという認識が生じ，**図表1-4**とは反対にワークモチベーションと組織コミットメントは低下し退職リスクにつながる。

　他方，STMの価値は，事業戦略に基づいたキーポジションの具体的な要件定義を行うところにあり，Lepak and Snell（1999）の人材アーキテクチャーの概念を精緻化して取り込んだと評価できる。このようなSTMのメカニズムの実現性は高いと考えられるが，その理由としては，キーポジションの候補者および実際に登用された者だけをタレントと定義する，選別アプローチだから

であろう。キーポジションの要件定義，人材層の決定，タレントプールにおける選抜，育成，登用，いずれも企業としての運用の負荷は大きいと考えられる。STMは，あえて包摂アプローチを避け，選別アプローチにしたことで，注力する対象者を社員の一部に限定し，運用の負荷の問題の解決を図っていると考えられる。

　また，選別アプローチにしたことで，従来の人的資源管理施策の焼き直しである，Lewis and Heckmanの第 1 定義との差は明確になった。Lewis and Heckmanの第 2 定義においても，タレントプールの重要性は言及されている。しかしSTMは，キーポジションを定めたうえで，その求める人材像と関連づけて運用するところに，第 2 定義との差が存在する。さらに，ウォー・フォー・タレントアプローチでは，Aプレイヤーを移転可能アプローチで考え，どのような場所でも活躍できることを前提としているが，STMでは，あくまで企業の事業戦略により求める人材像を定め，それをタレントと定義するため，文脈依存アプローチであり，PEfitを考慮していることになる。また，企業内の戦略に資するポジションに注力するため，社内の全てのポジションをAプレイヤーで満たそうとも考えない。このような観点で，STMとウォー・フォー・タレントアプローチの差異も明確である。

　ただし，STMは選別アプローチであり，いわばマタイ効果を重視しているわけだが，その結果として非戦略ポジションを担当する社員のモチベーションが低下するなど，マルコ効果が指摘する課題からは免れ得ないであろう。

3-4　グローバルタレントマネジメント

　グローバルタレントマネジメント（Global Talent Management，以下GTM）は，主に多国籍企業のタレントマネジメントに関するものである。その定義は完全に一致しているわけではない（Minbaeva and Collings, 2013; Scullion and Collings, 2010; Tarique and Schuler, 2010）。しかしながら「ダイナミックで，グローバルな激しい競争環境にある多国籍企業の戦略の方向と合致して，国際人的資源管理における施策を有効活用しながら，コンピテンシー，パーソナリティ，モチベーションなど高いレベルの人的資本であるタレントを，引きつけ（attract），開発し（develop），留め続ける（retain）こと」（Tarique and Schuler, 2010, p.124）という定義で概ね，GTMの内容は一致していると

考えられる。

　この定義を，よりSTMのメカニズムと合致させて具体化したものが，次の定義である。

　「（1）グローバル規模で組織の継続的な競争優位に資するキーポジションを体系的に特定し，（2）グローバル規模での多国籍企業のキーポジションを担う高潜在能力を有し高業績を発揮している候補者をタレントプールで開発し，（3）キーポジションに最適な候補者を配置し，多国籍企業への継続的なコミットメントを確保できる，差異化された人的資源アーキテクチャーを開発すること」（Collings, Mellahi and Cascio, 2019, p.5）と定義が示されている。先述のとおり，STMのメカニズムの眼目は，タレントプールによりキーポジションを担うタレントを開発し，そのタレントの組織コミットメントの向上によって会社の成果を達成することであった。このGTMの定義も同じメカニズムに依拠しており，その多国籍企業の運用が前提となる。すなわち，GTMのメカニズムはSTMが前提になっていると考えられる。

　図表1-5はGTMのメカニズムを示したものである。多国籍企業における

（図表1-5）　GTMのメカニズム

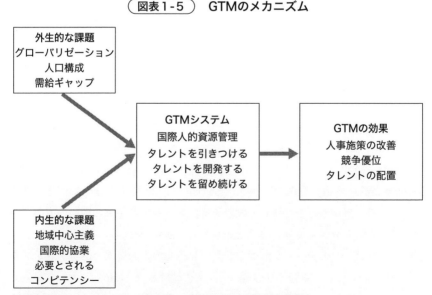

（出所）Tarique and Schuler（2010），p.125, Figure1を筆者が翻訳

GTMの必要性は，外生的な課題と内生的な課題によって生じる。外生的な課題としては，グローバリゼーションの進展，少子高齢化などに伴う人口構成の変化，成長著しい新興国におけるタレント不足などの需給ギャップなどがあげられる。内生的な課題としては，多国籍企業であるにもかかわらず，地域中心主義の人事（地域でのタレントの抱え込みなど）に陥ってしまうことがあげられる。たとえば，本社と海外子会社には地理的距離があるような多国籍企業の場合，部門による人材の抱え込みが生じやすいという課題も指摘されている（Mellahi and Collings, 2010）。また，国際的な協業が必要になってくること，タレントにグローバルに対応できるコンピテンシーが求められること，も内生的な課題である。こうした課題に対応することがGTMシステムそのものになるが，その中核はタレントを引きつけ，開発し，留め続けることである。GTMシステムが機能すると，人事施策が改善され，企業としての競争優位を確立し，タレントをグローバルに適切に配置する，という効果が生じる。

　この図示されたメカニズムの中でも，「タレントを引きつけ，開発し，留め続けること」が中核である，という説明は，簡明でわかりやすいものと考えられる。人的資源管理施策を全般的に行うのではなく，この3点に焦点を絞って注力することがタレントマネジメントであると考えれば，従来との違いが明確であり，「焼き直し」との批判を回避できるのではないだろうか。実際，多国籍企業はその規模が大きいほどGTMを採用しており（McDonnellほか, 2010），実務的な重要性が明らかになっている。

3-5　包摂的タレントマネジメント

　STMとGTMは重要ポジションをタレントプールで育成されたタレントが担うという選別アプローチである。これに対し，包摂アプローチを特徴とする包摂的タレントマネジメント（fully inclusive talent management，以下FITM）という考え方も存在する（Savanevičienė and Vilčiauskaitė, 2017; Swailes, Downs and Orr, 2014）。FITMは社員全員をタレントとしてみなす考え方であり，FITMの効果としての社員エンゲイジメントの向上は全社員が対象となり，組織全体への影響につながる（Swailesほか, 2014）。

　FITMは「すべての社員が才能を有することを認め受容し，社員がその才能を発揮するために最適な機会となりうるポジションに社員を配置し，継続的に

評価を行うこと」(Swailesほか, 2014, p.533) と定義される。つまりFITMの前提においては，全ての人が何らかの才能を有していることになる。このFITMの才能についての捉え方はポジティブ心理学の影響を受けている。人は誰でも自らの強みを伸ばすことができる存在で，その可能性を楽観的に肯定することができれば，将来の希望が高まり，幸福感が増す (Peterson and Seligman, 2003)。FITMに基づき，各人のタレント（才能）の伸長を組織の中で発揮し，幸福感が増進していけば，結果的に組織の成果も向上する。従来の人的資源管理とFITMの違いは，人的資源管理が市場環境の差異によりどのように人を育成していくのかを考えるのに対し，FITMは個人の才能に着目し，それを成長させることによりもたらされる幸福感に注目するという差にある (Swailesほか, 2014)。

　FITMに対しては，対象者を全員とした時点で，人的資源管理施策との定義上の差異がなくなるとの批判がある (Mensah, 2018)。FITMではタレント個人の幸福感が増進し，これにより組織の成果が向上する。ただし，FITMの場合，組織の成果としての会社の業績は，短期的な業績ではない。長期的な組織の継続性の実現が組織の成果とされる (Swailesほか, 2014)。社員全員をタレントとみなし，その幸福感の向上が長期的成果につながる，というFITMの主張を実際に検証できるかどうかが，FITMと人的資源管理施策の差異はないとする批判に反論するための鍵となるだろう。

3-6　各定義の差異と共通性

　ここまで述べてきた7つの定義をまとめたものが，図表1-6である。先述のとおり，Lewis and Heckmanの3つの定義は，従来の考え方の焼き直しである，Aプレイヤーを過信している，などの課題があった。これに対し，ATD，STM，GTM，FITMの4つの定義は，より精緻化され，従来の考え方とは異なる本質的なタレントマネジメントの価値を示すことに成功した，と評価できるのではないだろうか。

　この4つの定義には，それぞれ批判もある。また，ATDの定義とFITMが包摂アプローチに依拠し，STMとGTMが選別アプローチに依拠するなど，大きな差異も存在する。ただし，この4つの定義は，「タレントを，引きつけ，開発し，留め続ける」ことをタレントマネジメントの中核であると位置づけて

（図表1-6）　タレントマネジメントの定義の一覧

定義名	内容	特徴	定義者
Lewis and Heckmenの第1分類	採用，選抜，人材開発，キャリア開発，後継者計画のような一連のHRM施策	従来のHRM施策の呼称変更（焼き直し）	Lewis and Heckman (2006)
Lewis and Heckmenの第2分類	後継者計画を中心に運用するタレントプールに焦点	従来の後継者計画とタレントプールの呼称変更（焼き直し）	Lewis and Heckman (2006)
Lewis and Heckmenの第3分類	社員を成果の発揮度で，A，B，Cに位置づけ，ポジションはなるべくAプレイヤーで充足し，Cプレイヤーはなるべく減らす	ウォー・フォー・タレントアプローチに依拠（Aプレイヤーへの過信）	Lewis and Heckman (2006)
ATDの定義	「組織開発，後継者計画，パフォーマンスマネジメント，獲得，能力開発，能力評価，キャリア計画，リテンション（タレントを留め続ける）」という8要素を有機的に統合	包摂アプローチ8つの要素を統合的かつ有機的に運用する	ATD (2009)
STM	競争優位に貢献するキーポジションを定義し，それを担うタレントをタレントプールで開発	選抜アプローチ重要ポジションの設定	Collings and Mellahi (2009)
GTM	タレントをグローバルに引きつけ，開発し，留め続ける	選抜アプローチSTMのメカニズムを多国籍企業で実施	Tarique and Schuler (2010) Collings, Mellahi and Cascio (2019)
FITM	全ての社員がタレントであり，その才能を発揮するために最適な機会となりうるポジションに社員を配置し，開発する	包摂アプローチタレントの幸福感重視	Swailes, Downs and Orr (2014)

（出所）筆者作成

いるという点では一致しており，それゆえに，従来の考え方との本質的な差異を明確化できたと考えられよう。

4　タレントマネジメントの基盤となる学問領域

　タレントという言葉そのもの，またタレントマネジメントの定義について，検討してきた。当然，これらの概念は突然に生じたわけではなく，従来の学問領域との接続があってこその定義である。そこで本節では，まずタレントマネジメントの先行研究に関する分類を行ったうえで，戦略的人的資源管理，国際人的資源管理，ポジティブ心理学との関係性を整理していく。

4-1　タレントマネジメントの先行研究の分類

　柿沼（2018）は，652文献の学術的なタレントマネジメントの先行研究を計量書誌学的に分析している。その結果，1997年から2006年が議論の黎明期であり，2010年頃から論文数に大きな伸びが見られ，主要ジャーナルでも特集が組まれているとする。また，柿沼が，文献中の頻出語を分析したところ，パフォーマンス（performance），戦略（strategy），競争優位（competitive advantage）という語群が多く見られ，戦略—人事管理—業績の関係性に着目する戦略的人的資源管理の影響をタレントマネジメントは受けている傾向がみられるとする。

　なお，柿沼の計量書誌学的分析において，もっとも注目すべきは，文献間の引用ネットワーク分析によって，タレントマネジメント論研究の主要潮流ともいうべき，9つの文献からなるメインパスを特定したことにあろう。そのパスとは，「Lewis and Heckman（2006）→ Collings and Mellahi（2009）→ Tarique and Schuler（2010）→ Schuler, Jackson and Tarique（2011）→ Bethke-Langenegerほか（2011）→ Collingsほか（2011）→ Vaiman, Scullion and Collings（2012）→ Thunnissen, Boselie and Fruytier（2013）→ Gallardo-Gallardoほか（2013）」という潮流である。

　柿沼はLewis and Heckman（2006）を嚆矢としてタレントマネジメントの論文数が増加したことを指摘しており，Lewis and Heckmanを読み解けば，黎明期のタレントマネジメントの論点が明らかになるとする。やはり，Lewis and Heckmanが3つの定義として分類した課題が，その後のタレントマネジメントの発展に寄与したと考えられる。既に論じた定義でいえば，Collings and

Mellahi（2009）はSTM, Tarique and Schuler（2010），Schulerほか（2011），およびVaimanほか（2012）はGTM, Gallardo-Gallardoほか（2013）はタレントの解釈枠組みについて述べている。次節では，タレントマネジメントの分類について検討するが，Bethke-Langeneggerほか（2011）は戦略，Collingsほか（2011）は国や地域による分類について論じている。またThunnissenほか（2013）は，総合的な先行研究レビューをしている。

　Thunnissenほかは，先行研究レビューの結果，タレントマネジメントの学問領域として，Cappelli, Boudreau, Becker, Huselid, Stahlのような研究者は戦略的人的資源管理，Schuler, Scullionのような研究者は国際人的資源管理の学問領域の観点から，タレントマネジメントを研究しているとしている。これに加えて組織行動の研究成果も反映されており，タレントマネジメントは学際性が強いとしているが，とりわけ戦略的人的資源管理と国際人的資源管理が多大な影響を与えているとしている。そこで，以降，この2分野とタレントマネジメントの関係性について述べていきたい。

4-2　戦略的人的資源管理

　戦略的人的資源管理が，直接的に影響を与えているのは，STMである。STMとは，伝統的人的資源管理施策が戦略的人的資源管理（strategic human resource management, 以下SHRM）へとパラダイムシフトしているメカニズムを明らかにしようとした試みだとされる。具体的には，コンフィギュレーショナル・アプローチにおける外部適合，内部適合という概念のメカニズムの解明が意図されている。STMはこうした外部適合，内部適合の曖昧性を克服し，タレントマネジメントを通じたメカニズムによりコンフィギュレーショナル・アプローチを実現することを目指している（Collings and Mellahi, 2009）。

　また，先述のとおりGTMはSTMのメカニズムを多国籍企業に展開しているため，STMと同様にSHRMの影響を受けている。また，ATDの定義もビジネス目標との整合が強く意識されており，この点でSHRMの影響を受けていると考えられる。

　SHRMとは，究極的には，人的資源管理施策と会社業績のつながりのブラックボックスの解明を目指す研究領域である（Becker and Huselid, 2006）。ブラックボックスを解明するための理論的アプローチとして，SHRMはベストプ

ラクティス・アプローチ，コンティンジェンシー・アプローチ，コンフィギュレーショナル・アプローチの3つに分類される（岩出, 2002）。

　ベストプラクティス・アプローチとは普遍的で最善の人的資源管理施策が存在するという考え方であり，その施策群はHPWP（high-performance work practices: 高成果を生む仕事の仕組み）と呼ばれる。具体的には採用，報酬，選抜，異動，昇進といった中核的な人的資源管理施策のみならず，フラットな組織構造，平等主義，協調的な労使関係など，経営と従業員の忌憚ない対話を促すための広範な施策が含まれる（Lawler, 1986 ; Pfeffer, 1994）。

　コンティンジェンシー・アプローチは，経営戦略と人的資源管理施策の整合性を重視する。代表的な理論はMiles and Snow（1984）によるもので，経営戦略を防衛型（Defender），探求型（Prospector），分析型（Analyzer）の3種類 に区分し，それぞれに適合した人的資源管理施策が必要だとする。STM以前のタレントマネジメントの定義は，コンティンジェンシー・アプローチではなく，ベストプラクティス・アプローチに基づいて発展してきたといえる。Lewis and Heckman（2006）の示す3つの定義は，いずれもそこで示されている施策を適切に運用すれば経営に効果があらわれるというものであり，普遍的で最善な施策であることが前提となっている。しかし，それらの定義においては，タレントマネジメントの各要素がどのようなメカニズムで統合され，経営の効果にどうつながるのかという道筋が示されていない。

　他方，STMは，SHRMの3分類の中では，コンフィギュレーショナル・アプローチの影響をもっとも大きく受けている。コンフィギュレーショナル・アプローチは経営戦略との整合の必要性は踏まえつつ，人的資源管理施策の相乗性，最適な組み合わせも重視する。コンフィギュレーショナル・アプローチでは，ベストプラクティス・アプローチは組織に直接的な影響を有するし，コンティンジェンシー・アプローチは戦略と人的資源管理施策が一致したときに影響を有するため補完関係にある（Youndtほか, 1996）と考える。この補完関係を，人的資源管理施策と戦略との整合性（外部適合）と人的資源管理施策間の整合性（内部適合）に整理した概念が，コンフィギュレーショナル・アプローチである（Baird and Meshoulam, 1988; 奥寺, 2010）。

　外部適合について蔡（1998）は，内部適合した一貫性のある人的資源管理施策が商品開発，顧客サービス，品質などの企業特殊的な具体的な経営にまで影

響し，資源ベース理論（RBV）（Barney, 1991）のいう模倣困難性にまで寄与するという状態であるとする。つまり，コンティンジェンシー・アプローチの考える戦略は数種類しか存在しないが，コンフィギュレーショナル・アプローチの外部適合の具体的内容は，企業特殊性により個々の企業で異なることになる。また内部適合は，ベストプラクティス・アプローチにおけるHPWPが人的資源管理施策として整合され（Kaufman, 2010），企業独自の人材アーキテクチャー（Lepak and Snell, 1999）を組み，RBVの示す人材の模倣困難性（Barney, 1991）を実現する状態であると考えられる。このようにコンフィギュレーショナル・アプローチは，ベストプラクティス・アプローチとコンティンジェンシー・アプローチをより進化させている洗練された概念（奥寺, 2010）であるが，批判も存在する。

　たとえば，内部適合を意味するHPWPについては，そもそもどの施策が該当するのかということについて議論が一致していない（Posthumaほか2013），外部適合，内部適合を支持する研究は製造業に限定され一般化に十分ではない（鳥取部, 2009），ベストプラクティス・アプローチが企業業績に有効なことは証明されておらず，かつ外部適合は「戦略」「人的資源管理」「業績」という鍵概念の定義が適切に行われていない（木村, 2007）などの批判である。

　STMとは，コンフィギュレーショナル・アプローチの有効性を認めながら，同時にそれに対する批判を克服するために，タレントに焦点を絞って，内部適合と外部適合のメカニズムを明確化しようとした試みだと評価できる。外部適合にあわせて内部的適合に一貫性があるということは，蔡（1998）が指摘するように，企業の独自戦略の方向性（数種類では括れない個別企業毎に異なる外部適合）にあわせて，模倣困難性にまで寄与するレベルまで，タレントに企業特殊的要素が埋め込まれること（内部適合）が必要である。

　そこで，STMは，まずキーポジションを要件定義する。要件定義においては，当該職務で求められる専門性はもちろんのこと，自社の企業文化，また特定のビジネスモデルにおいて必要な行動特性を織り込む。キーポジションの要件定義により規定された人材像は，個別性が高いものであるので，ウォー・フォー・タレントアプローチにおける汎用的なAプレイヤーであればいいというものではない。したがって，内部育成の必要性が高くなるし，外部採用するにしても採用プロセスにおける丁寧な吟味が求められることになる。いったんキーポジ

ションを特定すると，それを担う候補者をタレントプールに選抜し，徹底的に育成し，育成が十分であると確認できれば，キーポジションに登用する。つまり，事業戦略を起点としてキーポジションを特定することで外部適合が実現し，タレントプールに選抜，育成，登用の機能があることで人的資源管理施策が一元化され内部適合が実現する。このように，SHRMにおけるコンフィギュレーショナル・アプローチを，タレントに焦点を絞ることで，そのメカニズムを簡略化して実現したものがSTMであると評価できるだろう。

4-3　国際人的資源管理

　国際人的資源管理（international human resource management，以下IHRM）の影響を直接的にうけているのは，GTMであろう。いずれも，分析の対象が多国籍企業になるからだ。また，海外赴任者管理などの観点でも，IHRMとGTMは関係しているとされる（Thunnissenほか，2013）。

　Tarique and Schuler（2010）は，IHRMとGTMの差異を3点にわけて整理している。第1に，IHRMのステークホルダーは，顧客，投資家，社員，社会，組織そのものなど，多様である。他方，GTMの直接のステークホルダーは，社員と組織に絞り込まれている。第2に，IHRMの関係領域が多様なステークホルダーを反映して広範であることに対し，GTMの関係領域は，社員の士気とエンゲイジメント，組織の生産性とイノベーションに絞り込まれている。第3に，IHRMが人事方針と施策の全般を対象にしているのに対し，GTMは人事に関する企画（planning），要員管理（staffing），評価（appraising），報酬（compensation），人材育成（training）に絞り込まれている。具体的には，GTMの対象となる人事施策は，労務管理，福利厚生，安全衛生などの要素は対象になっていない。このように，IHRMに比べて，GTMの対象範囲はタレントに関係するものに絞りこまれていることがわかる。

　また，Schulerほか（2011）は，グローバルな環境課題がグローバルなタレントの課題を生じさせ，それがIHRMにおける戦略的な機会につながっているとする。すなわち，IHRMの中で，とりわけ多国籍企業の戦略に関する部分がGTMの対象領域となる。グローバルな環境課題とは，グローバル化，人口構成，知識労働者やモチベーションの高い労働者の需要が増加していること，他方，必要なコンピテンシーや労働者の供給が不足していることである。この環

境課題により生じるタレントの課題とは，必要なコンピテンシーとモチベーションを有するタレントの不足，供給過多，適切でないポジションへの配置，適切でない（高すぎる）賃金などである。

　ここまで述べてきたように，戦略とタレントという概念を軸に，IHRMが網羅する領域をより焦点化する方向で，GTMは学問領域としての精緻化を目指してきたことがわかる。

4-4　ポジティブ心理学

　SHRM，IHRMに比べると，ポジティブ心理学がタレントマネジメントに与えた従来の影響は，必ずしも大きいとはいえないが，FITMの定義や，エンゲイジメントという考え方と関連して，その影響は大きくなりつつある。ポジティブ心理学は，心理学を治療だけに焦点をあわせるのではなく，個人の強み，長所，楽観主義に注目して，人生の充実を目的とする学問領域である（Seligman and Csikszentmihalyi, 2000）。Dries（2013）は，ポジティブ心理学は，タレントマネジメントの中では，強み重視アプローチに代表されるとする。強み重視アプローチについては，包摂アプローチの中で先述したが，個人が有する特定の領域における才能を強みとして伸ばし，弱み，開発課題などを改善しようというギャップアプローチを取るべきではない，という主張であった（Buckingham and Vosburgh, 2001）。こうした「強み重視アプローチ」は全ての個人の可能性を信じるので，必然的に包摂アプローチを支持することになる。

　FITMも「強み重視アプローチ」を前提としていると考えられるが，それだけでなく，個人は自らの強みを伸ばすことができれば，その過程で幸福感が増す（Peterson and Seligman, 2013）という点にも注目している。この場合，タレントマネジメントの効果が個人の幸福感を中心とするものになる。個人が幸福になれば，結果的に組織の成果にもつながるとFITMは主張する。Dries（2013）は，SHRMやSTMなどがコストの効率性に注目するのに対し，ポジティブ心理学の特徴は，個人と組織が互恵的（win-win）であることだとする。

　このように，SHRMとIHRMに基づくSTM，GTMの効果が組織の業績そのものであることに対し，ポジティブ心理学に基づくFITMの効果は，個人の幸福感を達成することで，結果的に個人と組織の互恵的な関係性が実現することである。つまりSHRMとIHRMと比較すると，ポジティブ心理学はタレントマ

ネジメントに関して，異なるアプローチで影響を与えていることがわかる。

5　タレントマネジメントの構成要素

　タレントそのもの，タレントマネジメントの定義，学問領域について検討してきた。本節では，タレントマネジメントを構成する個別の要素について述べていきたい。具体的には，タレントの評価基準，タレントマネジメントを運用する人事部門，タレントマネジメントの効果測定項目，などについて分析していく。

5-1　タレントを，引きつけ，開発し，留め続けることに関する要素

　タレントマネジメントを構成する要素については，いくつかの異なる考え方がある。たとえば，ATDの定義では，タレントの「獲得，開発，配置」のための具体施策として「組織開発，後継者計画，パフォーマンスマネジメント，獲得，能力開発，能力評価，キャリア計画，リテンション」の8つがタレントマネジメントの構成要素であるとされてきた。ただし，この8つの構成要素は，企業文化そのものへの働きかけも考慮して，組織開発なども組み込まれており，やや広範にすぎる面もあると考えられる。IHRMとGTMの差異の検証の中で，Tarique and Schuler（2010）は，GTMの構成要素を「人事に関する企画，要員管理，評価，報酬，人材育成」の5つとしたが，この5つだとタレントへの働きかけとの関係性がやや見えにくい。

　そこで，本書においては，Tarique and Schuler（2010）がGTMシステムとして示した，「タレントを，引きつけ，開発し，留め続けること」をタレントマネジメントの構成要素と捉え，それぞれの要素をさらに分解して述べていく。

5-1-1　タレントを，引きつける

　Tarique and Schulerは，「引きつける」要素として，「企業の評判の管理（reputation management），採用（recruitment），選抜（selection）」の3要素をあげている。第1の要素の「企業の評判の管理」とは，該当企業の人事方針と施策に関する評判を高め，ブランド化し，有能なタレントを引きつけやす

くすることである。この要素は，EVP（employee value proposition）とも呼ばれる。Pandita and Ray（2018）によれば，EVPはタレントマネジメントの重要な要素であり，雇用主としてタレントを引きつける価値（学びや成長の機会など）を明確化することを意味する。EVPが高まれば，第2の要素であるタレントの「採用」は容易になっていくだろう。

　第3の要素は「選抜」であるが，選別アプローチを採用している企業において，タレントプールなどの選抜の基準が不明瞭であると，タレントは失望してしまうだろう。したがって，選抜も，このカテゴリーの重要な要素となる。タレントプールの戦略の詳細は後述したい。

5-1-2　タレントを，開発する

　Tarique and Schulerは，「開発する」要素として，人材育成（training）とキャリア開発（career development activities）の2つの要素をあげている。タレントにとって第1の要素である「人材育成」が重要なことは論をまたないであろう。また，幹部に限定した研修，異文化研修，必要なコンピテンシーを特定したうえでの開発，長期間・短期間での職務のアサインメント，など，実際の研修の種類についても枚挙に暇がない。

　ただ，ここに述べられている人材育成施策は，どちらかといえば，選別アプローチにより，選抜されたタレントを対象とした施策群といえよう。これに対し，Ulrich and Smallwood（2012）は，タレントを経営幹部（C-suite executives），リーダークラス（leadership cadre），「高い潜在能力者」（high potentials），全ての社員（all employees）に区分して人材育成を行うべきだとする。先述のとおり，Ulrich and Smallwoodは，タレントとは「コンピテンシー，コミットメントおよび貢献」に示される存在であるとするが，「全ての社員」に対してこの3項目を組織的に議論し，向上させていくことこそ，人材育成だとする。

　また，Ulrich and Smallwoodは，個人別能力開発計画（individual development plan, 以下IDP）が高い潜在能力者向けに有効な人材育成施策だとする。Ulrich and Smallwoodが示す，IDPの例は，**図表1-7**のとおりである。

　図表1-7のとおり，IDPは個人別に期間を定めて，集合研修に限定されない様々な開発機会を設定し，その効果を検証していくものである。Ulrich and Smallwoodは，これを高い潜在能力者に有効な施策だとする。ただし「コンピ

図表1-7 IDPの例

開発のための項目	1年目				2年目			
	Q1	Q2	Q3	Q4	Q1	Q2	Q3	Q4
大学コースへの参加								
社内コースへの参加								
360度評価								
コーチングを受ける								
タスクフォースやプロジェクトへの参加								
リーダーと一緒に行動する								
幹部にプレゼンテーションする								
拠点訪問								
違う文化の仕事を行う								
スタッフの仕事をする								
P&L責任を持たせる								
ボランティア活動をする								
多様な人脈をつくる								
重要会議への参加								
出版する、論文を書く								
追加の業務責任を持つ								

（出所）Ulrich and Smallwood（2012），p.60, Figure2を抜粋して筆者が翻訳

テンシー，コミットメントおよび貢献」のそれぞれの項目について個人別に期間を定めて向上計画を策定し，その効果を検証するのであれば，IDPは全ての社員にとって有効な施策になるだろう。

第2の要素である「キャリア開発」についても，タレントが個人として動機を維持していくために欠かせない要素であろう。Tarique and Schulerは，個人の特性をいかして開発を進めるには必須の要素であるとしている。キャリア開発についても，全ての社員に対して個人別に計画を策定することは，IDPと同様に可能であろう。

5-1-3　タレントを，留め続ける

Tarique and Schulerは，「留め続ける」要素として，パフォーマンスマネジメント（performance management）と報酬（compensation）の2つの要素を

あげている。パフォーマンスマネジメントの詳細は，タレントの評価，選抜の節で後述する。報酬については，すでにSHRMにおいては数多くの先行研究もあり，その詳細を述べることはしない。

　なお，留め続けるという考え方自体が，そもそも従来の日本型人事管理の企業では重視されてこなかったかもしれない。社員は長期雇用されるもの，という前提があるからだ。この点についても，第2章で議論したい。

　また，留め続けるということについては，FITMの観点では，エンゲイジメントの向上が離職率の低減につながり（Swailesほか，2014），GTMの観点では，海外赴任者の海外赴任時，および帰任時に離職させないことが考慮すべき点となる（Tarique and Schuler, 2010）。

5-2　GTMルーティーン

　Collingsほか（2019）は，GTMの中核をなす構成要素として，GTMルーティーン（GTM routines）をあげている。先述のとおり，Collingsほかによる GTMの定義は，STMのメカニズムに基づいている。したがって，GTMルーティーンは，GTMのみならず，STMのメカニズムの中核の構成要素として位置づけることができるだろう。GTMルーティーンは，**図表1-8**で示される。

　GTMルーティーンは，3つの要素から構成される。「キーポジション」「タ

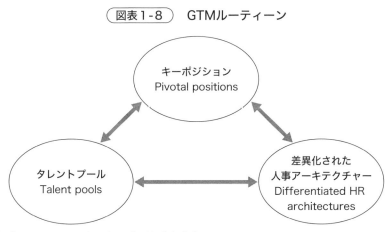

図表1-8　GTMルーティーン

（出所）Collingsほか（2019）に基づき筆者作成

レントプール」「差異化された人事アーキテクチャー」の3つである。Collings
ほかは，GTMルーティーンは，この3つの要素はそれぞれ密接に関連してい
て相互依存関係にあり，どれひとつ欠けても成立しないとする。

　STMのメカニズムと同様に，起点はキーポジションとなる。キーポジショ
ンは組織の戦略を反映するのは当然であるが，同時に現時点だけでなく，将来
の戦略の方向性も反映するものでなくてはならず，また，組織戦略に基づくビ
ジネスモデルの変更を素早く反映する必要がある。したがって，キーポジショ
ンの定義や更新に，組織はかなりの時間を割く必要がある。

　タレントプールにおいては，選抜されたタレントの人材育成を行うことにな
るが，キーポジション同様に，その育成に組織の戦略を織り込むことが必須で
あるし，組織戦略に基づくビジネスモデルの変更を素早く反映する必要がある
ことも同様である。それゆえ，Collingsほかは，Cappelli（2008）のタレント・
オン・デマンドも，タレントプールの重要な機能だとする。

　差異化された人事アーキテクチャーにおいては，SHRMで議論した，HPWP
が人的資源管理施策として整合され（Kaufman, 2010），企業独自の人材アー
キテクチャー（Lepak and Snell, 1999）を組み，RBVの示す人材の模倣困難性
（Barney, 1991）を実現するような構造を想定している。同時に，その人材アー
キテクチャーは，キーポジションとタレントプールに連動して，組織戦略と連
結することが想定されている。

　ここまで述べてきたとおり，GTMルーティーンは，組織戦略とタレントを
結びつけるメカニズムに焦点を絞っており，SHRM理論を根拠としながら，タ
レントマネジメントの中核の構成要素をわかりやすく示していると評価できる。
それだけに，その運用は簡単でなく，運用の巧拙こそが重要ともなろう。

　たとえば，タレントプールに関しては，その選抜は簡単ではなく，タレント
を選抜する基準が曖昧で意思決定の質に問題があるとされる（Boudreau and
Ramstad, 2005）。Schulerほか（2011）は，タレントプールへの選抜のために
は，留め続ける要素のひとつであったパフォーマンス管理の運用こそが大事で，
上司と部下でIDPを定め，キャリア面談を行い，各人のコンピテンシーを改善
していく必要がある，と指摘している。

5-3　タレントを評価，選抜する要素

5-3-1　タレントの区分の概念

タレントマネジメントの重要な構成要素として，どのようにタレントを評価，選抜していくかという考え方や仕組みがあるだろう。しかし，Gallardo-Gallardoほか（2013）による様々なアプローチの説明で述べたとおり，タレントという概念自体が多様であり，それを反映して企業でタレントの区分の呼称は多く，整理が必要であろう。

先述のとおり，Ulrich & Smallwood（2012）は，タレントを「経営幹部」「リーダークラス」「高い潜在能力者」「全ての社員」に区分していた。この4区分の中で，「経営幹部」「リーダークラス」「高い潜在能力者」の3区分は，選別アプローチの対象として，選抜されたタレントの区分と考えられる。多くの呼称が混在しているのは，この選抜されたタレントの区分である。

選抜されたタレントの区分の代表的な呼称は，Gallardo-Gallardoほか（2013）の主観アプローチ・選別アプローチにおける高業績者と高い潜在能力者の2区分であろう。しかし実際には，その他の呼称として，「スター」（star），「ファスト・トラック」（fast track），「トップタレント」（top talent），「ハイフライヤー」（high flyer）などがあるとされる（Call, Nyberg and Thatcher, 2015; Dries and Pepermans, 2008）。

このうち，ファスト・トラックとは，頻繁な異動や特別な機会を与える短期間の開発プログラムへの参加対象者を意味する。多くの企業では，この開発プログラムにおける評価で，それに相応しいとみなした者だけを高い潜在能力者に認定するという。また，ハイフライヤーとは既に成功している（高い業績を収めている）者をさすという（Dries and Pepermans, 2008）。また，トップタレントも高業績者と考えていいだろう。そうなると，ハイフライヤーとトップタレントは高業績者に含まれる概念，ファスト・トラックは高い潜在能力者の前段階の概念と整理でき，本質的に概念整理をすべきものは，「スター」「高業績者」「高い潜在能力者」の3区分ということになろう。

では，まずスターについて検討したい。スターとは，Aguinis and O'Boyle（2014）によれば，スターバックスのハワード・シュルツや任天堂の宮本茂のように，長期間にわたり傑出した結果を出し続ける存在である。そのような存

在は稀であるため，スターは組織内人員の正規分布に従った評価の比率で出現するのではなく，例外的に出現する存在だとされる。また，Aguinis and O'Boyleはスターであるかどうかは，結果のみに基づき判断すべきだとする。

　他方，Callほか（2015）は，スターとは長期に継続する存在であると考えると，結果だけで判断するのは妥当ではなく，業績（performance），可視性（visibility），社会関係資本（relevant social capital）の３点がそろうことを条件にすべきだとする。可視性があがることで，マタイ効果のような利益を享受することができ，社内外の人脈としての社会関係資本があってこそ，継続的に活躍できる可能性が高まるからだ。実際，服部（2019）は，日本のスターにおける，組織内での評判の形成，すなわち可視性の重要性を指摘している[9]。

　スターの定義については，結果だけで判断するよりも，Callほか（2015）の考え方のほうが，継続性の根拠という観点から妥当性が高いと考えられる。しかしながら，いずれの定義であっても，スターとは組織内の評価の正規分布で捉えられるものではなく，極めて例外的に出現する。Callほかは，スターをつくりあげる方法について言及しているものの，タレントマネジメントの通常の運用の中から意図的に育成することは，困難度が高いであろう。本書では，タレントマネジメントの通常の運用に焦点をあてるという観点から，以降スターについては議論の対象から外して考える。したがって，本書で議論するタレントマネジメントにおけるタレントの選抜区分は，高業績者と高い潜在能力者の２区分とする。

　Gallardo-Gallardoほか（2013）の議論にもあったように，高業績者においても，その定義には議論の余地があった。しかしながら，業績そのものは顕在化しているので，潜在能力より評価は容易であろう。評価や選抜が困難であるのは，能力が潜在化している高い潜在能力者ではないだろうか。

　そもそも，高い潜在能力者とは，どのような存在と考えればいいだろうか。Ulrich and Smallwood（2012）の調査によれば，高い潜在能力者の組織内の労働力に占める比率は，10％から15％である。高い潜在能力者の伝統的な定義としては，「５年以内に２段階以上昇進できる可能性がある者」（Ulrich and Smallwood, 2012, p.59）とされる。ただし，Ulrich and Smallwoodは，この定義だと，企業毎の昇進スピードにあまりに違いがあるため，４つの要素を満たす者が，高い潜在能力者だとする。４つの要素とは，野心（ambition），能力

（ability），俊敏さ（agility），達成（achievement）である。野心とは成功のために時間を惜しまないこと，能力とは傲慢になるなどの脱線をしないで，適切な対人関係や失敗から学べる能力を有すること，俊敏さとは俊敏に学んで成長できること，達成とは現時点での職務で一連の成果を収めていること，を意味する。Ulrich and Smallwoodは，このような4つの要素を満たす者を，組織はIDPにより徹底的に鍛えることが望ましいのだとする。

　Dries and Pepermans（2008）は，高い潜在能力者に関する先行研究を包括的にレビューしたうえで，インタビュー調査でその特徴を浮き彫りにしている。それによれば，高い潜在能力者の一般的な定義とは，組織の未来のリーダーになる可能性があると認識された存在である。しかし，高い潜在能力者には様々な課題が想定されている。たとえば「皇太子シンドローム」(the crown prince syndrome）のように，いったん高い潜在能力者と組織が位置づけていることを対象者が知ると，その対象者が傲慢になってしまうこと，あるいは高い潜在能力者と位置づけられなかった社員たちのやる気が削がれてしまう，などの課題である。

　そして，それらの課題以上に高い潜在能力者の概念自体を揺るがす環境要因が，ポストモダンキャリア理論である。ポストモダンキャリア理論とは，組織という境界を越えてキャリア形成を進めるバウンダリーレスキャリア（Arthur, 1994)，自己の価値観に基づきキャリアを自己決定するプロティアンキャリア（Hall, 2004）のように，同一の組織の枠組みにとらわれないキャリア理論を意味する。有能な人材にとってポストモダンキャリア理論が支配的な枠組みだとすれば，同一の組織での将来のリーダーという位置づけの高い潜在能力者は，将来もその組織にいるとは限らず，他組織に転職してしまう可能性が高い。そのため，高い潜在能力者という概念に未来はない，という見方すらある。

　しかし，Dries and Pepermansがインタビューした高い潜在能力者においては，ポストモダンキャリアを志向していた者はほとんど存在せず，多くは伝統的キャリア理論の枠組にそって，同一組織での昇進を期待していた。やはり高い潜在能力者は組織から期待されている存在でもあり，それゆえに組織へのコミットメントも高い存在だったのだ。Dries and Pepermansに基づけば，高い潜在能力者という考え方はタレントマネジメントにとって依然有効であり，いかにその存在を選抜し，育成していくべきか，という観点が重要になるだろ

う。

　ただし，Dries and Pepermansのインタビュー調査では，高い潜在能力者ら
自身が，高い潜在能力を特定する要素は現時点での業績であり，高業績と高い
潜在能力の違いは不明瞭だとしている。これは，先述のGallardo-Gallardoほか
(2013) における，潜在能力と顕在能力は結局同じものであって，識別できな
いのではないか，という批判にも通じよう。しかし，同じインタビュー調査で，
高い潜在能力はリーダーシップ，対人関係能力 (interpersonal skill)，積極性
(proactiveness)，キャリア志向性 (career initiative-taking) で識別できる，
という意見もあった。そこで，次節において，いかに高業績と高い潜在能力を
識別するか，という問題を考えてみたい。

5-3-2　コンピテンシーと潜在能力

　高業績と高い潜在能力を識別するにあたって，考察すべき概念がコンピテン
シー (competencies) であろう。Sparrow (2019) は，タレントマネジメント
において高業績者と高い潜在能力者を評価，選抜する方法として，コンピテン
シーをあげている。Sparrowは，コンピテンシーは，早い段階から人的資本を
評価，選抜するために提示された概念であったとし，その有効性を肯定してい
る。コンピテンシーは，今や，多くの人事コンサルティング会社が評価に使用
し，従業員300人規模以上の会社の多くに導入されている (Boyatzis and
Boyatzis, 2008)。

　コンピテンシーの重要性を提唱したのは，McClelland (1973) である。
McClellandは心理学者が知能を重視し，筆記テストとしての知能 (IQ) テス
トが職業の成功などを普遍的に予測できるとしていたことについて批判した。
第1に，知能テストで人生の実践的な行動の予測をすることは難しく，まして
職業に求められる行動を予測できるとは限らない。第2に，知能テストは，固
定的で不変な能力を想定し，その固定性で予測しようとするため，何らかの努
力などで人間に変化が生じることを反映できない。第3に，筆記テストとして
の知能テストは，一定の刺激に対するレスポンデント行動 (respondent
behavior) を主に測定しており，人生の実践的な行動の予測につながりやすい
自発的な行動であるオペラント行動 (operant behavior) を測定していない。
このような欠点を有する知能テストは職業の成功を予測しているようにみえて

も，実は，その学生が属する家庭環境や社会的地位を反映していたにすぎない可能性がある。

　知能テストに対して，McClellandはコンピテンシーの使用を推奨した。第1に職業の成功を予測するのであれば，その求められる行動をサンプリングして評価基準にすることが重要であり，必然的に職業毎にコンピテンシーは異なることになる。第2に，固定的な能力を測るのではなく，個人が学んだことを反映できる可変的な評価基準でなくてはならない。第3に，人生の実践的な行動そのものが反映されている評価基準でなくてはならない。

　これらの条件を満たす要素として，McClellandが示すコンピテンシーの例示は次のとおりである。第1がコミュニケーションスキルである。実生活で求められる成果には，ノンバーバルスキル[10]も含めたコミュニケーションスキルが，重要な役割を果たす。第2が根気強さ（patience）である。実生活の成果には，一定の時間を要し，根気強さが欠かせない。第3が適度な目標設定（moderate goal setting）である。適度な目標を設定することが，動機づけの維持にもつながる。第4が，自我の開発（ego development）である。自我の開発とは，個人が自律性に基づきながら自己の進むべき方向性を決めていくことである。McClellandは，自我の開発を主に学生を対象に述べているが，成人にとっても自律性は重要であろう。さらにMcClellandは，これら4点のコンピテンシーは，いずれも自発的なオペラント行動でなくてはならず，コンピテンシーを測るためには，オペラント行動を計測できるような基準設定をするべきだと主張する。

　タレント自体の定義については，両義性（生まれつきか，努力して熟達するものか）があり，「コンピテンシー，コミットメントおよび貢献」から構成される，という主張においても，生まれつきの要因と努力して獲得する要因の両方も包含している，と先に述べた。McClellandが異議申し立てしたのは，固定的で不変な能力である知能により，職業などの実生活の成功を予測できるという考え方である。テスト，という観点では，一貫した信頼性が求められるため，不変なもので計測する，という考え方が，いわば覆せない前提になっている。しかし，この考え方であれば，タレントとは「生まれつき」優れた人であり，その能力は変わらない，ということになる。これに対し，McClellandは，職業などの実生活の成功を予測するには，可変的な能力を前提とすべきだし，

その評価基準も職業毎に定める実践的な行動そのものが反映される必要があるとした。この主張により，タレントには努力して獲得する要因があり，それを計測する基準としてのコンピテンシーの意義が示されたことになる。

　McClelland 以降のコンピテンシーの概念として発展を，Boyatzis and Boyatzis（2008）は次のように説明する。個人には無意識下の気質があり，それが個人の価値観や哲学に帰結し，その結果が観察できる行動としてのコンピテンシーとして現れる。また，コンピテンシーは，情動的（emotional）知性，社会的（social）知性，認知的（cognitive）知性の３種類に整理できるという。情動的知性，社会的知性はいわゆる非認知能力，認知的知性とはいわゆる認知能力と整理できるだろう。また，Dries and Pepermans（2008）において，高業績と高い潜在能力を識別する要素とされていたリーダーシップ，対人関係能力，積極性，キャリア志向性は，情動的知性と社会的知性に属するものと考えられるだろう。

　この点がコンピテンシーの両義性ではないだろうか。一般的にコンピテンシーは高業績者の行動特性とされているため，顕在化された高業績を評価するための概念と考えることができる。ところが，情動的知性と社会的知性を含む概念だとすれば，高い潜在能力も評価する概念ということになる。おそらく実務的にコンピテンシーは，顕在化された高業績の評価と，高い潜在能力の評価の両方に使用が可能であると想定されていると思われるが，この点において，わかりにくさが残るかもしれない。

　たとえば，Fernández-Aráoz, Roscoe and Aramaki（2017）は，JTやプルデンシャルPLCの事例として，コンピテンシーと潜在能力を分けて議論している。コンピテンシーとしては，「成果志向，戦略性，協働能力，チームリーダーシップ，組織育成力，変革のリーダーシップ，市場理解力，多様性対応力」という８つをあげ，これらは高業績者が顕在的に発揮すべきものとして評価をする。他方，潜在能力としては，「好奇心，洞察力，影響力，胆力」という４つをあげるが，これらの潜在能力は，将来の８つのコンピテンシーが発揮できるようになるという成長の可能性を示すものと定義されている。したがって，現在のコンピテンシーが要求水準に到達していなくても，潜在力がある個人には，職務ローテーションや昇進の機会を与えることになる。

　たしかに，８つのコンピテンシーと４つの潜在能力は異なった概念のように

見える。しかし，4つの潜在能力は情動的知性と社会的知性に属するようにも考えられ，そうであれば，Boyatzis and Boyatzis（2008）の定義するコンピテンシーの一種とみなすことができるかもしれない。

　McDonnell, Collings and Carbery（2019）は，多くの多国籍企業がコンピテンシーを活用しているとするが，過去の行動について評価されることが多く，はたして潜在能力を判定することはできるのか，という疑問は残るとされている。また，多くの企業で採用されているコンピテンシーの考え方は，「コンティンジェンシー・アプローチ」である。すなわち，普遍的に通用する項目のコンピテンシーを使う企業は少なく，その企業の特定の状況に合致したコンピテンシーの項目が活用されている。つまり，既存の一般的なコンピテンシーの項目を使用することに効果は少ないこと，および企業で独自にコンピテンシーを作成する必要性があること，が示されている。

　さらに，McDonnellほか（2019）は，一般的に，コンピテンシーは3層構造で構成されるとする。第1層は，性格特性や認知能力など基盤ともいうべき層である。第2層は，学習や動機など，自身の成長に関わる項目の層である。第3層は，リーダーシップや特定の技術・機能に関わる項目の層である。これらの層に区分したうえで，企業の独自性を取り入れていけば，コンピテンシーの精度は向上すると考えられる。

　このように様々な議論はあるものの，Sparrow（2019）が指摘するように，コンピテンシーはタレントを評価，選抜する概念として，多くの企業に定着した，と考えられる。つまり，タレントマネジメントの構成要素としては，その存在を前提にして，議論する必要があるだろう。

　他方，コンピテンシーを強く批判するのは，Buckingham and Vosburgh（2001）である。ポジティブ心理学において述べたように，Buckingham and Vosburghは強み重視アプローチの立場にあり，個人が有する特定の領域における才能を強みとして伸ばし，弱み，開発課題などを改善しようというギャップアプローチを取るべきではないとする。

　Buckingham and Vosburghは，傑出した業績をあげる者は，同じ職務なら同じ行動をしているのではなく，他人と異なった行動をするからこそ，傑出した業績になるのだという。また，ある職務に適したコンピテンシーを特定すること自体に困難さがあり，個人が発揮しているコンピテンシーを測定するため

に360度評価などが行われるが，これらの評価は信頼性に欠ける，弱みを改善しても高い業績につながらない，という問題を指摘する。さらに，コンピテンシーには学べるものと学べないものがあり，個人が有する特定の才能は天賦のものであって，それは学べないのだとする。だからこそ，共通的なコンピテンシーを使って能力開発をするのではなく，天賦の才能としての個人の強みを特定し，それを伸ばすことが肝要なのだとする。

McClelland（1973）は，固定的であり，かつ単一の評価基準である知能が実生活の職業の成功を予測することを批判し，職業毎の行動による評価基準としてのコンピテンシーを提唱した。しかし，Buckingham and Vosburgh（2001）は同じ職務であってすら，成功につながる行動は異なり，だからこそ各人の強みを重視すべきだとする。強み重視アプローチは強みを伸ばせるものと考えているため，知能のように固定的に捉えているわけではないが，人により異なる天賦のものであるから，コンピテンシーよりも，人と才能は切り離せない主観アプローチの立場に近いと考えられる。つまり，コンピテンシーは客観アプローチに近い立場，強み重視アプローチは主観アプローチに近い立場と整理することができよう。

5-3-3　タレントプールと業績・潜在マトリックス

GTMルーティーンにおいても述べたように，タレントプールは，企業独自の戦略をタレントの開発項目に埋め込む要素として重視されている。McDonnellほか（2019）は，タレントマネジメントにおいては，伝統的な後継者計画がタレントプールに移行しつつあると指摘する。伝統的な後継者計画に関し，Cappelli（2008）はGEを例にあげて，強く批判する。GEでは，長期的な内部育成を前提にして，長期的な将来を見据えた後継者計画を作成してきた。しかし，そのような長期的な後継者計画は，外部環境の変化が激しい時代には適合せず，もっと柔軟な仕組みが必要であるとする。

McDonnellほか（2019）は，タレントプールのほうが後継者計画よりも柔軟に運用でき，変化する環境に対応しやすい，とする。たとえば，タレントプールは数種類に区分して運用することができる。具体的には，経営幹部候補者のプールだけではなく，特定の部門，技術などに対応したプールを運用している企業がある。プールを多様にし，さらに，特定の職務の後継者候補に限定せず

にプールの対象者を選定し，プールでの育成内容に外部環境の変化を適宜織り込めば，長期的な後継者計画に比べて，プールの運用は格段に柔軟になり，外部環境の変化に適応しやすい。

　また，Sparrow（2019）は，多くの企業でタレントプールの候補者を選抜する際に，ポートフォリオ枠組み（portfolio thinking）を使用していると指摘する。ポートフォリオ枠組みとは，「顕在能力」と「潜在能力」を2軸としたマトリックスを作成し，それを社員の評価，選抜に使うという考え方である。この仕組みは，9ブロックマトリックス（nine-box matrix）または，業績・潜在マトリックス（performance-potential matrix）などとも呼ばれる（Gallardo-Gallardo, 2019）。ポートフォリオ枠組みにおいて，「顕在能力」と「潜在能力」の評価には，コンピテンシーが使用されることが多くなる。タレントプールの運用には，コンピテンシーの活用が欠かせないことが示されている。

5-3-4　パフォーマンスマネジメント

　パフォーマンスマネジメントは，タレントを留め続けるための重要な要素とされていた。同様に，タレントの評価，選抜においても，パフォーマンスマネジメントは重要な要素となる。ただし，パフォーマンスマネジメントについては，狭義に捉えて目標管理制度を意味していると理解される場合がある。これは，パフォーマンスという言葉の翻訳による問題があるかもしれない。たとえば，多国籍企業の人事方針として「ペイ・フォー・パフォーマンス」という報酬方針が掲げられることが多いが，それについて「パフォーマンス」は「成果」と翻訳され，「ペイ・フォー・パフォーマンス」は「成果主義」と翻訳されることがある。そうなってくると，パフォーマンスマネジメントとは，1年間の結果，あるいはノルマ，を管理するもの，と理解されてしまいかねない。しかし，本来，パフォーマンスとは「担当している職務において，本質的に組織に対して果たさなければならない職責」であり，職務主義と大いに関連のある考え方である（石山, 2013）。

　このようにパフォーマンスマネジメントは，単年度の目標管理だけを意味していると捉えられることがある。そうでなくても，パフォーマンスマネジメントを顕在化された業績だけを管理するもの，と捉えてしまうことがある。そうなると，高業績の識別のみが目的であり，高い潜在能力の識別は関係ない，と

いうことになってしまう。

　しかし，McDonnellほか（2019）は，実はパフォーマンスマネジメントにおいては，高業績のみならず高い潜在能力も識別する必要があるという。なぜなら，タレントマネジメントという観点では，パフォーマンスマネジメントの被対象者が，現在の職務と将来想定される高いレベルの職務において，コンピテンシーの発揮度や保有するスキルの状況を把握し，それを開発していく必要があるからだ。

　そうなると，McDonnellほか（2019）は，パフォーマンスマネジメントを実施する者は，直属上司だけでは不十分であるとする。直属上司は，どうしても，現在の業績だけを重視しがちである。そのような傾向が強まると，業績だけあげるAプレイヤーを重視，優遇して企業統治に失敗したエンロンと同じ失敗を犯すことになりかねない。そこで，直属上司以外の様々な関係者が協力して，知識，スキル，経験，コンピテンシー，性格特性を判断するとともに，単年度の業績のための目標管理だけではなく，コンピテンシー評価，360度評価などの複合的な仕組みを用いることが，パフォーマンスマネジメントであるとされる。

5-4　人事部門

　Schulerほか（2011）は，GTMにおける人事部門の重要性を指摘している。なぜなら，ビジネス戦略をタレント戦略に転換させることができるのは，人事部門だけだからである。たとえば，「タレントを引きつけ，開発し，留め続ける」ことに属する各要素を，ビジネスにあわせて内部適合させることができるのは，人事部門であろう。またビジネス戦略をキーポジションの定義に翻訳し，RBVに沿うような模倣困難性まで織り込んでいくことも人事部門に期待されていることである。

　そうなってくると，人事部門には，一連のタレントマネジメント施策に統合的に取り組んでいくことが求められよう。実際，ATD（2009）の定義でも，「統合的な」タレントマネジメントであることの重要性が，繰り返し指摘されていた。しかし，人事部門が統合的にタレントマネジメントに対応しているか，という点については疑問が呈されている。Oakes and Galagan（2011）は，人事部門内部はいまだにサイロ化され，機能ごとに予算や権力を争っているとす

る。しかも，人事部門と事業部門も分断されているため，人事部門がビジネス戦略を把握することにも課題があるとする。たとえば，「人事プロフェッショナルと利害関係者はこれまで別々の世界に住んでいることが多かった」(Ulrich and Brockbank, 2005, 邦訳書p.33) とあるように，人事部門と事業部門は遠い存在であるとの指摘は珍しいことではない。

　そうであるからこそOakes and Galaganは，タレントマネジメントの構成要素，たとえば，「採用，報酬，パフォーマンスマネジメント，後継者計画，エンゲイジメントとリテンション，リーダーシップ開発」について，人事部門が率先して統合を果たしていくべきだとする。

　日本企業の人事部門は，こうしたビジネス戦略のタレント戦略への転換，およびタレントマネジメントの構成要素を統合する，という役割を果たしているだろうか。この点については，日本企業の人事部門の特徴を踏まえて，第2章で検討していく。

5-5　効果測定，スコアカード

　タレントマネジメントの効果については，Bethke-Langenegger, Mahler and Staffelbach（2011）が，財務，組織，人事の観点で先行研究のレビューをしている。財務としては，同業界の競合他社に比べての各種財務指標が効果指標としてあげられている。組織としては，組織文化，業務効率性，社員から見た企業のイメージの良さ，などがあげられている。人事としては，社員のエンゲイジメント，能力，職務満足，離職率の低下，などがあげられている。

　Collingsほか（2019）もGTMと組織の業績の関係を明らかにしようとしている。SHRMも同様に，人事施策と業績の関係を明らかにすることを究極の目的だとしている。しかしながら，タレントマネジメントもSHRMも，直接的な業績への影響を明らかにすることには困難さがつきまとう。そのため，企業が実務的に使用する効果測定項目は，より直接的な影響を検証しやすい人事関係の項目が中心となろう。

　Tarique and Schuler（2010）は，タレントマネジメントの効果測定項目として，採用成果のギャップ測定，個々のタレントの準備がどこまで整っているか，社員満足度，社員のモチベーション，社員のコミットメント，社員の役割外行動の実施程度，などを例示している。また，このような効果測定項目のス

コアカードを作る必要性について言及している。このような項目で効果を測定すること，あるいはスコアカードを作ることは，タレントマネジメントの実際の運用の状況と効果の照合が可能であり，実務においても現実的であろう。

　タレントマネジメントのスコアカードについては，DeTuncq and Schmidt（2013）が，実務的な活用方法の詳細を示している。まず，スコアカードはマクロ（macro）レベルとミクロ（micro）レベルで設定することが望ましいとする。マクロレベルにおいては，当該企業でタレントマネジメントによって達成すべき項目を洗い出す。その項目に対して，投資したデータ，それにより実際に行動したデータを記載し，最後にどれほどの効果（影響）があったのかを記載する。効果（影響）は，レベル1（満足度），レベル2（学習度），レベル3（職務での成果），レベル4（事業での成果），レベル5（投資収益率:ROI）の5段階で記載する。他方，ミクロレベルについては，タレントマネジメントの運用における各プログラムの効果を，個別に測定して記載するのである。

　このような効果測定項目は，全ての企業で同一ということはないだろう。その企業が目指すタレントマネジメントがどの定義にあたるのか，選別アプローチなのか包摂アプローチなのかによって，測定すべき効果の内容は異なってくるだろう。次節では，タレントマネジメントの分類について考えていくが，その分類により効果測定項目は異なってくるであろう。

6　タレントマネジメントは分類できるか

　タレントそのものの概念は，一様に捉えることはできなかった。また，タレントマネジメントの定義は，共通点も存在するが，異なっている部分も存在する。では，タレントマネジメントは，ある基準で分類することはできるのだろうか。ただ，その基準そのものも，様々な視点から区分されるだろう。そこで本節では，視点毎の分類の基準を検討していきたい。

6-1　自国内とグローバル

　GTMは，グローバルに活動する多国籍企業を対象とした定義である。つまり，この場合のタレントマネジメントとは複数の国々を対象としたものである。他方，自国内（domestic）のタレントマネジメントという考え方も存在するだ

ろう。ATDの定義，STM，FITMの３種類の定義は，グローバルの組織にも適用できるものであるが，ある国に限定された組織のタレントマネジメントにも適用できるものであろう。

6-2　ミクロとマクロ

タレントマネジメントには，ミクロとマクロの違いという視点もある。Collingsほか（2019）は，タレントマネジメントの先行研究は，ミクロとマクロに区分できるとする。ミクロにおいては，タレント個人に焦点があたる。具体的には，先述したスターなど，多様性のある個人の業績がいかにもたらされるのか，ということがミクロの研究の関心である。これに対しマクロの関心は，タレントマネジメントのメカニズムにある。GTMでいえば，外生的および内生的な環境がどのように影響を与えるかということ，あるいはGTMルーティーンのように中核をなす構成要素など，に対して焦点が絞られている。もちろん，STMのメカニズムや「タレントを引きつけ，開発し，留め続ける」ための構成要素などもマクロの対象領域になるだろう。

6-3　国による差異

タレントマネジメントは，各国の文化，労働市場の差異によっても分類できるであろう。Collings, Scullion and Vaiman（2011）は，ウォー・フォー・タレントに端を発するタレントマネジメントが，北米の労働市場のニーズに焦点をあわせて概念化されてきたとし，欧州の労働市場のニーズに基づくタレントマネジメントは，それとは異なるものとして概念化されるべきだとする。

もちろん欧州自体，多様である。特に，北米とおなじくアングロサクソンに属する英国は，むしろ北米に近しい労働市場のニーズに近いと考えることが妥当かもしれない。このような多様性を前提にしつつも，Collingsほか（2011）は，北米と欧州の違いを指摘する。まず，欧州のほうが，採用など労働法制において，労働者の保護・規制が強い。また，労使協議など，より集団的な労使関係が強い。さらに，企業をとりまくステークホルダーにおいて，米国は短期利益志向の株主の優先順位が圧倒的に高いことに対し，欧州では銀行などにより財務が担保されているため，長期志向に基づき社員との関係性も重視する経営を行う。加えて，特にドイツのような国では，個人の職業スキルの開発が重

視される。Marsden（1999）が指摘するように，ドイツでは職業別労働市場が確立されており，生産より訓練を重視し，業務より機能を優先するため，職業別の技能を幅広い業務の中で習得していくことになるのである。

　資本主義におけるアングロサクソン・モデルは自由民主主義と市場自由主義の組み合わせを特徴とするが，1990年代初めから2008年のリーマンショックに至るまでの期間は絶頂期といってよく，このモデルに基づく同質化したグローバリゼーション（「フラット化する世界」で象徴される[11]）が進行するのかとさえ思われた。しかし，リーマンショックやその後の欧州債務危機を契機として，アングロサクソン・モデルには生産性低迷，所得格差拡大，国家債務肥大化といった三重苦が出現した。特に所得格差は社会の結束を乱し，その後のポピュリズムやナショナリズムへとつながっていく。このような状況は，むしろ「フラット化する世界」の終わりともいえよう（渡部, 2018）。

　こうしたアングロサクソン・モデルの変化を考えれば，北米の労働市場のニーズに基づくタレントマネジメントだけが，標準モデルとはいえないだろう。では，北米の労働市場のニーズに基づくタレントマネジメントにどのような特徴があるだろうか。その代表的な類型は，先述したCappelli（2008）のタレント・オン・デマンドであろう。Cappelliがタレント・オン・デマンドを唱える問題意識は，人材マネジメントが米国の労働市場の現状に適合していないことである。まずCappelliは，人材マネジメント自体を目標とすべきではなく，ビジネスとして利益を上げることを目標とすべきだとする。そのためには，人材マネジメントのROI（投資収益率）を最大化しなくてはならない。しかし，不確実性の高い環境下では，従来の内部育成を重視した人材マネジメントでは，人材の過不足が生じ，うまくいかない。そこでCappelliは，人材マネジメントにサプライチェーンの考え方を導入し，内製（内部育成）と調達（外部採用）を併用し，そのバランスを即時的にとり，需要サイドのリスクに対応して人材の適切な需給調整を行うことを主張したのである。この人材の柔軟で即時的な需給調整こそが，タレント・オン・デマンドである。

　Cappelliは，あくまで内部育成と外部採用のバランスを取ることがタレント・オン・デマンドだと主張しているが，その実は，内部育成偏重であった人材マネジメントに外部労働市場の原理を貫徹することが狙いであろう。そのため，後継者計画，タレントプール，「高い潜在能力者」などの内部育成に関連した

要素は，時代遅れであると指摘される。タレント・オン・デマンドは，ROIによる短期利益と外部採用を重視しているという点で，短期利益志向の株主の優先順位が高く，労働法の規制が緩和されている米国の労働市場に適合した考え方であろう。実際，Thunnissenほか（2013）は，Cappelliの主張は，短期利益と株主重視をタレントマネジメントの目的とすることであるが，他の多くの研究も同様の主張をしているとする。

　こうしたアングロサクソン・モデルに対し，日本の労働市場のニーズは欧州に近しいといえるだろう。Marsden（1999）の分類によれば，日本の労働市場は職業別労働市場ではないものの，ドイツと同じく業務より機能を優先するため，技能を幅広い業務が存在する内部労働市場で習得していく。また，労働者の保護・規制が強く，労使協議など集団的な労使関係が強く，多様なステークホルダーとともに長期志向的な経営を行う。このように欧州と多くの点で一致しているといってよい。

　企業の役割については，異なった考え方がある。新古典派経済学の主張によれば，株主の欲求は，法律や倫理的慣習を守りながらも，できるだけ多くのお金を稼ぐことであり，企業経営にとって非効率なCSR[12]は行うべきではない，という主張すらある。他方，CSV[13]やSDGs[14]の考え方に基づき，企業とは多様なステークホルダーとともに社会的価値の創出を目的とした存在であって，経済的利益の追求だけを目的とする存在ではない，という考え方もある（樋口，2019）。

　このように企業が持続可能な社会につながる社会価値を創出することをタレントマネジメントの目標にしていくべきだ，という主張もある（Boudreau and Ramstad, 2005: Thunnissenほか, 2013）。日本や欧州では，社員をステークホルダーのひとつと考え，経済的利益とともに長期的に社会的価値を創出していくことが企業の目的の主流である[15]とするならば，短期利益としてのROIの最大化だけを目指したタレント・オン・デマンドとは異なる方向性のタレントマネジメントの類型も存在するだろう。

6-4　GTM分類

　SHRMにおいては，ベストプラクティス・アプローチとコンティンジェンシー・アプローチが存在した。Collingsほか（2019）は，GTMの運用のあり方，

たとえばGTMルーティーンのあり方は，多国籍企業の状況に依存する，つまり，SHRMにおけるコンティンジェンシー・アプローチに近いとする。

　多国籍企業には，本社と現地法人との間で，現地法人がどの程度の自律性を有するかにより，3つの異なる戦略が存在する。第1の「グローバル戦略」（global strategy）とは，本社が主導して現地法人を含めた全世界の資源配分を主導し，統合的な成果を狙う戦略である。第2の「マルチドメスティック戦略」（multi-domestic strategy）とは，多国籍企業は現地法人の独立性を重視し，ある現地法人の活動は他の現地法人の活動に影響を及ぼさないという戦略を意味する。第3の「トランスナショナル戦略」（transnational strategy）とは，「グローバル戦略」と「マルチドメスティック戦略」を混合した戦略である。本社はグローバルでの統合的な関係性は追求せず，事業部門毎の一定の統合を目指す。つまり，グローバルな統合と現地法人の独立性の最適な構造（configuration）を求める戦略なのである。

　図表1-9にあるとおり，3つの戦略により，最適なGTMルーティーンの運用は異なる。本社の主導が中心となるグローバル戦略の場合，GTMルーティーンは本社で集権的に管理することが効果的であり，その効果と現地法人の業績の関係性は強く，現地法人においても本社の人材の選抜・育成・登用が中心となる。他方，現地法人の独立性が強いマルチドメスティック戦略の場合，GTMルーティーンは現地法人による分権的な管理が効果的であり，その効果

（図表1-9）　多国籍企業の戦略とGTMルーティーン

多国籍企業の戦略	効果発揮する GTMルーティーン の運用	GTMルーティーン と現地法人の 業績の関係	GTMルーティーン が現地法人レベル で対象とする 人的資本
グローバル戦略	本社による集権化	強い	本社の人的資本
マルチドメスティック戦略	現地法人による 分権化	弱い	本社と現地法人の 人的資本
トランスナショナル戦略	本社と現地法人の 権限の混合的運用	強い	本社と現地法人の 人的資本

（出所）Collingsほか（2018）に基づき筆者作成

と現地法人の業績の関係性は弱く，現地法人においても本社と現地法人の人材の両方の選抜・育成・登用を行うことになる。戦略の最適な構造を目指すトランスナショナル戦略の場合，GTMルーティーンは本社と現地法人の混合的な権限の運用が効果的であり，その効果と現地法人の業績の関係性は強く，現地法人においても本社と現地法人の人材の両方の選抜・育成・登用を行うことになる。

　タレントマネジメントの運用のあり方は，個別企業毎に模倣困難性を目指して，ビジネス戦略をタレント戦略へ転換する必要があると述べた。ただし，多国籍企業の戦略を3つの戦略に大別することには妥当性があるため，それに基づくGTMルーティーンの運用の区分は簡明で，実務的にも参考になるものであろう。

6-5　タレントマネジメントそのものの分類：選別と包摂，適者開発と適者生存

　タレントマネジメントそのものを，総合的に分類する考え方はあるだろうか。Thunnissenほか（2013）が，そうした考え方を示している。分類の軸は，Gallardo-Gallardoほか（2013）が示した，選別アプローチと包摂アプローチ，主観アプローチと客観アプローチの対比を2軸とした，4区分の分類である。

　第1区分は，「包摂と主観」の組み合わせである。この区分では，全ての個人はタレントであり，タレントと人的資源の違いはない。そのため，タレントマネジメントと人的資源管理に本質的な差はなく，定義が広すぎて曖昧であると批判されることになる。

　第2区分は，「包摂と客観」の組み合わせである。この区分においては，ほとんどすべての個人が，努力して各自の潜在能力を発揮する状態に到達できると考えられている。ポジティブ心理学やコンピテンシーによる開発と関連する区分である。

　第3区分は，「選別と主観」の組み合わせである。このアプローチでは，タレントとは傑出した存在であり，すなわちAプレイヤーと位置づけられる。この場合のタレントマネジメントの目的は，タレントを経営幹部として選抜し，登用していくことになる。

　しかし，この区分には多くの批判がある。タレントを普遍的に通用するAプ

レイヤーとして考えるのは単純だという批判の観点では，この区分に飽き足らず，キーポジションの考え方を取り入れてSTMの理論化がなされることになる。また，普遍的に通用するAプレイヤーを選別することで，他の社員のやる気がなくなるという批判もある。さらに，タレントにおいて結果だけに注目し，顕在化した高業績だけで選別するのは単純すぎる，という批判もある。

　第4区分は，「選別と客観」の組み合わせである。この区分では，やはり傑出したタレントを選別するのであるが，そのタレントは，コミットメントとエンゲイジメントと野心を有して，努力を継続するからこそ，傑出したタレントたりうるのである。

　以上の4区分において，「包摂と主観」「選別と主観」の区分は，タレントマネジメントとしては不十分で，批判がなされていることがわかる。これは，主観アプローチがタレントと人を切り離さず，前提条件なしに個人をタレントと考えてしまうため，タレントを特定する客観性が不十分になってしまうことに起因しよう。たしかに，その側面は否定できない。

　しかし，Gallardo-Gallardo（2019）が指摘するように，「包摂と主観」を支持する論者は多い。ここまで述べてきた，マルコ効果，ポジティブ心理学，強み重視アプローチ，FITMなどは，「包摂と主観」を支持する理論である。また，Gallardo-Gallardoは，高品質なサービスを提供する産業や，公共部門などにおいては，組織全員をタレントと考え，適切な配置，能力開発に取り組んでいくことがとりわけ重要であるとする。Thunnissenほか（2013）の批判のポイントは，この区分においてタレントマネジメントと人的資源管理の差異がなくなることにあるが，組織全員をタレントと考えても，能力開発や配置への取り組みで差異化できる可能性はある。そこで本書では，「主観と客観」という軸の代わりに，「適者開発と適者生存」という軸を使用して区分を行う。

　McCall（1998）はリーダーシップ開発には2つの対比される考え方があるとした。「適者開発」と「適者生存」である。適者開発とは，個人には様々な可能性があり，経験が特性の源となり，特性の多くは後天的に獲得されていくので，体系的なリーダーシップの学習が必要だとする考え方である。他方，適者生存とは，ダーウィン的な見解であり，適者は勝ち残る，勝ち残ったものが適者，という考え方である。適者生存においては，リーダーは「何かいいもの」という特性をもともと有しており，この何かいいものという特性さえ探し

出せればリーダーを選抜できると考える。同時に，何かいいものを持つ者は，修羅場を勝ち抜くので，結果的に高い職位につくと考えられている。McCallは適者生存という考え方には，組織として，系統的で継続的なリーダーシップの学習を行わなくなる危険があるとする。

つまり，「適者開発と適者生存」という軸において，適者開発では組織が意図的に人の開発を行っていくことになり，適者生存では人の開発に対する組織の意図が弱くなる。そうなると，適者開発ではタレントへの組織としての取り組みが活発になり，適者生存では取り組みが弱くなる。これは「主観と客観」軸よりも，タレントマネジメントの分類軸としてわかりやすい。

柿沼（2015）は，タレントマネジメントの特徴が必要なタレントを主体的につくりこんでいく適者開発であるのに対し，旧来の日本型人事管理は，長期間かけて社員を昇進トーナメントで試し，勝ち残ったものを管理職や経営幹部に登用する適者生存だと批判する。昇進トーナメントで勝ち残った者が本当に優れたタレント（才能）を有しているとは限らないし，適者生存では意図的な能力開発が実施されないという課題があろう。

また，ウォー・フォー・タレントでは，傑出した存在をタレントと考え，そのタレントはAプレイヤーであり，どのような組織でも普遍的に活躍できる存在だと考える。したがって，ウォー・フォー・タレントにおいては，とにかく早くAプレイヤーを見分ける必要がある。つまり，ウォー・フォー・タレントは，日本型人事管理に比べて，短期的な適者生存と位置づけることができよう。

他方，STM，GTM，FITMでは，「選抜と包摂」という違いはあるものの，組織として意図的にタレントの適切な配置，能力開発を行うという観点では一致している。つまり，適者開発と位置づけることができる。ここまでの議論をまとめたものが，**図表1-10**である。

ただし，日本型人事管理は全般的に適者生存の特徴を有するのか，またそうした特徴を有する日本型人事管理を単純に課題が大きい仕組みと位置づけるべきなのか，という点については，十分な検討が必要であろう。そこで，これらの論点については，次章で詳しく検討する。

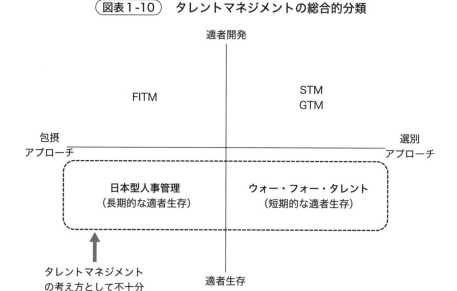

図表1-10　タレントマネジメントの総合的分類

（出所）Gallardo-Gallardoほか（2013），柿沼（2015），Thunnissenほか（2013）などに基づき筆者作成

7　タレントマネジメントの批判と発展

　タレントそのものの考え方，タレントマネジメントの定義，構成要素，分類について検討してきた。本節では，タレントマネジメントへの批判と発展を，Sparrow（2019）の整理にしたがって分析していきたい。Sparrowはタレントマネジメントに寄せられた批判が，後の発展につながったとして，肯定的に捉えている。以下，Sparrowの整理にしたがい，ウォー・フォー・タレントへの批判，人的資本論からの批判，実践面からの批判について述べる。

7-1　ウォー・フォー・タレントの批判と発展

　ウォー・フォー・タレントへの批判は，本章の中でも，既にいくつかの論点を述べてきた。その中でも代表的なものは，Pfeffer（2001）が，「ウォー・フォー・タレントに参戦することは，あなたの組織の健全性を損なう」という刺激的なタイトルの論文で行った批判である。Pfefferは，ウォー・フォー・タ

レントが，組織の健全性を損ない危険である理由を多角的に指摘している。主要な批判は以下の3点である。

　第1にウォー・フォー・タレントは個人の過大評価であり，チームの価値を重視していない。個人の過大評価は，社内のゼロサムゲームとして激烈な競争につながり，とにかく社内のライバルに勝てばいいという意識の蔓延が，チームワークを損なう。第2に，ウォー・フォー・タレントは外部人材の過大評価につながる。これは，いわゆる「隣の芝生は青い」という現象であり，根拠なく内部人材より外部人材に価値があると思い込んでしまうことを意味する。そうなるのは，採用プロセスに多くの労力をかけるので，その分，外部人材を評価したくなってしまうからでもある，としている。第3に，ウォー・フォー・タレントが，Aプレイヤー，Bプレイヤー，Cプレイヤーというラベリングをしてしまう弊害である。このようなラベリングを行うと，Bプレイヤー，Cプレイヤーは自分自身への期待を低下させ，周囲の期待も低下する。そうなると自己成就予言（self-fulfilling prophecy）という現象が生じる。自己成就予言とは，高い期待をされた者はその期待に応じた高い成果を達成し，低い期待をされた者は低い成果しか達成できない，ということを意味する。これは，とりわけ低い期待をされた場合は，それに応じて防衛的に努力を行わないようになっていき，かつ，失敗に対する不安が高まるため，挑戦的な行動もできなくなってしまうからだとされている。また，周囲，特に上司は，いったん，Bプレイヤー，Cプレイヤーとラベリングされた者に自分の貴重な時間を振り向けるよりも，Aプレイヤーに多くの育成努力を振り向けることになる。このように，A，B，Cのラベリングは，10%のAプレイヤー以外の成長を阻害してしまうという危険性がある。

　Pfefferがウォー・フォー・タレントアプローチと対照的に高く評価するアプローチが，NUMMIの取り組みである。NUMMIはトヨタとGMの合弁会社であるが，GM単独で工場を操業していたときは，GMは工場労働者の質が低いと認識していたため，機械の自動化を進めることで労働者を削減し，効率性を追求しようとしていた。しかし，機械がうまく使いこなされることはなく，工場は高コスト体質に陥っていた。

　ところが，合弁後のトヨタの取り組みは，それと全く異なるものだった。トヨタは機械により労働者を代替しようという考え方は採用せず，以下のアプ

ローチを採用した。第1に，雇用の安定性を保障し，労働者と企業をパートナーと考えた。第2に，丁寧な採用プロセスが実施された。第3に，業界において高水準の賃金が支給された。第4に，経営情報が従業員全員に共有された。第5に，意思決定は分権化され，現場に委譲された。第5に，平等的な文化が構築された。NUMMIでは，経営幹部用の食堂や駐車スペースは廃止され，経営幹部も作業着を着て，同じ社員食堂で食事をするようになった。第6に，全従業員に対するトレーニングとスキル開発が重視されるようになった。

Pfefferはこのような NUMMI のアプローチこそが，ウォー・フォー・ウィズダム（英知の獲得競争）の勝利につながり，ウォー・フォー・タレントアプローチでは，英知を獲得できないとする。なぜなら，プラトンがいうように，英知とは，「何を知っていて，何を知らないか」を知ることだが，ウォー・フォー・タレントアプローチで優秀とされたAプレイヤーは傲慢になりがちで，「何でも知っている」と思い込んでしまう可能性が高いからだ。

Pfeffer（1998）は，もともと，効果的な人材マネジメントとして，「雇用の保障」「丁寧な採用の徹底」「自己管理チームと権限の委譲」「高い成功報酬」「幅広い社員教育」「格差の縮小」「業績情報の共有（オープンブック・マネジメント）」という7つの要素が効果的な人材マネジメントにつながることを主張している。NUMMIへの評価が高いことからもわかるように，この7つの要素は，日本型人事管理との共通性も多い。

Pfeffer（2001）のタレントマネジメントへの批判は，2種類に大別できることができるのではないだろうか。第1の批判は，タレントという個人を選別してしまうことがチームワークを損なうため，平等的な組織文化が望ましいという考え方に立脚する。この批判は，ウォー・フォー・タレントのみならず，STMやGTMにおける選別アプローチへの批判も包含されよう。第2の批判は，ウォー・フォー・タレントがA，B，Cというラベリングを行うこと，個人の特性が決まっていて動かしがたいと組織が考えること，これらの考えが個人に波及し，個人が努力しなくなるというものである。これは，適者生存の考え方を批判していると考えられる。

つまりPfeffer（1998, 2001）は，選別アプローチと適者生存の両方を批判しているので，日本型人事管理への評価は高いと考えられる。しかし，先述したように，実は日本型人事管理には適者生存という前提が存在するという批判が

ある。そこで日本型人事管理の詳細は，次章で議論する。

7-2　人的資本論からの批判と発展

　タレントマネジメントの理論は，初期のウォー・フォー・タレントアプローチから，人的資本論の視点において，戦略的な労働力計画を重視する考え方へと移行することになった。タレントマネジメントのプロセスが，曖昧なままだと，それが何の効果につながったのか，明らかではない。そこで具体的なタレントマネジメントのプロセスが，いかにビジネス戦略に直接的な影響を与えるのか，という側面が重視されるようになっていった。

　たとえば，タレントを選抜，育成，登用する意思決定をいかに科学的に行うのか，あるいはタレントプールをいかに効率的に運営するのか，などの側面が重視されることになる。GTMルーティーンなどのプロセスが具体化したのは，こうした批判の乗り越えによる発展の成果であろう。

7-3　実践面からの批判と発展

　タレントマネジメントという概念は曖昧で定義がまちまちであるといわれてきたが，本章で述べてきたように，学術面では，いくつかの類型はあるにせよ，緻密に構成された定義や方向性が存在する。ところが学術面と実践面で，相互に十分な統合が図られているとはいえないことが実情であろう。

　実務面では，タレントマネジメントとは，いまだに現時点で顕在化した高業績をあげている「スータータレント」のみに焦点を当てた考え方と思われていることも多い。また，潜在能力の開発，リーダーシップ開発，キャリア開発が，タレントマネジメントとして統合されず，ばらばらに運用されていることもある。さらに，実務的には，タレントマネジメントとは単なる流行語にすぎず，結局はパフォーマンスマネジメントのことなのではないか，と誤解されていることもある。こうした現状を踏まえると，学術面の理論発展を，より実務面への貢献に結びつけていく必要があるだろう。

第2章

日本型人事管理とタレントマネジメント

　前章において，主に学術面におけるタレントマネジメントについて概観してきた。本書の目的は，タレントマネジメントという考え方が，日本型人事管理において受容できるものなのか，その実態を分析し，今後の方向性について提言することにある。

　日本型人事管理の定義は多方面からなされており，また近年の環境変化により変質している部分があることも指摘されている。しかし，本書では，日本型人事管理の本質的な部分，中核は依然維持されていると考える。そうした本質が維持される理由は，日本型人事管理に対しては一定の評価があり，また変化しにくいという特徴があるからではないだろうか。

　そこで，本章では，まず日本型人事管理の特徴，その強み，弱みを分析する。同時に，日本型人事管理が変わりにくい理由を考察する。そのうえで，先行研究に基づき，日本型人事管理とタレントマネジメントの関係性を分析していく。

1　日本型人事管理の特徴：強みと弱み

　日本型人事管理に類似した用語として，日本的雇用，日本型雇用，日本的経営などの呼称がある。これらの用語が意味する対象領域は同一ではないが，日本企業の人的資源管理施策に関連して，共通する内容も多々指摘されている。そこで，本書では，これら類似用語において，日本企業の人的資源管理施策と関係する対象領域を，以降，日本型人事管理と統一して表記する。本節では，日本型人事管理の特徴を，長期的な昇進期間，職務と職能の関係性，OJTによる能力開発，集権的な人事部門の4点にまとめて分析していく。

1-1　長期的な昇進期間

　日本型人事管理の主要な特徴として指摘される第1の特徴は，長期的な昇進期間である。この特徴は，雇用の安定や能力開発につながるという観点で肯定的に評価されることもあれば，人を企業に「閉じ込める」という観点で否定的に評価されることもある。

　日本型人事管理の最大の特徴とは，新卒採用された社員の大多数が幹部候補者である点だという指摘がされている（海老原，2013）。この大多数を占める幹部候補者に対する昇進は，概ね15年程度の「おそい選抜」によってなされる。おそい選抜においては，同一企業内の様々な部門（ただし関連性のある部門）を長期間に人事異動していくことになる。その期間においては，多数の上司が評価を行うため，複眼的な評価が行われ，選抜の妥当さが高まる。同時に，おそい選抜が継続されている限りは選抜対象群の動機づけが維持される。さらに人事異動は，当該社員の専門性に関連する領域で実施されることが多いため，幅広い専門性を有して広範な分野に取り組み，異常対応や改善を行う能力が培われる。この能力は，「知的熟練」と呼ばれ，異常対応や改善を行う幅広い専門性とされた（小池，1981，1991）。

　こうした，おそい選抜には，様々な効果があるとされる。たとえば，長期間，将来の「見通し」を社員が感じることができ，内発的動機づけが醸成される（高橋，2004）。また，企業経営にとっても，効果がある。セオリーZタイプの企業の特徴とされる長期間の人事異動による非専門的なキャリアパスの形成，配置転換は，組織間の協力関係のシステムを形成する（Ouchi, 1981）。たとえば，こうした濃密な社員間の情報共有は，言葉を交わさなくても，瞬時に文脈を共有できるメタレベルまでの組織文化の共通理解を醸成し，暗黙知と形式知の相互作用であるSECIモデルにつながるとも考えられる（Nonaka and Takeuchi, 1995）。こうした特徴は，日本の後進性を示すものではなく，先進的で，独自の価値を示すものとされた（Abegglen, 2004; Dore, 1973; Ouchi, 1981）。

　他方，昇進期間が長期であることへの批判も数多い。たとえば，昇進期間が長期であるということは，裏を返せば，社員の「見えざる出資」[16]により，社員を長期間囲い込むということでもある（加護野・小林，1989）。社員の長期間

にわたる企業内への閉じ込めとは，新卒一括で未熟練労働者を採用し，長期間にわたり配置転換を行いながら，多能工として育成することで成立する。この特徴が成立するには，社員が慢性的な長時間労働と，頻繁な配置転換という拘束性が強い働き方を受容しなければならない。未熟練労働者を熟練化するために，個人単位の仕事も集団で行い，極度にチームワークを重視すると，慢性的な長時間労働が発生せざるを得ない。このように，長時間拘束され，転勤を含み頻繁に配置転換されるのであれば，夫婦にとって，仕事の継続と子育てで家庭生活を優先することも両立しにくくなるという課題が生じる（八代, 2009）。

　また，長期にわたって人事評価が行われるということは，評価の曖昧さを惹起するという指摘もある。たとえば，日本企業が評価する能力とは業務に関する具体的なものではなく，長時間残業，職務変更，転勤を厭わず会社に尽くす態度だともされる（熊沢, 1997）。このように良くいえば柔軟，悪くいえば曖昧な評価を行うのは，企業が社員の配置や異動を重視するからだとされる。曖昧な評価を行うことで，配置や異動に伴い新規の業務を習得するまでの期間における評価の低下を避けることができる（福井, 2009）。

　まとめると，昇進が長期的に行われるという日本型人事管理の特徴には，肯定的に評価する研究群と否定的に評価する研究群が存在する。このように研究群が2種類に大別される理由は，長期的な昇進期間の特徴に焦点をあてる角度の違いによるものだろう。長期的な昇進期間の肯定的，否定的な側面は，表裏一体の特徴によって生じるものといえよう。

1-2　職務と職能の関係

　Marsden（1999）は，業務優先ルールと機能優先ルール，生産アプローチと訓練アプローチの2軸で分類すると，日本は機能優先ルールと生産アプローチに該当するため，「職能ルール」であり，労働市場の特徴においては，内部労働市場が支配的になるとする。業務優先ルールの国では，米国，フランス，英国のように，個人が独占的な業務責任を有し，業務の流れが硬直的になり，職務は細分化され狭くなる。他方，日本やドイツのような機能優先ルールの国では，個人の業務責任が曖昧で，職務の流れは柔軟で，職務は細分化されず幅広くなる。また，米国，フランス，日本のような生産アプローチの国では，仕事のデザインとして業務は狭く設計され（ただし，日本のみは業務のローテー

ションが可能なように設計されている），英国やドイツのような訓練アプローチの国では，職業別の技能で業務が設計される。

　山田（2020）によれば，このような違いは，米国に代表される企業内における職務（ジョブ）で賃金決定する「職務主義」，欧州，特にドイツに代表される職種別労働市場が存在し，職業資格と職業訓練に基づく技能形成のシステムからなる「職種主義」，人ありきで従業員の属人的な能力を職能資格制度に基づいてランク付けする「職能主義」の3種類に大別できるという。ただし米国流の職務主義と欧州流の職種主義は「仕事」で処遇する点では共通しており，これを「職務ルール」と整理し，「人」で処遇する「職能ルール」の日本と対比することができよう。

　日本においては，職務（仕事）で処遇するのではなく，能力（人）で処遇する職能資格制度が一般的といわれるが，その職能ルールの詳細とは，Marsdenの説明が詳細で妥当であろう。海老原（2013）は，こうした職能の特徴，すなわち給与は「仕事」でなく「人」で決まることこそ，日本型人事管理の本質的な特徴だとする。なぜなら，「終身雇用」「年功序列」「企業内労働組合」の3種の神器に加え，「新卒一括採用」を加えた4本柱が日本型人事管理の特徴とされてきたものの，労働組合の組織率は2割を切り，ずっと以前から，若者離職率は一定比率あり（終身雇用ではなく），中堅，中小企業に4本柱は根づいていなかったからである。

　ただし，歴史的には，日本でも職務ルールが志向されたこともある。戦後，経営側の意図として日経連が，職務ルールが世界標準であるとし，職務を個々に定義した職務給の導入を意図した。しかし，企業は柔軟な社員の配置や異動などの必要性から職能給を支持した（濱口, 2013）。また，そもそも職能資格制度自体，厳密な職務調査を前提とすることが，本来的な位置づけであった。しかし，社員の配置や異動を重視する企業側の現実的な必要性から，厳密な職務調査は次第に行われなくなり，良くいえば柔軟，悪くいえば曖昧に運用されることになった（福井, 2009）。結果として，職務遂行能力，コンピテンシー，知識，スキル，パーソナリティ，モチベーション，リーダーシップという多様な職業に関する能力概念を，日本では「能力」という1つのカテゴリーにまとめるという曖昧さも生じた。他方，英語圏の諸国では従業員が職務を遂行するにあたっての特性を，職務定義の中で，厳密に細かく分けて考える（高橋, 2008）。

　このような日本における職務と職能の関係性を，濱口（2009, 2013）は，職務定義を重視せず，個別企業への適応性を重視する「メンバーシップ」と表現する。つまり英語圏の諸国においては，雇用契約は職務に基づいて行われるのであるが，日本では雇用契約が個別企業における一種の地位設定契約（メンバーシップ契約）となる。雇用契約に具体的な職務は定められず，人事異動のたびに，「空白の石板」に職務内容が書きこまれるのである。

　「空白の石板」により職務概念が欠如すると，そこではジェネラリストが育成されるように思える。長期にわたり人事異動が繰り返されると，スペシャリストとしての専門性の醸成が難しく感じられるからだ。しかし須田（2018）は，実際には日本では，半ジェネラリスト・半スペシャリスト型の人材が育成されているという。欧米企業で早期選抜された幹部候補生と比較すると，日本企業の正社員に一律に適用される人事異動の幅は小さく，ある程度共通する分野が異動対象となるからだ。ところが，異動の幅が狭いといっても，職務ルールほど専門分化しているわけではない。結局のところ，半ジェネラリスト・半スペシャリスト型の人材になってしまう。

　須田は，実は半ジェネラリスト・半スペシャリスト型の人材は，もっとも転職しにくいと指摘する。ジェネラリストならジェネラルマネージャーとしての転職市場があり，スペシャリストなら特定の転職市場がある。ところが半ジェネラリスト・半スペシャリスト型の人材は，いずれの市場にも適合しないため，結果的に所属企業への依存度が高くなる。したがっておそい選抜と年次管理，あるいは後述するOJTによる能力開発，集権的人事部門との適合性が高くなるのである。

　職能ルールにおける職務概念の欠如により，山田（2017）は日本企業に弊害がもたらされているとする。職務概念が柔軟であるからこそ，おそい選抜による長期の人事異動が可能になり，それが知的熟練を培い，不確実性に対応できるとされるが，それはブルーカラーに限定され，ホワイトカラーには通用しない，と指摘する。職務概念の欠如は，結局，専門性の構築を阻むのであり，日経連が雇用ポートフォリオとして提唱した「高度専門能力活用型」という人材像も，だからこそ画餅に終わってしまった，と山田は主張する。

　知的熟練について，濱口（2014）は山田と同様に，効果を認めつつも，一定の限界があるとする。小池（1994）は勤続20年を超えても知的熟練は伸長し続

けるとしたうえで，日本の職能給制度は合理的で，伸長し続ける能力を適切に評価することができるという。濱口はこの点に異議を唱える。日本企業の多くが希望退職などの施策により中高齢労働者を排出する傾向があるのは，貢献と報酬が不整合で，貢献より報酬が高すぎるためだとする。その理由は，職能給に内在する年功的要素により中高齢労働者の報酬が高くなる一方，貢献がそれほど高くなっていないからだとする。つまり，若年労働者の段階ではおそい選抜による人事異動が知的熟練としての能力伸長に結びつくが，中高齢労働者の段階では，能力伸長が飽和状態になり停滞してしまう可能性があるのだとする。ただし，濱口は，そもそも知的熟練あるいはそれに伴う能力という概念があまりにも曖昧であるため，それが伸びている，あるいは停滞しているという議論を客観的に行うことは難しく，それがゆえに職能給を正当化する知的熟練への批判は難しかったと指摘する。

　知的熟練をめぐっては，このように様々な議論がある。そこで，知的熟練とそれに伴う能力開発を，より詳しくみていくこととする。

1-3　OJTによる能力開発

　「知的熟練」は，OJT（On the Job Training）による能力開発と密接に関連している。厚生労働省の職業能力開発基本調査の定義には，OJTおよび計画的OJTという2種類の定義がある。OJTとは，「日常の業務に就きながら行われる教育訓練のことをいう。直接の上司が，業務の中で作業方法等について，部下に指導することなどがこれにあたる」とされる。計画的OJTとは，「日常の業務に就きながら行われる教育訓練（OJT）のうち，教育訓練に関する計画書を作成するなどして教育担当者，対象者，期間，内容などを具体的に定めて，段階的・継続的に実施する教育訓練をいう。たとえば，教育訓練計画に基づき，ライン長などが教育訓練担当者として作業方法等について部下に指導することなどを含む」とされる。

　厚生労働省よりも，原（2014）は，より幅広くOJTを定義している。それによると，OJTとは「ふだんの仕事をしながらの学習」（原, 2014, p.5）であるが，具体的には，仕事をしながら行う学習活動の項目の主成分分析に基づき，「人から学ぶこと」「参加して学ぶこと」「仕事に役立つ情報を共有すること」の3項目が該当するとしている。この3項目には，上司や同僚の仕事ぶりを見て学

ぶこと，アドバイスを受けること，部下や同僚にアドバイスをすること，担当外の仕事をすること，ミーティングなどにおける情報の共有，などの内容が該当する。このように，上司の指導が中心となる厚生労働省の定義と異なり，原においては，職場全体の相互の影響としてOJTを広く捉えていることがわかる。

　小池（1997）は，原と同様にOJTを職場全体の学びと考えており，さらにその実態を広く考えている。まず，OJTは，フォーマルなものとインフォーマルなものに区分される。フォーマルなOJTとは，指導員が対象者に指導するものであり，これは厚生労働省の定義と合致するものであろう。

　他方，インフォーマルなOJTこそ，高度な技量形成に資する重要なものとされる。インフォーマルなOJTは，長い時間軸で捉えられるもので，長期にわたるローテーションであり，キャリア形成のあり方そのものでもある。たとえば，簡単な仕事から困難な仕事へ進む序列形式や持場間の交代移動などが該当する。経理畑のホワイトカラーを例にとると，入社後に工場の原価管理を経験した後，製造課，事業部などの人事異動をすることになる。その結果，経理に関する製造，製品，組織，市場の経験をはば広く深めていくことが可能になる。このように長期にわたるローテーションを経験し，異常対応や改善を行う幅広い専門性を習得していくことが，小池の主張するOJTである（小池, 1981, 1991）。

　なお，脇坂（2019）は，小池の述べるOJTにおいて習得される技能は，企業内にのみ通用する企業特殊技能に限らないとする。小池の主張に基づくと，OJTは広がり（仕事の容易さから困難さへ進む序列方式とローテーションの組み合わせ）と深さ（問題をこなす技能の習得）を指標とすることができる。脇坂は，この指標を適切にとらえたスキルマップ（仕事表）を職場に導入すれば，企業特殊技能に限定されない，他社でも通用する社会的な職業能力の醸成も可能だとする。OJTにおける仕事表は，McClelland（1973）の唱えたコンピテンシーの考え方と，共通点が多いのではないだろうか。コンピテンシーの眼目は職務毎に実際に通用する行動を洗い出し，それらを評価基準とすることであった。仕事表は，実際の職務における求められる行動を，能力開発の観点でわかりやすくまとめたものであろう。脇坂の指摘するように，OJTにはコンピテンシーと同様に，社会的な職業能力の形成に資する効果があると考えることは妥当であろう。

　ここまで述べたとおり，おそい選抜と空白の石板に象徴される職務概念の欠

如を基盤として行われるインフォーマルOJT（長期にわたるローテーション）に知的熟練の効果は想定できるし，企業特殊能力にとどまらない社会的職業能力が形成される余地もある。ただし問題は，その効果がどの範囲まで該当するかという議論（濱口，2014; 山田，2017）にあろう。

1-4　集権的人事部門

職務にとらわれず，おそい選抜の期間，関連する領域をインフォーマルなOJTとして人事異動していくためには，社員を，頻繁に部門を越えて配置転換することが必要である。この頻繁な人事異動は，企業内部にヨコに分権化された情報システムとして機能する。同時に，ライン・ヒエラルキーという強度のタテの昇進構造が存在し，人事管理は集中化して行われる。このタテ・ヨコのバランスの取れた企業の仕組み（集中化された人事システムと分権化された情報システムの組み合わせ）こそが，日本企業の競争優位の源泉である双対原理とされた（青木，1989）。

日米の人事部の比較を行ったJacoby（2005）によれば，米国の人事部門は分権的な組織機能に基づき，市場志向的である。他方，日本の人事部門は，人的資源管理施策が組織志向的慣行であり，規模と権力が大きい。このような日本の人事部門の集権化は，おそい選抜，空白の石板に象徴される，柔軟にキャリアを形成するインフォーマルなOJTと適合的である，と指摘できよう。

なお，職能ルールを職務ルールに切り替えていこうとする場合，米国の人事部門のように，人事機能の分権化が進んでいくことが想定される。ただし，分権化にも課題が存在する。西村（2019）は人事機能の分権化が進むと，自部門優先志向が生じ，自部門の優秀な人材を抱え込み，次世代リーダー候補の育成不足を招くことを，81社のデータで実証している。つまり，人事部門の分権化が，タレントマネジメントの実施において，阻害要因になってしまう可能性もあるわけだ。こうした課題については，留意が必要だろう。

2　日本型人事管理の変化の実態

日本型人事管理の変化の程度については，議論が一致しているわけではない。平野（2006）は，日本型人事管理に進化型が出現しているとする。従来の日本

企業の組織モードはJ型と表現され，進化型の組織モードは進化J型と表現される。進化J型においては，職能資格制度が職務等級制度または役割等級制度に変化していく。あくまで人事権は人事部集中（つまり集権的人事部門）であることにかわりはないが，マネジメント人材とエキスパート人材を群別管理することが眼目になる。マネジメント人材は，企業特殊総合技能をいかんなく発揮させるために，「幅広い」人事異動を行い，後継者計画により，本社人事部が個別管理する。エキスパート人材は「幅狭い」人事異動を行い，個人のキャリア自律を前提に，人事権のライン分権化を部分的に進める。このような進化J型が実際に進行しているのか，平野（2011）はその検証を行った。その結果，日本企業において，職務主義の考え方を一部取り入れ，能力主義と組み合わせた役割主義を推進している比率が増えていることが確認された。

これに対し，日本企業で改革が進み，職能資格制度は役割等級制度に変わったという議論は本質的なものではなく，結局，昇進基準において年次管理が色濃く残り，役割給は仕事基準でなく人基準にすぎない，すなわち日本型人事管理はさほど変化していないという主張もある（山田, 2017）。八代（2009）も，非正社員の比率が増加しているため日本型人事管理が変わったという主張は，的を射ていないとする。現実には，正社員と非正社員との格差が問題になるのは，企業における正社員の過剰な保護が変化していないためであり，その改革が実現しないからこそ，その対症療法的な施策として，企業は非正社員比率を増加させるのだという。

では，実態はどうだろうか。労働政策研究・研修機構（2010）によれば，人事部門は，「従業員の生活を保障するのは企業の務めである」という設問に対して，85.8％が肯定的であり，「日本の雇用制度が欧米の企業と異なっているのは当然である」という設問に対しても75.8％が肯定的である。つまり人事部門の大部分は，企業は従業員の生活保障をすべきであり，日本独自の雇用制度であって当然だ，と認識していることになるため，大きな変化を志向していないと判断できよう。

日本生産性本部の「第16回日本的雇用・人事の変容に関する調査結果」によれば，管理職層において，1999年に21.1％だった「役割・職務給」の導入割合は，2018年には78.5％に上昇する一方，1999年に80.9％だった「職能給」の導入割合は，2018年には57.8％に低下している。非管理職層においては，1999年

に17.7％だった「役割・職務給」の導入割合は，2018年には57.8％に上昇する一方，1999年に85.2％だった「職能給」の導入割合は，2018年には76.5％に低下している。この結果をみると，「役割・職務給」の導入割合が増加していることは明確であるものの，非管理職層においてはいまだ「職能給」が主流を占めていて，また管理職層においても半数の企業で「職能給」が維持されており，「役割・職務給」と「職能給」が拮抗している状態である。日本企業の趨勢が，職務等級制度または役割等級制度に傾いた，とまではいえないだろう。

　日本型人事管理に変化が起こりにくいのは，それが有機的に関連し合う施策の束であることに起因する面があろう。森口（2013）は，日本型人事管理とは，「注意深い人選による新規学卒者の定期採用」「体系的な企業内教育訓練」「査定付き定期昇給・昇格」「柔軟な職務配置と小集団活動」「定年までの雇用保障」「企業別組合と労使協議制」「ホワイトカラーとブルーカラー従業員の『正社員』としての一元管理」という7つの要素によってくみ上げられた枠組みだと指摘する。これらの7つの要素が相互に影響しあう有機性が，単純に1つの施策によってだけで日本型人事管理を変革することの難しさにつながっている。

3　日本型人事管理とタレントマネジメント

　日本型人事管理に関して，第1におそい選抜，第2に空白の石板に象徴される柔軟な職務（職務概念の欠如），第3にキャリア形成としてのインフォーマルなOJT，第4に集権的な人事部門，という特徴があることを述べてきた。また日本型人事管理の各要素の有機的なつながりが，変化の難しさにつながっているという指摘もあることを示した。

　長期間かけて昇進トーナメントを生き残った者こそがタレントであるという「適者生存」（柿沼, 2015; McCall, 1998）は，上記の4要素の特徴を有する日本型人事管理の特徴と合致していると考えられる。しかし日本型人事管理も変化している（平野, 2006, 2009）という指摘があるため，上記の4要素の特徴を有する日本型人事管理のみを限定して，本書では以降「適者生存日本型人事管理」と呼ぶことにする。

　先行研究では，「適者生存日本型人事管理」の肯定的な面と否定的な面の両面が指摘されていた。「適者生存日本型人事管理」が効果を発揮する，肯定的

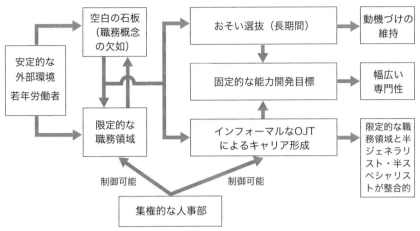

(図表2-1) 適者生存日本型人事管理が効果を発揮するメカニズム

(出所) 筆者作成

な側面のメカニズムは**図表2-1**のように示すことができよう。

　おそい選抜により知的熟練が醸成される対象範囲は，山田（2017）はブルーカラーに，濱口（2014）は若年労働者に限定される，と指摘していた。本書では，適者生存日本型人事管理が効果を発揮するメカニズムは，山田とは異なり，一部のホワイトカラーも含まれるのではないか，と考える。ただしその条件は，安定的な外部環境があり，対象者が限定的な職務領域を長期的に担当する場合に限られる。この場合であれば，須田（2018）のいう半ジェネラリスト・半スペシャリスト型の人材は限定的な職務領域に十分対応することができよう。また，濱口の指摘のとおり，高度な専門性を要しない若年労働者にも「知的熟練」の効果は生じるだろう。

　こうした条件下であれば，職務概念が欠如（空白の石板）していても，集権的な人事部は，本人が担当すべき職務の情報を十分に収集でき，インフォーマルなOJTによるキャリア形成（長期の人事異動）も制御できる。その結果，おそい選抜の期間も，固定的な能力開発目標の維持が可能で，本人の動機づけは維持され，幅広い専門性が構築され，限定的領域でのキャリア形成が実現する。

　他方，適者生存日本型人事管理が効果を発揮できないメカニズムは，**図表2-2**のように示されよう。

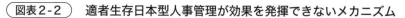

図表2-2 適者生存日本型人事管理が効果を発揮できないメカニズム

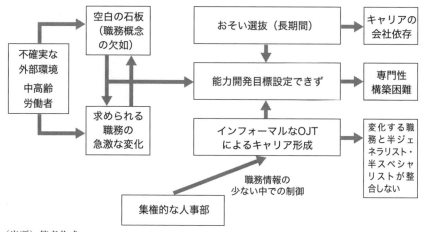

（出所）筆者作成

　効果が発揮できない場合は，外部環境は不確実である。その場合，求められる職務は急激に変化する。また，若年労働者としての期間を過ぎれば，社外の通用性が求められる高度な専門性が業務で求められるようになる。そうなると，職務概念が欠如（空白の石板）している状況の中，集権的な人事部は，本人が担当すべき職務の情報を十分に収集できない。これは，平野（2006）の議論のように，職場や本人など，変化に直面する現場でなければ，効果的に情報収集できず，人事部の分権化が検討されることにつながろう。その結果，集権的な人事部は，職務情報が十分ではない状況下で，インフォーマルなOJTによるキャリア形成（長期の人事異動）を行うことになってしまう。また，おそい選抜の期間，能力開発目標の設定が困難になる。そのため本人は，おそい選抜の期間にキャリアを会社に依存するようになり，専門性の構築も実現しない。このように不確実な外部環境の下，職務の変化が激しい場合には，須田（2018）のいう半ジェネラリスト・半スペシャリスト型の人材では対応が難しくなってしまう。

　このような状況になってしまうと，適者生存日本型人事管理にタレントマネジメントの考え方を導入し，適者開発する（柿沼，2015; McCall, 1998）という視点が必要になってくる。問題は，環境変化が激しい中，職務概念が欠如（空

白の石板）し，適切な能力開発目標が設定できないことである。そこで，環境変化が激しい中でも，ビジネス戦略をタレント戦略に転換することが求められる。選別アプローチであれば，STMにおいては重要ポジションを設定することで，重要ポジションに必要な能力開発目標が設定される。包摂アプローチであれば，FITMにおいては，現場と本人に能力開発目標の設定権限が委譲され，ビジネス目標を踏まえながら，本人の強みに基づき能力開発目標が設定される。つまり，適者生存日本型人事管理にタレントマネジメントの考え方を導入し改革すれば，Lepak and Snell（1999）の人材アーキテクチャーで定められているように，自社の企業文化，また特定のビジネスモデルに相応しいユニークな価値を有するタレントを輩出するメカニズムに変えていくことは可能ではないかと考えられる。

4　日本におけるタレントマネジメントの実態

　前節まで，適者生存日本型人事管理にタレントマネジメントの考え方を導入する可能性について検討してきたが，日本におけるタレントマネジメントの実態はどのようなものであろうか。日本において，タレントマネジメントという概念が，体系的に紹介されたのは，ここ最近といってもいいかもしれない。たとえば，石原（2013）が，グローバルに事業を展開する企業における海外の人事施策の事例としてタレントマネジメントを紹介している。学術的にも，日本企業における議論が始まったのは最近のことであり，それほど多くないといえるだろう。先述の柿沼（2015）が，McCall（1998）の議論を援用し，日本型人事管理の特徴を「適者生存」と論じたことが，議論の端緒といえよう。ただし，柿沼の研究は，文献レビューによる理論化であり，日本におけるタレントマネジメントに関する実証研究の蓄積は，数少ないといえよう。

　なお，希少な日本企業におけるタレントマネジメントの研究として守屋（2020）がある。守屋は日本企業におけるタレントマネジメントを，外国・在日外資系企業，日本多国籍大企業，それ以外の日本企業に区分して調査している。そのうえで守屋は日本多国籍企業がタレントマネジメントの仕組みを活用していくには，「ヒト基準」（職能ルール）をより「ジョブ基準」（職務ルール）に近づけ，かつ硬直的にジョブ基準を運用しないことが必要だとする。それ以

外の日本企業においては，科学的人事情報分析ツールの活用が必要だとする。

　日本企業におけるタレントマネジメントの導入状況については，パーソル総合研究所（2019）の『タレントマネジメント実態調査』[17]に基づき分析してみたい。この調査は2019年に，従業員規模300名以上の企業300社に実施されている。雇用慣行は「ジョブ型」ではなく「日本型」に該当すると86.3％が回答している。「ジョブ型」とは，濱口（2009,2013）が「メンバーシップ」と対比する，英語圏の諸国の雇用契約が職務に基づいて行われるという雇用慣行を意味する。すなわち，「ジョブ型」においては職務概念が，人事管理の中核に位置づけられる。つまり，「ジョブ型」でなく「日本型」を選択するということは，日本型人事管理を行っていることを意味すると考えられ，この調査結果では，日本型人事管理の企業の比率の多さが示されていると考えられる。

　次に，タレントマネジメントという言葉の認知度であるが，「一般的な定義を他者に説明できる」が21.0％，「一般的な定義を理解している」が34.7％，「聞いたことはあるが，曖昧である」が24.0％であり，約８割が認知をしており，約５割が定義を知っているため，認知自体は浸透していると考えられよう。

　さらに，次世代リーダーの選抜について，直近３年間で「注力している」「やや注力している」比率は，「次世代リーダーの計画的な選抜・育成」が57.0％，「事業戦略に影響を与える重要ポジションの明確化」が50.0％，「次世代リーダー候補の選抜・育成への経営者の関与」が48.0％であり，タレントプールやキーポジションの設定について取り組む企業が増加していることが示唆される。また次世代リーダーの選抜において重視する要件は，「これまでの業績を重視する」が34.7％で１位，「将来性を重視する（バリュー，コンピテンシーなど）」が29.3％で２位であり，その他の項目は12.0％以下のため，この２項目が重視されていることがわかる。「これまでの業績を重視する」は顕在化された高業績，「将来性を重視する（バリュー，コンピテンシーなど）」は高い潜在能力と解釈することができよう。

　採用について直近３年間で「注力している」「やや注力している」比率は，「新卒者の一括採用」が66.4％，「職種別のスペシャリスト採用」が42.0％，「ミドル・シニア層の中途採用」が37.3％であるため，新卒一括採用を前提とした内部育成が中心であるものの，外部採用も一定比率存在している。また，配置・任用のための施策について直近３年間で「注力している」「やや注力して

いる」比率は，「計画かつ意図的な異動」が50.0％，「重要ポジションに対しては最も適した人材をつける適所適材の異動」が45.4％であり，会社主導の人事異動が主流であるものの，キーポジションでの適者開発につながる人事異動の考え方も一定比率存在する。

　なお，タレントマネジメントについては多量のデータが必要となるため，ITシステムの導入が有効と考えられるが，タレントマネジメントシステムの導入率は，24.3％であった。また，人材マネジメントの課題（複数回答）の第1位は，「人事戦略が経営に紐づいていない」であり，33.7％であった。さらに，日本の人事部（2019）が，934社，992名の人事担当者に実施した調査[18]においても，質問に「あてはまる」「ややあてはまる」と回答した比率は「戦略人事は重要である」で84.8％だったが，「人事部門は戦略人事として機能している」は28.4％にすぎなかった。

　これらの回答をまとめると，日本企業では日本型人事管理比率が多い一方で，タレントマネジメントという言葉の浸透は進み，「次世代リーダーの計画的な選抜・育成」と「キーポジションの明確化」への注力は進んでいる。その際，重視されている選抜要件は，高業績と高い潜在能力の両方である。新卒一括採用を前提とした内部育成が中心であるものの，外部採用も一定比率存在し，会社主導の人事異動が主流であるものの，キーポジションでの適者開発につながる人事異動の考え方も一定比率存在する。ただ，タレントマネジメントシステムを導入している企業は少数派であり，ビジネス戦略を人事戦略に落とし込むことができているとする企業も少数派である。日本型人事管理にタレントマネジメントが部分的に導入されつつあるが，ビジネス戦略をタレント戦略に転換することは難しいという実態が示されたと考えられよう。

5　本章のまとめ

　本章では，職能ルールを基軸とする日本型人事管理を，適者生存日本型人事管理と捉えた。日本型人事管理は変化しつつあるともいわれ，たしかに役割・職務給の導入比率は増加していたが，職能給の導入比率と拮抗している状況でもあった。また，制度上で役割・職務給と名乗ったとしていても，年次管理が併用されているのであれば，それは本質的には人基準であり，職能資格制度に

近いものなのではないか，という指摘もあった。

　では，日本型人事管理の方向性をどう考えるか，ということであるが，平野（2006）では，企業総合特殊技能を培える強みを残したまま，マネジメント人材とエキスパート人材を群別管理するという進化 J 型の可能性が示されていた。これに対し，同じ混合型の日本型人事管理であっても，山田（2020）は異なるタイプのハイブリッド・システムを提唱している。山田は，職能ルールによる人材育成がきめ細かさや高品質という日本の競争力を担保すること，また現実的に外部労働市場における横断的職種に基づく転職が日本ではまだまだ整備途上であることから，若年期，中堅期には職能ルール，30歳代後半以降のミドル期では職務ルールを適用するというハイブリッド・システムが妥当である，と提言している。

　平野にせよ，山田にせよ，現実的な解として，日本型人事管理に何らかの混合的な仕組みを導入すべきであるという主張をしている。本書では，混合的な仕組みの導入を，適者生存日本型人事管理にタレントマネジメントの考え方を導入し，適者開発できるように変革していく，という観点で考えていきたい。また，その場合は，ビジネス戦略をタレント戦略に転換するメカニズムが内在化することも重要な視点となろう。

第3章

タレントマネジメントとは何か，
本書で何を明らかにするのか

本章では，本書としてのタレントマネジメントの定義を行う。そのうえで，本書としてのリサーチクエスチョンを提示し，そのリサーチクエスチョンが後段の調査・分析とどのように関連しているのかということについて，述べていく。

1　タレントマネジメントの定義

ここまで述べてきたように，タレントマネジメントとタレントには，対立的な多くの論点があった。たとえば，タレントマネジメントであれば，「選別か包摂か」「マタイ効果重視かマルコ効果重視か」「外部採用か内部育成か」「適者開発か適者生存か」「集権化か分権化か」「株主重視か多様なステークホルダー重視か」「自国内かグローバルか」などの論点があった。また，タレントそのものに限っても「天賦の才能か，後天的に熟達するものか」「顕在化した高業績で選抜するか，高い潜在能力で選抜するか」などの論点があった。

これらの対立的な論点については，完全に一方が正しいわけではないし，あるいは一方だけを選択することも現実的ではないだろう。たとえば，外部採用しかしない，内部育成しかしない，という極端な選択を行う企業は，ほとんど存在していないのではないだろうか。タレントマネジメントおよびタレントに関する考え方には両義性があるということだろう。そのため，対立的に見える各論点を，どの程度のバランスで施策に反映していくのか，それによって，各社において独自性のあるタレントマネジメントが実現していくとも考えられる。

本書におけるタレントマネジメントの定義は，各論点の両義性を包含したも

のであることが前提となる。タレントについては，天賦の才能を有し，かつそれを努力してのばしていく者であると考える。この条件を満たすことは，選別アプローチでも包摂アプローチでも可能であるし，マタイ効果を重視することも，マルコ効果を重視することも可能であろう。さらにこのようなタレントは，顕在化した高業績でも，高い潜在能力でも選抜できる可能性があろう。

　また，McDonnellほか（2019）は，様々あるタレントマネジメントの定義においては，Gallardo-Gallardoほか（2013）が指摘した，客観アプローチにおける第3の観点（コミットメント）と第4の観点（タレントの環境との適合）が欠落していると指摘する。Ulrich and Smallwood（2012）は，タレントとは「コンピテンシー，コミットメントおよび貢献」がある存在と指摘したが，タレントとは環境に適合し，在籍する組織にコミットメントを有して貢献してこそ，価値があると考えられる。そこで，定義には，環境への適合と貢献という視点も織り込むべきであろう。

　また，タレントマネジメントの目的であるが，SHRMと共通する命題である戦略と人事施策の関係性は，やはり欠かせない要素であろう。したがって，企業の競争戦略をタレント戦略に転換することが，タレントマネジメントの主目的となろう。この目的自体は，企業が株主を重視する場合でも多様なステークホルダーを重視する場合でも，変わることはないと考える。

　では，タレントマネジメントの施策は，どのように実施されるべきなのか。この点については，適者生存という考え方ではなく，適者開発という考え方を前提とするべきであると考える。先述のとおり，ダーウィン的な適者は勝ち残るという適者生存を前提とすると，タレントが意図的に努力して成長するという視点は弱くなり，タレントマネジメントから人材育成の観点が欠落してしまうことが懸念される。そこで，適者開発を前提としたうえで，中核的な施策は，タレントを，引きつけ，開発し，留め続けることに絞りこむことが簡明であろう。したがって，本書では，タレントマネジメントを以下のように定義する。

　「タレントとは，個性に応じた天賦の才能を有しながら努力してその開発を継続する個人であり，在籍する組織の環境に適合し貢献する存在である。タレントマネジメントとは，組織が，その競争戦略をタレント戦略に転換したうえで，適者開発を前提として，タレントを引きつけ，開発し，留め続けることである」

　この定義においては，タレントマネジメントの対象領域が自国内であっても グローバルであっても該当する。また人事部門が，タレントマネジメントを集 権的に運用することも，分権的に運用することも可能である。

2　本書のリサーチクエスチョン

　本書の目的は，タレントマネジメントという考え方が，日本型人事管理にお いて受容できるものなのか，その実態を分析し，今後の方向性について提言す ることであった。先述のとおり，日本型人事管理は変化しつつあるものの，適 者生存を前提とする特徴があることを述べた。ただし，適者生存日本型人事管 理にタレントマネジメントの考え方を導入できる可能性もあり，実際，パーソ ル総合研究所（2019）では，多くの企業が自社を「日本型」とみなしながら， 同時に，「次世代リーダーの計画的な選抜・育成」と「重要ポジションの明確 化」に注力するという傾向がみられた。そこで，次のリサーチクエスチョン （以下，RQ）を設定する。

> **RQ 1　日本企業はどのようにタレントマネジメントを導入しようとしているの か，その際の効果や課題はどのようなものか**

　日本企業がタレントマネジメントを導入する場合においても，様々な方法が あると想定される。たとえば，多国籍企業において一般化しつつあるSTMを 意識して導入を進める場合，または，日本型人事管理を意識しつつ，その現実 的な変革を目指してタレントマネジメントを導入する場合などの違いが想定さ れる。そこで，RQ 1 は次のように分割する。

> **RQ 1-1　日本企業がSTMを意識してタレントマネジメントを導入する場合の 実態と，その際の効果や課題はどのようなものか**
> **RQ 1-2　日本企業が日本型人事管理の現実的な変革を意識してタレントマネジ メントを導入する場合の実態と，その際の効果や課題はどのようなものか**

　タレントマネジメントの主目的としては，企業の競争戦略をタレント戦略に

転換することがあげられる。しかしながら，多くの日本企業が，戦略と人事を
つなげることに課題を感じていることも示されていた。

　また，本書ではタレントを，天賦の才能を有し，かつそれを努力していく者
と定義したが，このようなタレントは，顕在化した高業績でも，高い潜在能力
でも選抜できる可能性があろう。企業の独自な競争戦略の方向性にあわせて，
模倣困難性にまで寄与するレベルまでタレント戦略を有効に進めていくために
は，高業績者あるいは高い潜在能力者であるタレントの適切な選抜方法が重要
となると考えられる。そこで，次のRQを設定する。

> **RQ 2**　日本企業はタレントマネジメントを実施するにあたり，どのように競争
> 戦略をタレント戦略に転換しているのか。また高業績者あるいは高い潜在能
> 力者であるタレントを，どのように選抜しているのか

　タレントマネジメントは，様々な論点により分類することができることにつ
いて先述した。その際，アングロサクソン・モデルとは異なる，つまり，タレ
ント・オン・デマンドとは異なる方向性のタレントマネジメントの類型の存在
も示唆された。

　前章で述べたとおり，日本企業における現実的な解として，日本型人事管理
に何らかの混合的な仕組みの導入が検討されていたが，本書では，混合的な仕
組みの導入を，適者生存日本型人事管理にタレントマネジメントの考え方を導
入し，適者開発できるように変革していく，という観点で考えている。このよ
うな，日本型人事管理へのタレントマネジメントの混合的な導入は，アングロ
サクソン・モデルのタレント・オン・デマンドの類型とは限らない。では，実
際に，日本企業にタレント・オン・デマンドとは異なる方向性のタレントマネ
ジメントの類型が存在するのであろうか。そこで次のRQを設定する。

> **RQ 3**　日本企業におけるタレントマネジメントには，どのような類型が存在す
> るのか

　これらのRQについて，以降の章で調査・分析を進める。第4章では，RQ 1
-1とRQ 2を分析する。第5章では，RQ 2を分析する。第6章，7章，8章

では，共通して，RQ 1-2，RQ 2，RQ 3 を分析する。

第4章

STMが機能する条件とメカニズムの解明
—外資系企業と日本企業の比較事例研究—

　本章では，日本におけるSTMの導入状況，またそれが機能する条件とメカニズムについて検討していく。そもそも，現段階では，STMの堅牢な実証分析が不十分とされている（Collings and Mellahi, 2009）ため，まずはSTMのメカニズムを，多国籍に展開する企業を事例として検討する。その後，日本企業がSTMを導入する場合の実態と，その際の効果や課題はどのようなものかについて，検証を進めていく。

1　RQ

本章では，本書全体のRQのうち，以下の解明を行う。

RQ1-1　日本企業がSTMを意識してタレントマネジメントを導入する場合の実態と，その際の効果や課題はどのようなものか

RQ2　日本企業はタレントマネジメントを実施するにあたり，どのように競争戦略をタレント戦略に転換しているのか。また高業績者あるいは高い潜在能力者であるタレントを，どのように選抜しているのか

　ただし，本章では個別のRQの設定を行い，本書全体のRQの解明を行う。実務的にタレントマネジメントいう概念の必要性が高まる中，SHRM論の流れを汲み理論的枠組みを提示したSTMの登場は画期的であったといえよう。しかしSTMに関する堅牢な実証分析が不十分であった（Collings and Mellahi, 2009）にもかかわらず，その後，STMは，主にGTMの理論化という文脈で研

究されることになった。その理由としては，新興国などのタレント不足などの課題を踏まえ，STMは業界，国の境界を越えるより広範囲な（すなわちGTMにつながる）文脈で再解釈すべきだとされたからだ[19]（Arissほか，2014）。

　もちろん，STMの理論枠組みを包含したうえで，新興国などのタレントの不足に対処するためGTMの理論が精緻化されていくことは重要であろう。しかし，タレントマネジメントには，自国内とグローバル両方の視点がある。グローバルだけを前提とするのではなく，自国内であっても通用性の高いSTMのメカニズムを実証し，理論を精緻化する視点が求められよう。管見の限り，STMのメカニズムそのものの詳細を実証した研究は乏しい。そこで本章ではまず，多国籍企業の実証研究により，STMのメカニズムの検証を行う。

　本章個別の第1のRQは，負荷の大きいSTMのメカニズムが機能する条件に関わるものである。STMにおける「キーポジションの要件定義，人材像の決定，タレントプールにおける選抜，育成，登用」を実現する企業の負荷は大きいと考えられる。たとえばタレントマネジメントの遂行は経営陣と人事部門の協働作業であると指摘されるが（Chuai, Preece and Iles, 2008; Minbaeva and Collings, 2013），経営陣は具体的にはどのように関わっているのであろうか。STMのメカニズムについて，企業がどのような条件を満たせば機能するのか，実証的に解明する意義は大きい。ただし，STMのメカニズムは職務主義を前提としているため，職務主義を採用している企業における検証が必要となる。そこで，次のRQを設定する。

RQ1（本章）「キーポジションの要件定義，人材像の決定，タレントプールにおける選抜，育成，登用」というSTMのメカニズムは，どのような条件を満たせば機能するのか。そのメカニズムにおいて，競争戦略のタレント戦略への転換と，高業績者あるいは高い潜在能力者であるタレントの選抜は，どのように行われているのか

　先述のとおり，日本型人事管理については，長期的な「適者生存」という原理で運用が行われていた。他方，STMは異なった昇進・評価の原理を有しているため，日本型人事管理を基盤とする企業にSTMを導入することは容易ではなく，様々な課題が存在すると想定できる。そこで次のRQを設定する。

> **RQ 2（本章）** 長期的な適者生存という原理を採用している日本型人事管理の企業において，STMを導入する際にはどのような課題が存在するのか。その導入の際に，競争戦略のタレント戦略への転換と，高業績者あるいは高い潜在能力者であるタレントの選抜は，どのように行われているのか

2　調査の方法

　本研究の調査は2段階にわけて行う。第1調査はRQ1の解明を目的とし，日本に展開する外資系企業を対象とする。第2調査は，RQ2の解明を目的とし，STMの導入を試みている日本型人事管理の企業を対象とする。

　第1調査の対象は，日本に展開する外資系企業であって，かつ3大陸以上で展開する多国籍企業に限定した。外資系企業を対象とするのは，職務主義を採用しているからである。3大陸以上で展開する多国籍企業を対象とするのは，GTMを行う必要性が高く，GTMに包含されるSTMのメカニズムが存在する確率が高くなると考えたためである。

　具体的には，**図表4-1**に示す11社に，2012年12月から2014年4月にかけて，聞き取り調査および社内資料の分析を行った。11社は先述のとおり多国籍に展開する外資系企業であり，業界，業種はなるべく多様になるように選定した。聞き取りの対象者は，人事部門長またはタレントマネジメントの実施担当者が含まれることを必須条件とし，また人事の諸機能を把握する必要があることから，広範な機能の人事部員を含めた場合もある[20]。聞き取りは対面調査が含まれることを必須とするが，複数回聞き取る場合は，電話による聞き取りも併用した。11社中9社は複数回の聞き取りを実施している。たとえば，F社の場合，諸機能を担当する人事部員とのフォーカスグループでの聞き取り，人事部門長とタレントマネジメントの実施担当者への聞き取り，人事部門長への聞き取りで3回訪問を行い，また採用後の入社オリエンテーション[21]に同席した。さらに，各社での聞き取りにおいて公表可能な資料は入手し，社外秘として公表が不可能な資料は，聞き取りの場のみで提示してもらい，その内容を記録した。その後，2015年1月から2月にかけて，後述するようにSTMを実施していないとしたH社を除く10社に，再度，聞き取り調査を実施した。これらの調査で

図表4-1　調査対象企業の一覧

社名	A社	B社	C社	D社	E社
本社在籍地	EU	米国	米国	EU	EU
業種	物流 サービス	小売	小売	消費関連 製造	ヘルスケア
グローバル 企業規模	10万人以上	5万人以上 10万人未満	1万人以上 5万人未満	5万人以上 10万人未満	5万人以上 10万人未満
日本法人 社員数	300人以上 999人以下	1,000人以上 2,999人以下	1,000人以上 2,999人以下	100人以上 299人以下	3,000人以上 4,999人以下
日本法人として の経過年数	30年以上	10年以上 19年以下	10年以上 19年以下	20年以上 29年以下	30年以上

F社	G社	H社	I社	J社	K社
米国	EU	米国	米国	米国	米国
アパレル 小売	アパレル 小売	機械関連 製造	ヘルスケア	機械関連 製造	ヘルスケア
10万人以上	5万人以上 10万人未満	3,000人以上 1万人未満	1万人以上 5万人未満	5万人以上 10万人未満	1万人以上 5万人未満
1,000人以上 2,999人以下	100人以上 299人以下	100人以上 299人以下	300人以上 999人以下	100人以上 299人以下	3,000人以上 4,999人以下
10年以上 19年以下	10年以上 19年以下	30年以上	30年以上	30年以上	30年以上

（出所）筆者作成

対象とした内容は，STMの実施有無，実施の目的，キーポジションの要件定義，人材像の決定，タレントプールにおける選抜，育成，登用，STMの課題などである。

第2調査はヘルスケア業界で日本を代表する企業，L社に対して行った。L社の連結従業員数は30,000人を超え，本社は日本にあるが世界各国に研究・開発・販売拠点を有するグローバル企業である。後述するとおり，L社は日本企業として役割主義を早期に導入した先駆的企業である。また近年，経営体制の変革に伴いSTMの導入を意図している。日本企業で役割主義およびSTMの導入を連続的に行ってきた企業は限定されており，先駆的な制度変革を試みるL社についての1社の事例研究を丁寧に分析することがRQ2の解明に資すると

判断した。L社においては観察調査，聞き取り調査，社内資料の分析を行った。具体的には2016年9月から10月にかけて，L社内部の経営部門，事業部門，人事部門においてTMに関する観察調査，聞き取り調査，社内資料の分析を行った[22]。

3　分析の方法

　分析は，聞き取りで得られた内容を，佐藤（2008）の「質的データ分析法」を参考にしつつ，聞き取り結果を多面的に反映させることとした。この手法は「①事例の分析に重点をおく，②文書セグメントがおかれている元の文字テキストの文脈を重視する，③コーディングの作業において，帰納的なアプローチだけでなく演繹的なアプローチをも積極的に活用する」（佐藤，2008, p.192）という特徴があり，観察調査，聞き取り調査，社内資料の分析という多岐にわたる事例調査の分析に適していると考えた。

4　第1調査の分析と結果

4-1　STMの実施状況とキーポジションの選定状況

　STMの実施状況とキーポジションの選定状況についての分析結果を図表4-2に示す。

　11社中10社はタレントマネジメントを実施していると回答し，かつキーポジションの選定を行っていた。H社は，職務定義は行っているがキーポジションは選定せず，タレントマネジメントは行っていないと回答した。その理由は，業界が大手3社で寡占状態にあって新規参入が難しく，毎年の売上げが2〜3％伸びるという安定した経営状況があり，経営会議メンバーのポジション在籍年数が最短でも7〜8年と長期化しており，後継者を育成する必要性が乏しいと判断しているためであった。

　10社における，社内の全ポジション数に対するキーポジションの比率は，7社が5％以下であり，もっとも比率の高いF社においても10〜15％と，限定された数であった。対象となっている階層は，日本法人において上位2階層，ま

図表4-2 キーポジションの選定状況

社名	A社	B社	C社	D社	E社
キーポジション比率	約3%	数%	約2%	約5%	2-3%
対象階層	上位2〜3階層	上位2階層	上位2階層	上位2〜3階層	上位2階層
対象職務	スタフ部門長及びその直属部下 ビジネスユニット部門長	執行役員	スタフ部門長 ビジネスユニット部門長	主要スタフ部門長 主要ビジネスユニット長	部長層以上

F社	G社	H社	I社	J社	K社
10-15%	約2%	運用なし	約2%	約4%	5-10%
上位2〜3階層	上位2階層	運用なし	上位2階層	上位2階層	上位3階層
部長層以上	スタフ部門長 ビジネスユニット部門長	運用なし	ビジネスユニット部門長 研究開発重要ポジション	部長層以上	該当グレード（部長相当）以上

（出所）筆者作成

たは上位3階層までであった。対象職務の選定方法には2種類の考え方がある。
B社，E社，F社，J社，K社では，ある階層以上，またはある資格（グレード）以上のポジションは，全てキーポジションに選定するという考え方を採用している。これは，対象階層または資格（グレード）は既にごく少数の重要ポジションであるから，全てが事業戦略に直結するとみなされているためである。他方，A社，C社，D社，G社，I社の場合は，対象階層または資格（グレード）の中でも，さらに特定の職務をキーポジションとして設定していた。

4-2　キーポジションの要件定義と人材像

　事業戦略をキーポジションの要件定義と人材像に反映する具体策を分析したものが，**図表4-3**である。
　キーポジションを定義していた10社は全て，キーポジションの職務定義を行っている。しかし職務定義が，そのまま事業戦略の反映につながるわけではない。E社，G社，I社，J社ではキーポジションの職務定義は行っているが，

図表4-3　事業戦略のキーポジションの要件定義と求める人材像への反映

社名	A社	B社	C社	D社	E社
事業戦略の要件定義と人材像への反映	英語含む異文化コミュニケーション力，業務知識，お客様のニーズ把握，カスタマイズ力という4要件を満たす独特の人材像が必要	成長スピードが速く，新事業への投資に重点。人材像は，新事業部門の新規採用の場合のみ，つくりこむ	米国本社のビジネスモデルの世界展開にあわせ，各国トップの人材像のみを集中的に定義する	営業戦略の変更にあわせて，その戦略に必要な人材像を再定義する	キーポジションは階層で一律に定義するため，事業戦略との連結はやや弱い
企業文化の人材像への反映適合の重視 (cultural fit)	一般的なコンピテンシーもあるが，それ以上に外資ならではのスピード感とお客様への個別対応を行う姿勢を重視	採用時に，自社独自のリーダーシップ基準との適合は最大限に重視する	参入障壁の高い独特のビジネスモデルを統合して内部育成する	業界，および自社の文化が好きでなじめそうであるかを人材像に反映。（文化の匂いと表現）	変革をリードするという観点での企業文化との整合性は考慮している
要件定義と人材像の具体化の方法	上記の4要件とスピード感という文化適合を明示的につくりこむ	新事業部門の新規採用の場合のみ，つくりこむ。つくりこみの能力は，マネージャーの人事評価項目として考慮される	独特のビジネスモデルにあわせて，内部性の強い内容を独自に作成する	要件を理解しやすいように言語化するプロジェクトチームを組み，言語化する	数値目標からプロセス目標を重視する変革の中で，要件のつくりこみを進めている途中

F社	G社	H社	I社	J社	K社
外部環境の変化にあわせ，中期・短期の事業戦略を再定義し，その基準によりベストタレントの人材像をつくりこむ	キーポジションに空席が生じ，外部採用を行う場合のみ，事業戦略にあわせて要件定義を行う	運用なし	形式上キーポジションは定義されているが，一般的なもので，事業戦略は反映されていない	事業が長期的であり，イノベーションがさほど生じない。離職も少なく，ポジションの空きが少ない。そのため，戦略の反映に熱心でない	事業戦略の変更に合わせて，グローバルでトップ20～30のキーポジションを常に更新し，全社に公開，周知する
ベストタレントの人材像は，自社の企業文化において能力を発揮できるように作成する	文化を形式知化しても効果が限定的であり，選考の際に面接官が個別に判断する	運用なし	文化の定義は一般的なものであり，独自性が反映されていない	自社の文化反映というより，汎用性の高い指標を使っている。外部採用も少ない	事業戦略のポイントが10項目定められており，そのうちの文化に関する項目を基準に反映させる
専門性よりも，部下の育成能力と，他者の巻き込み能力を重視して要件を定義する	現場のマネージャーが作成し，必要に応じて人事部門が適宜アドバイスする	運用なし	人事部と現場の双方に，要件を定義する経験が不足している	事業が長期的であり，外部採用も少ないため，要件定義は熱心に行わない	キーポジションの要件は公開が前提となるため，そのつくりこみには公開に値するよう労力をかける

（出所）筆者作成

一般的な定義にとどまり，個別の事業戦略，企業文化の反映は行っていないと認識している。その理由は，たとえばI社では人事部門の能力不足，J社では事業環境が安定的でポジションの空きも少なく，キーポジションに戦略を反映させる必要性をあまり感じないことだ，としている。この4社に共通している点は，キーポジションへの事業戦略の反映に関し，経営上の優先度が低いことである。

　他方，A社，B社，C社，D社，F社，K社の6社は，キーポジションに反映させるべき事業戦略を明示的に定義し，かつその要件定義のために求める人材像のつくりこみの作業を行っていた。6社では，競争環境の激化を踏まえ，キーポジションへの事業戦略の反映が喫緊の課題と認識され，経営幹部，人事部門，および事業部門が協力して時間を捻出し，事業戦略に合致したキーポジションの要件定義と人材像のつくりこみを行っていた。

　たとえば，B社では事業戦略上，新規事業の拡大を最優先しているので，新規のキーポジションに事業戦略を反映させることを重視している。C社ではプロモーションとカスタマーサービスと購買という重要な3職務を横断的に経験し，その企業特殊的な販売を遂行できる技能を有することが求める人材像となる。この企業特殊的なビジネスモデルに基づく内部育成の詳細を言語化してキーポジションの要件定義を行う。またD社では，自社商品のポートフォリオと顧客のビジネスモデルを統合したコンサルティングを行う営業戦略に合致した人材像を言語化する取り組みを行っていた。さらにK社では，グローバルのトップ20〜30のキーポジションの要件を全社に公開することで，戦略の方向性を社員に共有していた。

　なお，この6社では，文化適合（cultural fit）と呼ばれる自社の企業文化と人材の合致を重視している。これは，職種の専門性がどんなに秀でていても，各社で個別に重視される企業文化を踏まえた行動を実現できる人材でなければ成果はだせないと各社が認識しているためである。たとえばF社では，職種の専門性より文化適合を重視すると明言している。文化適合の重視は，企業特殊性の反映と考えられよう。さらに文化適合の重視とは，「在籍する組織の環境に適合し貢献する存在」という本書のタレントの定義とも合致している考え方であろう。

4-3　タレントプールにおける選抜，育成，登用

　STMでは，「人材像に合致したタレントのタレントプールでの選抜，育成，登用」が実施される。そこで，タレントプールの運用の詳細を分析する。10社のタレントプールの諸施策の共通要素をコード化[23]した内容を**図表4-4**に示す。以降，**図表4-4**にしたがい，タレントプールの共通要素について説明していく。

4-3-1　タレントプールの対象者

　タレントプールの対象には，キーポジション現職者（要素1）と後継候補者

（図表4-4）　タレントプールに関する諸施策の共通要素

要素番号	要素	定義	該当会社
1	キーポジション現職者	キーポジションの現在籍者であり，STMの対象者。	H社除く10社
2	後継候補者	キーポジションに関するサクセッションプラン（後継者計画）により定められた後継候補者。後継が可能な時期により区分される。STMの対象者。	H社除く10社
3	タレントレビュー会議	キーポジションの特定，現職者と後継候補者のレビューのために，関係者が一堂に会し，話し合うための会議。決定範囲，権限，参加者は各社のタレントマネジメントの方針により異なる。	B社，H社除く9社
4	業績・潜在マトリックス（performance-potential matrix）による可視化	人事評価の基準を2軸で設定し，STMの対象者（現職者，後継候補者）の状況を組織内で可視化すること。軸の内容，ブロックの数は，各社で異なる。このマトリックスを基礎資料として，タレントレビュー会議が行われる。	H社除く10社
5	IDP（Individual Development Plan:個人別育成計画）	STMの対象者（現職者，後継候補者）に対する個人別の育成計画。タレントレビュー会議で作成される。実行項目としては，集合研修だけでなく，日常の業務，プロジェクト，タスクフォース，短期海外出張などが含まれる。会社の方針により，STMの対象者だけでなく，一般社員を対象とすることもある。	B社，H社除く9社

（出所）筆者作成

96

（要素2）の2種類がある。後継候補者は，キーポジションを担える可能性が
ある人材であり，1つのキーポジションに対して，複数の後継候補を選定する。
後継候補者は，キーポジションを担えるまでの育成期間の長さで区分される。
区分される期間の長さの設定は，各社で様々[24]である。

4-3-2　タレントレビュー会議

　次に，タレントプールの運用の基盤であるタレントレビュー会議について，
その詳細を**図表4-5**に示す。
　現職者と後継候補者に関するレビューと，選抜，育成，登用に関する意思決
定の場が，タレントレビュー会議（要素3）である。タレントレビュー会議を
行っているのは，11社中9社である。H社はSTM自体を行っておらず，B社
は新規事業の拡大を重視しており，外部採用時の選考のみ重視しているため，
タレントレビュー会議を行わない。実施頻度は，概ね年1回である。タレント
の検討材料として人事評価情報の存在が不可欠であり，年間スケジュールとし
ての人事評価が終了した後の時期に実施されるため，年1回となる。参加者は，
日本の社長，日本の人事，および関係部門長が参加する形態が一般的である。
ただし，海外の関係者が参加する場合もある。
　会議での決定内容は，選抜，育成，登用の3種類である。選抜では，後継候
補者を選定し，後継できるようなるまでにどれくらいの期間を要するのかを見
極める。育成では，現職者と後継者候補の育成計画を策定する。登用では，タ
レントレビュー会議が人事異動，昇格などの配置計画を定め，計画を実行する
際の決定権まで有する。ただし，選抜，育成，登用を全て行う企業は6社にと
どまり，3社については選抜，育成のみを行っていた。

4-3-3　業績・潜在マトリックス
（performance-potential matrix）

　タレントレビュー会議で，現職者と後継候補者の状況を可視化する仕組みが
業績・潜在マトリックス（要素4）である。先述のとおり，Gallardo-Gallardo
(2019) は，業績・潜在マトリックスがタレントプールへの選抜に使用され，
9ブロックマトリックス（nine-box matrix）とも呼ばれると指摘していた。
実際，業績・潜在マトリックスは，現職者と後継候補者の状況を可視化できる

（図表4-5）　タレントレビュー会議の詳細

社名	A社	B社	C社	D社	E社
頻度	年1回	運用なし	年1回	年1回	年1回
参加者	日本社長の上司 日本社長 日本人事	運用なし	日本で決めた内容を，海外本社の経営会議の中の議題で実施	日本社長 関係部門長 日本人事	日本社長 関係部門長 日本人事
決定内容	キータレント育成，人事異動キーポジション後継候補者	運用なし	キータレント育成（短期海外出張など含む）	キータレント育成，人事異動キーポジション後継候補者	キータレント育成
決定実績・権限	育成，登用の権限はパネルにあり，計画実施しないと説明責任あり	運用なし	パネルへは情報提供中心 実際の人事権は現場	パネルにおける社長の決定事項が，実際の人事権として実行される	パネルは育成の話し合いのみ 異動，登用の権限は現場
可視化	9ボックス（ポテンシャル，パフォーマンス）	9ボックス（ポテンシャル，パフォーマンス）	9ボックス（ポテンシャル，パフォーマンス）	16ボックス（ポテンシャル，パフォーマンス）	9ボックス（長期成果，潜在力），育成のみに使用
タイプ	選抜，育成，登用	運用なし	選抜，育成	選抜，育成，登用	選抜，育成

F社	G社	H社	I社	J社	K社
年2回	年1回	運用なし	年1回	年1回	年1回
海外本社人事 日本社長 日本人事	日本社長 日本人事	運用なし	日本社長の上司 日本人事の上司 日本社長 日本人事	アジア社長 アジア人事 日本社長 日本人事	日本人事 関係部門長
キータレント育成，人事異動キーポジション後継候補者	キータレント育成 キーポジション後継候補者	運用なし	キータレント育成，人事異動キーポジション後継候補者	キータレント育成，人事異動キーポジション後継候補者	キータレント育成キーポジション後継候補者
キータレントに人事が毎月面談し，計画をフォローする	育成計画のフォロー	運用なし	育成，異動の権限はパネルにある 現場の都合で変更あり	パネルにおける社長の決定事項が，実際の人事権として実行される	キーポジションの後継候補者について話し合われ，決定される
9ボックス（ポテンシャル，パフォーマンス）	9ボックス（ポテンシャル，パフォーマンス）	運用なし	9ボックス（行動，パフォーマンス）	9ボックス（コンピテンシー，パフォーマンス） 25ボックス（昇給に使用）	4ボックス（スキル，行動，経験，知識）
選抜，育成，登用	選抜，育成	運用なし	選抜，育成，登用	選抜，育成，登用	選抜，育成，登用

（出所）筆者作成

ため，タレントレビュー会議でタレントプールへの選抜に関する基礎資料として活用されていた。さらに，それだけでなく，タレントプールにおける育成，登用においても活用されていた。

　具体的には，人材の評価基準を２軸で設定するが，たとえば，それぞれの軸を３段階に分割し評価すれば，９個のブロックができる。このブロックに該当する人材をあてはめると，組織内の該当部門の人材の評価の分散の程度が一表で可視化され，複数の評価者で話し合うことが容易になる。

　２軸の基準であるが，１軸は９社で業績（パフォーマンス）基準が使用されている。この場合の業績とは，目標管理制度における目標の達成度とほぼ同じ内容を意味することが多く，つまり，直近における会社への貢献度にあたる。いわば，現時点における，会社への貢献度と考えることができる。

　もう一方の軸は，９社で潜在（ポテンシャル）という基準が使用されている。潜在という意味は，対象者が将来的にリーダーとなることができるか，そのために必要な行動を取っているかという内容であった。具体的には，その対象者の実際の行動，すなわちコンピテンシーによって評価されていることが多かった。この場合のコンピテンシーは，McClelland（1973）およびBoyatzis and Boyatzis（2008）が述べていた観察できる行動にあたり，Fernández-Aráozほか（2017）が指摘していた，容易には観察できない潜在能力（たとえば，好奇心，洞察力，影響力，胆力）を使用していた事例は存在しなかった。つまり，Sparrow（2019）のいうように，コンピテンシーが，業績・潜在マトリックスにおいては大きな役割を果たしていた。

　なお，Ulrich and Smallwood（2012）は「高い潜在能力者」の伝統的な定義は５年以内に２段階以上昇進できる可能性を有する者であるものの，企業毎の昇進スピードに違いがあり，この定義をそのまま適用できないと述べていた。各社の実態は，Ulrich and Smallwoodの指摘のとおり様々であり，潜在能力と昇進スピードで共通基準が存在するわけではなかった。ただし，先述のとおり，各社とも後継候補者がキーポジションを担えるまでの期間を，たとえば，１年以内に可能，２〜３年以内に可能，などと定めていることが多く，この期間が潜在的な昇進可能性を見定めるひとつの基準になっている。

　いずれにしても，業績・潜在マトリックスは，現時点の貢献度を示す業績と，将来の貢献の可能性を示す潜在能力の２軸の状況を可視化できるため，タレン

トレビュー会議の基礎資料として重視され，会議での議論を円滑化する役割を果たしている。

4-3-4　IDP（Individual Development Plan：個人別能力開発計画）

先述のとおり，Ulrich and Smallwood（2012）は，IDPを個人別に期間を定めて，集合研修に限定されない，様々な開発機会を設定し，その効果を検証していくものだとし，高い潜在能力者向けに有効な人材育成施策であると説明していた。本調査においても，要素5のIDPは，現職者と後継候補者に対して立案される個人別の能力開発計画であり，タレントレビュー会議でその内容が決定されていた。

なお，Ulrich and Smallwoodは，IDPの対象を高い潜在能力者としていたが，本調査では一般社員にも活用している事例が存在した。具体的には，D社，F社，I社，J社，K社は，一般社員の状況を業績・潜在マトリックスで評価し可視化したうえで，その全員に対し，IDPを行っていた。STMでは，その定義上，タレントマネジメントの対象をキーポジションに関わる者に限定しているとする。しかし，実際にはSTMの諸要素が一般社員にも適用されていたことになる。このように，STMの諸要素が一般社員に波及する理由は，内部人材の育成を重視するためである。たとえばD社では，対象とする市場の販売経路が複雑であり，複雑な経路の関係者との取引に業界特有の知識が要求されるため，一般社員において長期間の勤続による内部育成が望ましい面がある。このため，STMの諸要素を一般社員にも活用することで，内部人材の育成に役立てていた。

4-4　第1調査の分析結果の小括

第1調査の小括は次のとおりである。タレントマネジメントの実施を意図していた企業は11社中10社であった。しかしSTMのメカニズムが機能する状態で実現していたと評価できる企業は，そのうち4社のみであった。その理由は以下のとおりである。

キーポジションの要件定義と人材像の決定においては，事業戦略を反映させるために，独自のビジネスモデルと文化適合を包含する企業特殊性を埋め込んだつくりこみが行われている。しかし，明示的につくりこみのプロセスを実行

しているのは 6 社にとどまっていた。そのうえで，キーポジションの人材像に合致したタレントを選抜するが，タレントプールで選抜，育成，登用まで行っている会社は 6 社にとどまる。以上の「キーポジションの企業特殊性を埋め込んだつくりこみ」と「タレントプールにおける選抜，育成，登用」の両条件に該当する会社は，A社，D社，F社，K社の 4 社のみであった。

　この両条件を実行するには，労力を要し，十分な経営資源の投入が必要となる。たとえば，「タレントプールにおける選抜，育成，登用」を実行するには，業績・潜在マトリックスの活用によりキーポジションの要件定義と人材像に照らし合わせた人事評価を可視化しなければならない。同時に，タレントレビュー会議には主要な経営陣が参加し意思決定しなければならない。

　つまりSTMが機能するためには，「キーポジションの企業特殊性を埋め込んだつくりこみ」「業績・潜在マトリックスの活用による人事評価の可視化」「タレントレビュー会議の意思決定への経営陣の密接な関与」という負担のかかるSTMの要素へ，経営陣，人事部門，事業部門が連続的に相当な経営資源を投入することが必要となる。そのためには経営陣がSTMを事業目標の最上位に位置づける必要性があると考えられるが，そこまでの経営判断が実行されていないため，STMのメカニズムが機能する状態で実現していた企業は 4 社にとどまっていたと考えられる。

　職務定義されたポジションへの後継者の選抜，育成，登用という仕組みという観点では，従来型の後継者計画（Atwood, 2007）とSTMは類似しているように見えるが，経営判断が必要なほどの経営資源の投入が必要となる点において，従来型の後継者計画とSTMは本質的に異なるものと評価できよう。

5　第 2 調査の分析と結果

5-1　L社がSTMを導入した背景

　ヘルスケア業界で日本を代表する企業であるL社は，30,000人を超える従業員を擁し，その拠点はグローバルに展開されている。1990年代後半時点，L社の業績は順調であったが，近い将来に主力製品の特許切れが予想されていた。またL社の業界において研究開発型のビジネスモデルをとる場合，グローバル

において一定の売り上げを確保しないと成長が困難になると考えられていた。そこで，L社はグローバル競争に伍することを目的として，「能力」を基軸に運用してきた人事制度を，職務定義を行い職務に基づき報酬を決定する制度に変革した。L社の制度は個々の職務の厳密な定義を前提とするため職務主義と評価できるが，この時点ではおそい選抜を基軸にする年次管理の運用が完全に払しょくされてはいなかったため，職務主義と能力主義の折衷である役割主義に転換したとみなすことが妥当であろう。1990年代後半における職務定義の考え方の導入は珍しく，L社は役割主義導入の先進企業として注目された。

その後，L社はグローバルでの一定規模を確保するため拡大の戦略を継続し，2011年にグローバル展開する大規模な同業の買収に成功した。この買収により一層のグローバル経営を求められたL社であったが，日本本社からの各国拠点の制御は必ずしも順調に進行しなかった。そこでL社は「開国モデル」[25]ともいえる経営転換を2014年に行った。社長を含めた経営陣を海外から招聘するとともに，各事業機能の本社を日本に限定せず世界各地の最適地に設置することにしたのである。この結果，2016年現在では社長CEO直属のエグゼクティブ・チームのうち，11ポジションを外国人が占め，多くの事業の本体機能は海外に移転された。

新社長は，グローバル経営を成立させる要素としての人材の重要性に鑑み，タレントマネジメントを最上位の経営施策に位置づけることを宣言した。この宣言に基づき，L社は急速にSTMの導入を進めることになった。

5-2　L社のキーポジションの要件定義と人材像

L社では，図表4-6のとおり，グローバルの全社員で統一された，職務定義に基づく職務等級（グレード）が適用されている。キーポジションを明確に特定しているわけではないが，実質的には図表4-6の役員層およびグレード5を担う人材の育成がSTMの目的とされている。ただし，職務定義は行われているので，役員層およびグレード5に存在する各職務の要件は明確に定められている。

求める人材像については，誠実を核とした4つのキーワードから構成されるイズムまたはバリューと呼ばれる行動規範が継承・尊重されており，従来は暗黙のうちにこの規範が重視されていた。しかし経営陣は「開国モデル」経営に

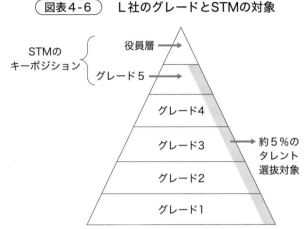

図表4-6　L社のグレードとSTMの対象

（出所）L社とのインタビューに基づき筆者作成

　おいては，イズムに基づく行動規範を基盤としつつも，急速な事業環境変化に
合致したタレントマネジメントの行動基準を定める必要があると判断した。イ
ズムは確かに創業の理念を反映した経営指針を述べているものの，L社の社員
であれば必須要件として満たしていなければならない基本的かつ普遍的な行動
規範に該当する。そのため，必須要件を満たしたうえで，さらにL社のビジネ
スモデルの競争優位につながる差異化された行動を測定できる基準が必要とさ
れた。そこで，経営幹部層で特に優れた行動を行っている者にインタビューを
行い，ビジネス上の競争優位につながる新たなリーダーシップ行動基準を定め
た。このリーダーシップ行動基準は「戦略的思考を明示する」「人々が行動で
きるように鼓舞する」など行動が具体的かつ測定しやすいように表現されてい
る。タレントの選抜，育成，登用にはこのリーダーシップ行動基準が全面的に
用いられることになった。
　L社の伝統の継承という観点から，イズム自体をタレントの選抜，育成，登
用に用いるべきという社内からの意見もあった。しかしながらタレントマネジ
メントを最上位の経営施策と宣言した経営陣にとっては，選抜，育成，登用の
判断基準がビジネス上の競争優位に可視化できるように反映されることこそ重
要であるとの判断が行われた。

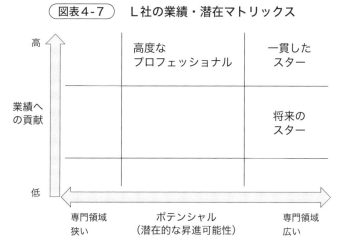

図表4-7　L社の業績・潜在マトリックス

（出所）L社とのインタビューに基づき筆者作成

5-3　タレントの選抜，育成，登用

　タレントは，図表4-6のグレード1から役員層まで，各等級のそれぞれ約5％が選抜される。図表4-7は，その際使用される業績・潜在マトリックスを示している。縦軸が顕在化された業績への貢献であり，横軸は「ポテンシャル」と呼ばれる潜在的な昇進可能性である。ポテンシャルは，専門性の幅が広いほど昇進可能性が高いとみなされる。縦軸，横軸のいずれも，先述の人材像（リーダーシップ行動基準）に基づく判断が行われる。またこの選抜は日本の拠点に限定されたものではなく，世界各国の拠点で全く同じ基準で実施される。選抜されたタレントについては，世界同一基準の研修体系が適用される。この研修体系には，役員が一定の時間を分担し，直接関与する。タレントの選抜，育成，登用を議論するタレントレビュー会議も，役員が直接参加し，具体的な決定を行う。そのため役員はかなりの労力をタレントに要することになるが，タレントマネジメントが最上位の経営施策と位置づけられているため，労力を費やすことについて役員間の意思統一がなされている。

5-4　STM導入の課題

　L社ではSTMを導入していると明言しているわけではないが，キーポジショ

ン，人材像，タレントの選抜，育成，登用の状況から，本書で定義するSTM
に該当すると考えられる。ではL社が認識しているSTM導入の課題は何であ
ろうか。ここでは2点の課題を指摘する。

　第1点は，タレントとして選抜されなかった95％の社員への取り組みである。
現段階でL社は選抜された約5％のタレントを集中的に育成することに注力し
ているため，95％の社員へのリーダーシップを育成する施策は今後の課題に
なっている。約5％のタレントはグレード1からも選抜されるため，若手の段
階からリーダーシップの育成に差がつくことになる。L社は役割主義が実施さ
れていたものの，おそい選抜に近い年次管理の運用が残っていた。急激な変化
の戸惑いが社員にあることは事実であり，また会社側としても95％の層の動機
づけ，育成のあり方は今後の課題として認識されている。

　第2点は，タレントへの選抜において，日本人社員が選抜される比率が少な
いという課題である。グローバル経営を行う企業において，適材適所の観点か
ら特定の国籍の社員の比率が少なくなっても，必ずしも問題ではない。しかし
ながらL社の実態として，売り上げ利益での貢献，戦略として日本での優位性
をグローバル市場に訴求している点がある。また，創業の理念の反映や日本人
社員の知識・技能の集積が依然として大きな役割を果たしていることは事実で
あり，選抜の比率が少なすぎることは課題として認識されている。

　日本人社員の選抜が少ない理由は，人材像（リーダーシップ行動基準）との
不適合にある。従来の選抜ではリーダーシップ行動が重視されていたわけでは
なく，個々の職務に定義された知識・スキルを長期に発揮した者を，おそい選
抜に則り選抜していたことが実態であった。しかし人材像（リーダーシップ行
動基準）により比較的短期に選抜が行われるようになってきている。人材像の
基準は客観的に判定可能な要素が多く含まれるが，多くの日本人社員のキャリ
ア開発は会社の異動命令，教育受講命令に従うことが主であり，それでは人材
像の基準を満たす確率は低くなる。他方，外国籍人材のタレント候補は，本人
が主体的に設定したキャリア計画の中でそれらの基準を満たすべく，様々な機
会（MBA取得，他業界の経験を含む転職，海外勤務など）を捉えて能力開発
を行ってきた。この違いにより，現段階では，日本人社員の選抜比率が少なく
なってしまっている。

5-5　第2調査の分析結果の小括

　第2調査の分析結果の小括は次のとおりである。L社は，そのビジネスモデルの必要性から「開国モデル」と呼ばれる経営戦略を採用，その結果STMを最上位の経営施策とした。STMにおいて，従来のタレントマネジメントと異なる人材像（リーダーシップ行動基準）を新たに定めた。タレントの選抜については，全ての職務等級から約5％を選抜し，選抜されたタレントを集中的に育成，登用する方針に改めた。選抜に際しては業績・潜在マトリックスを用いて，可視化された議論を可能とした。またタレントの選抜，育成，登用には，役員層が直接，労力を費やし関与することとした。

　こうした一連のSTM導入に対する課題として2点が指摘できる。第1点は選抜されなかった社員の動機づけ，育成の問題である。第2点は，日本人社員の選抜の比率が少ないことである。いずれの課題の原因も，職務要素を基本とする役割主義を採用しつつも制度運用の中に包含されていたおそい選抜を基軸とした年次管理から，STMの特徴である人材像を基軸とした昇進原理への移行が急激であった点に見い出すことができる。

6　考察および本章の限界

6-1　理論的意義

　本章の理論的意義を3点あげる。

　第1の意義は，RQ1（本章）の「STMのメカニズムの解明」および「高業績者あるいは高い潜在能力者であるタレントの選抜」に関わるものである。本調査では，「事業戦略に基づくキーポジションの要件定義を行い，要件に適合した人材像を決定し，人材像に合致したタレントをタレントプールで選抜，育成，登用するプロセス」という外部適合・内部適合を実現するSTMのメカニズムが機能する条件を，明らかにすることができた。その条件とは，「キーポジションの企業特殊性を埋め込んだつくりこみ」「業績・潜在マトリックスの活用によるタレントの可視化」「タレントレビュー会議への経営幹部の密接な関与」を経営陣，人事部門，事業部門が労力をかけて実行することである。そ

こまでの経営資源を投入するには経営判断が必要であり，その判断がなされていないため，STMが機能する状態として実現していた会社は第1調査で4社にとどまっていた。なお大半の企業のキーポジションの比率は5％以下であり，こうした少数の比率であるからこそ，経営判断がなされるとSTMが現実的に運用される確率は高まると言える。また，労力をかけて「業績・潜在マトリックスの活用によるタレントの可視化」を行うからこそ，「高業績者あるいは高い潜在能力者であるタレントの選抜」を行うことができる。その際，先行研究でも指摘されていたとおり，コンピテンシーを活用することも重要であった。

第2の意義は，RQ1（本章）における「競争戦略のタレント戦略への転換」に関わるものである。競争戦略をタレント戦略に転換するためには，経営陣のタレントマネジメントへの全面的な介入が重要であり，本章ではその具体的なプロセスを明らかにすることができた。

第1調査において，STMを最上位の事業目標に位置づける企業は少数であることが示されたが，その場合は経営陣がタレントマネジメントの重要性を認識していた。続いて第2調査において，どのようにSTMへ経営陣が関与していったのかという具体的なプロセスが**図表4-8**のとおり示された。第1段階で，経営陣が自社の環境を危機的と認識し，変革の必要性を察知することが起点になる。L社の例では「開国モデル」に切り替えないとグローバル競争に伍していけないと認識されていた。次に，第2段階で経営陣が自らの判断でSTMを経営の最上位に位置づけていた。位置づけの理由は，タレントの能力

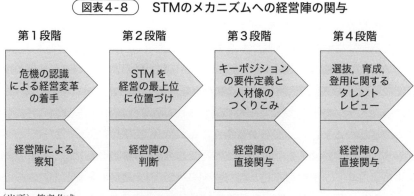

図表4-8 STMのメカニズムへの経営陣の関与

第1段階	第2段階	第3段階	第4段階
危機の認識による経営変革の着手	STMを経営の最上位に位置づけ	キーポジションの要件定義と人材像のつくりこみ	選抜，育成，登用に関するタレントレビュー
経営陣による察知	経営陣の判断	経営陣の直接関与	経営陣の直接関与

（出所）筆者作成

発揮が競争環境の激化に対処するもっとも効果的な手段と認識されているからである。この位置づけがあるからこそ，次段階以降で，経営陣が自らの膨大な時間を投入することに関する意思統一が生まれる。第3段階で，経営陣が直接関与してキーポジションの要件定義と人材像の決定を行う。経営陣が直接関与するからこそ，新しい人材像へ移行することの躊躇や抵抗を乗り越えられるし，労力をかけて独自のビジネスモデルと文化適合を含めることができる。第4段階では，選抜，育成，登用に関するタレントレビューに経営陣が直接関与する。経営陣が直接関与するからこそ，選抜，育成，登用の決定が社内で権限を有することになる。

　タレントマネジメントの遂行は経営陣と人事部門の協働作業であることは既に指摘されていたが（Chuaiほか, 2008; Minbaeva and Collings, 2013），どのように経営陣が関与するのか，その詳細は明らかではなかった。これに対し本研究では経営陣が危機を察知し，かつSTMの有効性を認識して経営判断し，直接関与するというプロセスが存在することが示された。

　第3の意義は，RQ2（本章）の「日本型人事管理の企業において，STMを導入する際の課題」および，その導入の際の「高業績者あるいは高い潜在能力者であるタレントの選抜」に関するものである。

　本調査では，日本型人事管理の役割主義を採用している企業において，STMを導入する際の課題とその原因を明らかにすることができた。日本型人事管理の昇進・評価原理であるおそい選抜は，STMの人材像を基準とする昇進・評価原理と葛藤が生じると考えられる。もちろんタレントとして選抜されなかった層に不満が生じることは，日本型人事管理に限らずタレントマネジメントにおいて普遍的な課題（Dries, 2013）である。

　しかし職務主義が昇進・評価原理として存在する場合，従来型の職務主義ではSTMほど人材像をつくりこんでいないにせよ，職務記述に基づく人材像により昇進・評価が決定されることへの社員の理解は存在している。では第2調査のように，職務主義の要素を取り入れた役割主義の場合はどうであろうか。L社は役割主義を導入した先駆的な企業であったが，実際の昇進・評価原理は年次管理の要素が残るおそい選抜に基づいていた。そのため，選抜されなかった層の動機づけ，育成の課題，および日本人社員の選抜比率が低下するという課題が生じていた。換言すれば，日本型人事管理の企業が役割主義を採用した

としても，その役割主義がおそい選抜（適者生存）の原理を包含している限り，その人事管理の制度体系は，STMの昇進・評価原理（適者開発）に基づく制度体系の枠組みには合致しないであろう。その場合のSTMの導入には，「選抜されなかった層の動機づけ，育成の課題，および日本人社員の選抜比率の低下」という課題が生じることに，十分に備えておくことが必要になろう。

　次に，高業績者あるいは高い潜在能力者であるタレントの選抜であるが，L社では各等級のそれぞれ約５％が選抜されており，典型的な選別アプローチであるといえる。その際に約５％のタレントは，業績・潜在マトリックスにより選抜される。L社の場合，縦軸は顕在化された業績への貢献であり，横軸は「ポテンシャル」と呼ばれる潜在的な昇進可能性であった。L社におけるポテンシャルは，専門性の幅が広いほど高いとみなされていた。さらに，ポテンシャルはL社が求める人材像（リーダーシップ行動基準）に基づくコンピテンシーが使用される。

　このように業績・潜在マトリックスをコンピテンシーに基づき使用すると，明示化された選抜基準が生じ，人材像（リーダーシップ行動基準）により比較的短期に選抜が行われる。結果として，短期で選抜していく新たな基準は，個々の職務に定義された知識・スキルを長期に発揮した者を，おそい選抜に則り選抜していたL社の従来の考え方と葛藤が生じることとなった。つまり，STM導入による「選抜されなかった層の動機づけ，育成の課題，および日本人社員の選抜比率の低下」という課題は，おそい選抜に基づく役割主義と業績・潜在マトリックスをコンピテンシーに基づき使用するSTMの間の選抜基準の差によってもたらされていると考えることもできよう。このように，役割主義とSTMの昇進・評価原理の差異の詳細を本章では明らかにすることができた。

6-2　実践的意義

　本研究の実践的意義は，企業が役割主義とSTMを選択する際に，その昇進・評価原理の差異を認識する必要性を示したことにある。換言すれば，STMを導入する際に，企業は役割主義において尊重される原理が通用しなくなるという認識を持たねばならない。日本では，役割主義が機能する企業もあれば，STMが機能する企業もあると考えられる。業界，ビジネスモデル，競争環境，

規模，企業文化，海外売上の比率など，個々の状況に応じてどちらの原理が適しているのか，企業は慎重に判断すべきであろう。

6-3　本章の限界および今後の課題

　本章では，STMの導入を行う企業に関する共通的な特徴を明らかにできたと考える。しかし，日本型人事管理の役割主義を採用する企業が，産業，ビジネス環境，企業文化などに本研究と異なる特徴を有するときにも同様なメカニズムが存在するのか，この点についてはさらに実証していく必要があろう。また，規模の大きい多国籍企業ほどGTMを採用する確率が高かった（McDonellほか, 2010）が，どのような環境下の企業が役割主義に適し，あるいはSTMに適するのか，この点についても検証していく必要があろう。

第**5**章

タレントマネジメント施策に関する
集団的認知と個人的認知の効果の検討

　前章では，主にSTMにおいて，どのように競争戦略をタレント戦略に転換していくのか，という観点で分析を進めてきた。ただし，競争戦略のタレント戦略への転換は，STMのような選別アプローチだけで生じるわけではないだろう。FITMのような，社員全員を対象としたタレントマネジメントにおいても，競争戦略をタレント戦略に転換することは可能であろう。そこで本章では，選別アプローチではなく，社員全員を対象としたタレントマネジメントを実施している日本企業における競争戦略のタレント戦略への転換の詳細を，定量調査により分析していく。具体的には，タレントマネジメント施策に関する集団的認知と個人的認知がワークエンゲイジメントに与える効果について検討する。

1　RQ

　本章では，本書全体のRQのうち，以下のとおりRQ 2の前半についての解明を行う。

> **RQ 2　日本企業はタレントマネジメントを実施するにあたり，どのように競争戦略をタレント戦略に転換しているのか**

　タレントマネジメントは，社員の動機づけとしての社員エンゲイジメント（employee engagement）を高め，社員エンゲイジメントが高くなると，組織に長期的に肯定的な影響を与えるとされる（Pandita and Ray, 2018）。では，なぜ組織に長期的に肯定的な影響を与えるのか。

　この組織成果は，まず自社のタレントを社外に流出させないことを意味する，タレントリテンション（talent retention）によって実現される。もっとも，タレントリテンションは，単に離職防止だけに焦点があたる概念ではない。なぜなら，タレントの動機づけが向上することによって，はじめて離職防止が可能となるからだ。

　この動機づけから離職防止へと至るタレントリテンションの4段階のプロセスを，Pandita and Rayは，タレントマネジメントの先行研究のメタ分析により示している。第1段階はEVPという雇用主としてタレントを引きつける価値（学びや成長の機会など）を明確化することである。第2段階はタレントを開発し，その能力を増大させることである。第3段階は，タレントの社員エンゲイジメントを確立することである。社員エンゲイジメントの存在は，離職を減らし，タレントを引きつけ，単に担当業務を遂行するのではなく，情熱的にプロセスの改善を行うことを促進する（Albrecht ほか, 2015; Seijts and Crim, 2006）。社員エンゲイジメントはタレントプールが適切に機能し，タレントの引きつけと能力開発が実現したときに醸成される。第4段階は，ゆるぎない関係性である。タレントが社員エンゲイジメントを有し，組織目標の達成に努力し，組織もその努力を支援すると，組織とタレントのゆるぎない関係が構築される。ゆるぎない関係の構築によりタレントリテンションは実現し，同時に組織目標が達成されることで会社の業績も向上することになる。このように，タレントリテンションの実現においては，実は個人の社員エンゲイジメントの促進がその媒介要素として重要な位置づけを占めている。

　社員エンゲイジメントとタレントマネジメントついては，多くの研究蓄積がある。エンゲイジメントの高い社員は，組織とその目標に向かってコミットするため，職場において情熱的にふるまい，改善を行い，欠勤率は低い（Pandita and Bedarkar, 2015; Pandita and Ray, 2018; Swathi, 2014）。また，長期的に組織と関わろうとするため，仮に離職してもプロフェッショナルとしての意義ある関係性を組織と継続する（Pandita and Ray, 2018; Seijts and Crim, 2006）。さらに顧客とも長期的な良い関係性を築く（Pandita and Ray, 2018; Salanova ほか, 2005）。このように社員エンゲイジメントは，長期に組織に肯定的な影響を与えるため，タレントマネジメントにおける重要な結果指標のひとつであると考えられる。

　なお，前章のSTMのメカニズムにおいては，「経営陣の関与」が重要であった。これに対し，Ulrich（2011）は，タレントマネジメントが社員全員を対象とする場合には，「管理職の関与」が重要であるとする。たとえば，パフォーマンスマネジメントなどATD（2009）の定義における8つの構成要素も，その運用には管理職の関与が欠かせない。

　以上の疑問を踏まえ，本章では，本書全体のRQ1-2における，「競争戦略のタレント戦略への転換」について，各社の競争戦略がどのようにタレントマネジメント施策に反映され，そのタレントマネジメント施策が社員エンゲイジメントにどのように影響を与えているのかについて検証する。したがって，本章のRQを以下のとおり設定する。

RQ（本章）　日本企業が競争戦略をタレント戦略に転換するにあたり，どのように競争戦略をタレントマネジメント施策に反映させているのか。タレントマネジメント施策において，管理職はどのように関与しているのか。また，そのタレントマネジメント施策が社員エンゲイジメントにどのように影響を与えているのか

　タレントマネジメント施策には管理職の関与が欠かせないことから，同じ組織であっても部門毎の運用性によって，その実効性に影響が生じると考えられる。特に，個々の社員の動機づけの状況には，部門の運用が大きな影響を与えるであろう。そのような，集団としての部門の差異を検証するためには，マルチレベル分析が必要である（Raudenbush and Bryk, 2002）。そこで本章では，タレントマネジメント施策の部門の実態を，集団的な認知と個人的な認知として捉え，それらの認知が社員エンゲイジメントに与える影響を，マルチレベル分析によって検証していく。

2　仮説の構築

　本章のRQを解明するにあたり，タレントマネジメント施策の部門の実態を，集団的な認知と個人的な認知として捉え，それらの認知が社員エンゲイジメントに与える影響を，マルチレベル分析によって検証していくための仮説の構築

を行う。

2-1　仮説の構築にあたっての概念の定義

2-1-1　ワークエンゲイジメント

　本章では，タレントマネジメント施策の結果指標としての社員エンゲイジメントを，ワークエンゲイジメントという概念によって捉える。ワークエンゲイジメントとは，仕事が複雑化しストレスが増大する社会環境において，バーンアウト（燃え尽き）の反対概念として提唱された，仕事に関連するポジティブで充実した心理状態である。具体的には就業中の高い水準のエネルギーをあらわす「活力」，仕事への強い関与や誇りをあらわす「熱意」，仕事への集中をあらわす「没頭」という3次元から構成される（Schaufeli and Bakker, 2010; 島津, 2010）。ワークエンゲイジメントがもたらす結果としては，心身の健康，職務満足感，離転職意思の低下，役割行動，役割外行動，リーダーシップ行動があることが知られている（Schaufeli, Taris and Bakker, 2006; Schaufeli and Bakker, 2010; 島津, 2010）。このようにワークエンゲイジメントは，研究蓄積も多く，社員エンゲイジメントを具体的に測定するための概念として適切であると考える。

2-1-2　キャリア・アダプタビリティ

　先述のとおり，Dries（2013）はタレントに関して，5つの論点を指摘していた。その第4は，タレントにおいて，インプットを重視するのか，アウトプットを重視するのか，という論点であった。インプットとは，外からは簡単に観察できず，タレント（個人）の内部に存在するもので，努力，動機，野心，キャリア志向性などが該当していた。タレントマネジメントにおいては，インプットとしてのタレント個人の動機が軽視されがちだという指摘もあった（McCall, 1998）。

　社員全員を対象とした包摂型のタレントマネジメントであるFITMは，個人のそれぞれ異なる才能に着目し，それを成長させることを重視していた（Swailesほか, 2014）。つまり，包摂型であるということは，個人の内部の違いに着目することであるから，タレントのインプットは重要な要素となろう。そこで本章の仮説を構築するにあたり，タレントのインプットとして，キャリア

意識を示す概念であるキャリア・アダプタビリティを用いる。

　キャリア・アダプタビリティの特徴とは，変化に適応する資質であることだ（Savickas, 1997, 2005; Savickas and Porfeli, 2012）。キャリア・アダプタビリティが唱えられた背景とは，雇用社会のポストモダン化にある。世界的に雇用は安定的でも盤石でもなくなり，個人にとって予測可能な軌道は前提ではなくなった（Savickas, 2011）。モダンの世界では，個人は予測が可能な大きな物語を前提として生きるが，ポストモダンの世界では，個人はキャリアの個別化に対応しなければならない（Peavy, 1992; Young and Collin, 2004）。

　そこで，キャリア・アダプタビリティはキャリアの個別化と変化に対応する方略を提示する。キャリア・アダプタビリティは，方略として「関心」「制御」「好奇心」「自信」の4次元を示す。変化に対応するには，まずは自らの将来に「関心」を持ち，楽観的にキャリアを計画する必要がある。そのうえで，キャリアを自ら「制御」できるという認識を行う必要がある。さらに「好奇心」によってキャリアを探索し，情報を収集し，新しい経験からオープンに学ぶことが望まれる。また，キャリア上の挑戦を行っていくためには，自己効力感として「自信」を有することが前提になる（Savickas, 1997, 2005; Savickas and Porfeli, 2012）。

　このように主体的な変化に対応するキャリア意識としてのキャリア・アダプタビリティは，変化の激しい時代環境においても，継続的な成長を図っていく資質に該当し，タレントのインプットを測定する概念として妥当だと考える。

2-2　仮説の設定

　次に，競争戦略のタレントマネジメント施策への反映，およびタレントマネジメント施策の集団的な認知と個人的な認知がワークエンゲイジメントに与える影響について，具体的な仮説の設定を進めていく。

　タレントマネジメント施策に関する社員側の認知であるが，集団レベルの認知と個人レベルの認知に分かれることが想定される。タレントマネジメントにおいて，タレントとは属する企業の文化，ビジネスモデルに基づき，その企業特有の価値を発揮する存在である。前章の調査では，タレントが企業独自の価値を発揮するために，事業戦略を明確化し，その事業戦略に必要な人材像をつくりこみ，その人材像の内容を職場に徹底していた。

　こうした事業戦略の明確化と浸透の状況は職場の構成員にとって共通的に認知できる内容であり，個人レベルでの認知の差異は相対的に少なくなるものと想定される。他方，示された人材像に基づく選抜，昇進，育成は社員に均等に実施されるわけではない。FITMのように社員全員をタレントとして想定していたとしても，選抜，昇進，育成は個人毎に異なった内容で実施されることになる。そのため，この点についての認知は集団レベルの共通性は少なく，個人レベルでの認知の差異が相対的に多くなるものと想定される。したがって，次の仮説を設定する。

> **仮説1　タレントマネジメント施策に関する社員側の認知は，集団レベルの認知と個人レベルの認知に分かれる**

　次に仮説2においては，個人レベルの変数がワークエンゲイジメントに対し，直接的に与える影響について検討する。タレントマネジメント施策の個人レベルの認知とは，事業戦略に基づき示された人材像に沿って，適切に選抜，昇進，育成がなされているという認知である。こうした認知を有する個人は，属する組織の選抜，昇進，育成の基準に納得しているということであるから，自分自身に関する選抜，昇進，育成の状況についても満足し，その状況が業務遂行に肯定的な影響を与えるであろう。したがって，次の仮説を設定する。

> **仮説2-1　タレントマネジメント施策の個人レベルの認知は，個人のワークエンゲイジメントに正の影響を与える**

　先述のとおり，キャリア・アダプタビリティとは，キャリアの個別化と変化に対応する方略であり，個人のキャリア意識であり，タレントのインプットであった。キャリア・アダプタビリティが高い社員は，主体的に変化に対応することができ，変化に対応するために継続的に成長をしていくタレントとなり得る。継続的に成長するタレントであれば，仕事への熱意も高いと考えられ，したがってキャリア・アダプタビリティの高さは，ワークエンゲイジメントへ肯定的な影響につながると考えられる。したがって，次の仮説を設定する。

> **仮説2-2　個人のキャリア・アダプタビリティは，個人のワークエンゲイジメントに正の影響を与える**

　次に，仮説3においては，集団レベルの変数がワークエンゲイジメントに与える影響について検討する。タレントマネジメント施策の集団レベルの認知とは，事業戦略を明確化し，その事業戦略に必要な人材像をつくりこみ職場に徹底しているという状況の認知であった。これは，換言すれば，該当組織における競争戦略のタレント戦略への転換である。属する職場において，事業戦略の明確化とそれに必要な人材像の浸透が図られている，つまり円滑に競争戦略がタレント戦略に転換されていると集団的に認知されているならば，その職場では成員間で目指すべき目標と方向性に離齬がなく，個人としても業務遂行を円滑に進めることができ，ワークエンゲイジメントが高まるであろう。したがって，次の仮説を設定する。

> **仮説3-1　タレントマネジメント施策の集団レベルの認知は，個人のワークエンゲイジメントに正の影響を与える**

　先述のとおり，タレントマネジメント施策には，管理職の関与が必要となろう。すなわち管理職がリーダーシップを発揮することが重要となろう。リーダーシップとは端的に表現すれば，影響力の発揮である（Yukl, 2008）。近年では，この影響力としてのリーダーシップを関係性（relational leadership）として捉えるようになってきている。関係性は社会的な影響として自然発生的に構築されるプロセスであり，集団内の様々な関係が含まれる（Uhl-Bien, 2006）。

　その中でも，研究蓄積が進んでいる関係性が，上司と部下の間の影響を意味するLMX（leader-member exchange）である（Graen and Uhl-Bien, 1995）。LMXにより，上司と部下間の関係が良好であるか，測定することができる。他方，ワークエンゲイジメントの規定要因としては，仕事の資源が重要であることが指摘されている。仕事の資源は上司からのフィードバック，コーチングなど様々な支援により向上する（Shimazu ほか, 2008; 島津, 2010）。つまり，

LMXが良好である場合，上司からの支援により仕事の資源が向上していると考えられ，ワークエンゲイジメントは高まると考えられる。なお，同一の部署においては，同一人物である上司がマネジメントを行っているため，LMXの集団内類似性は高く，LMXは集団レベルの変数として扱うことが妥当であると考えられる。したがって，次の仮説を設定する。

> **仮説3-2　集団レベルのLMXは，個人のワークエンゲイジメントに正の影響を与える**

　集団レベルのLMXが良好である場合，当該部署の上司と部下のコミュニケーションは活発であると考えられる。タレントマネジメント施策の集団レベルの認知とは，属する職場における事業戦略の明確化とそれに必要な人材像の浸透の程度を意味していた。事業戦略の明確化とそれに必要な人材像の浸透は，一義的には上司が部下に対して事業戦略を説明してなされるものであり，上司と部下のコミュニケーションの程度によって大きく左右されるものと考えられる。

　この意味するところは，競争戦略をタレント戦略に転換するにあたり，事業戦略の明確化とそれに必要な人材像を策定することがまずは重要となるが，それを浸透させるためには，上司と部下の関係性が良好であり，それに伴い適切なコミュニケーションが実施される必要がある，ということであろう。換言すると，競争戦略をタレント戦略に転換するにあたってはLMXの果たす役割が重要である，ということになる。

　ここから，LMXがタレントマネジメント施策の集団レベルの認知を促進することで，間接的にワークエンゲイジメントに正の影響を与えると考えられる。したがって，次の仮説を設定する。

> **仮説3-3　集団レベルのLMXは，タレントマネジメント施策の集団レベルの認知を経由して，個人のワークエンゲイジメントに正の影響を与える**

　仮説4においては，タレントマネジメント施策の集団レベルの認知と個人レベルの変数のワークエンゲイジメントに対する調整効果について検討する。仮説2-2において，キャリア・アダプタビリティが高い社員は，主体的に変化

に対応することができるため，ワークエンゲイジメントに正の影響があると設定した。ただし，個人が組織で主体的な行動をとるにあたっては，事業戦略とそれに必要な人材像の影響は大きいと考えられる。個人が主体性を発揮するにしても，部門で必要とされる事業戦略や人材像と適合していなければ，その主体性は組織によって抑止されることになろう。逆に，個人の主体性が部門で必要とされる事業戦略や人材像と適合していれば，主体性は発揮しやすくなり，ワークエンゲイジメントを高めると考えられる。したがって，次の仮説を設定する。

> **仮説4-1　タレントマネジメント施策の集団レベルの認知とキャリア・アダプタビリティの調整効果は，個人のワークエンゲイジメントに正の影響を与える**

　タレントマネジメント施策の個人レベルの認知とは，事業戦略に基づき示された人材像に沿って，適切に選抜，昇進，育成がなされているという認知であり，換言すれば，その基準の運用に対する個人の満足度を示している。そもそも，タレントマネジメント施策の集団レベルの認知である事業戦略の明確化とそれに必要な人材像が浸透していれば，選抜，昇進，育成の基準そのものへの納得度が高まることになり，満足度を調整してワークエンゲイジメントを高めると考えられる。したがって，次の仮説を設定する。

> **仮説4-2　タレントマネジメント施策の集団レベルの認知と個人レベルの認知の調整効果は，個人のワークエンゲイジメントに正の影響を与える**

3　方　法

3-1　データ

　本調査では，2016年8月から2018年1月にかけて6社の協力を得て，507名の回答を得た。6社の業界と回答数は，137名（製薬），116名（IT），115名

（流通），82名（コンサルティング），39名（IT），18名（コンサルティング）
であった。事前に，筆者との打ち合わせを実施し，本研究の調査結果のフィー
ドバック（全体の結果の傾向であり，個別の社員のデータは開示しない）を各
社の今後のタレントマネジメント施策に活用するという目的で合意した会社が，
対象の6社である。タレントマネジメント施策の活用を意図している会社であ
るため，日本企業のタレントマネジメント施策という観点で，本研究の調査対
象とすることが妥当であると判断した。

　6社の社員に対しては，筆者の研究室が作成したWEB上のURLに回答する
ことで個人のデータは所属する会社に開示されることはなく，個人の回答結果
の秘匿性が保たれることを説明したうえで，回答してもらった。回答を得た
507名のうち，所属部門が2名以下の部門の回答者および欠損データのある回
答者を除去した結果，分析対象者は475名となった。分析対象者475名の属性は
次のとおりである。性別は男性351名，女性124名，平均年齢は39.92歳（標準
偏差は8.641）であった。部単位での調査人数は，最小で3名，最大で30名，
平均11.59名（標準偏差は6.37）となっている。

3-2　測定尺度

　タレントマネジメント施策の集団レベルおよび個人レベルの認知については，
Collings and Mellahi（2009），Lewis and Heckman（2006），Swailes, Downs
and Orr（2014），および前章の調査（初出：石山・山下，2017）に基づき独自
に開発した25項目（5件法）を質問項目として設定した。

　先述のとおり，選別アプローチのSTMではタレントが企業独自の価値を発
揮するために，事業戦略を明確化し，その事業戦略に必要な人材像をつくりこ
んでいた。また，それによって競争戦略をタレント戦略に転換していた。社員
全員を対象とする包摂アプローチにおいても，タレントマネジメント施策にお
いて，事業戦略に必要な人材像をつくりこむことは同様であろう。また，社員
全員を対象とすることから，その人材像の内容を職場に徹底することはより重
要となろう。そこで，タレントマネジメント施策の集団レベルの認知に関する
質問項目としては，事業戦略の明確化とそれに必要な人材像の浸透を質問とし
て設定した。

　そうなると，次のプロセスとして，タレントマネジメント施策としては事業

戦略に基づき示された人材像に沿って，適切に選抜，昇進，育成がなされることが求められる。そこで，タレントは全社員が対象であることを前提に，事業戦略に基づき示された人材像に沿って，適切に選抜，昇進，育成がなされているという個人の認知としての質問を設定した。

　ワークエンゲイジメントについては，ユトレヒトワークエンゲイジメント尺度短縮版の日本語版（Shimazuほか, 2008）の９項目（７件法）を使用した。キャリア・アダプタビリティについては，Savickas and Porfeli（2012）のCareer Adapt-Abilities Inventory-International Version2.0の24項目（５件法）を日本語に翻訳して使用した。LMXについては，LMX7（Graen and Uhl-Bien, 1995）の７項目（５件法）を使用した。

3-3　分析方法

　分析に関して，本研究では階層線形モデル（Hierarchical Liner Model; HLM）を使用する。本研究は，仮説設定において，集団レベルの変数と個人レベルの変数を想定した。このような集団毎に収集された個人データを扱う場合には，階層線形モデルを使用することが妥当である（鈴木・北居, 2005; 尾関, 2007; Raudenbush and Bryk, 2002）。階層線形モデルでは，個人レベルと集団レベルの変数が想定されることになる。同一集団の成員が，その集団の価値観や認知によって影響を受け，回答に類似性が存在する場合には集団レベルの変数として取り扱うべきであり，そうでなければ第１種の過誤を犯してしまうことになる（Barcikowski, 1981; 尾関, 2007）。

　具体的には次の手順で分析を進める。階層線形モデルにおいては，従属変数については個人レベルの変数しか投入できない（尾関, 2007）。そこで「ワークエンゲイジメント」を個人レベルの変数として，従属変数に投入する。次に，独立変数として統制変数，個人レベル変数の「タレントマネジメント施策の個人レベルの認知」（仮説２-１），「キャリア・アダプタビリティ」（仮説２-２），集団レベル変数の「タレントマネジメント施策の集団レベルの認知」（仮説３-１），「LMX」（仮説３-２），個人レベル変数と集団レベル変数の交互作用項である「キャリア・アダプタビリティ×タレントマネジメント施策の集団レベルの認知」（仮説４-１），「タレントマネジメント施策の個人レベルの認知×タレントマネジメント施策の集団レベルの認知」（仮説４-２）を投入することで，

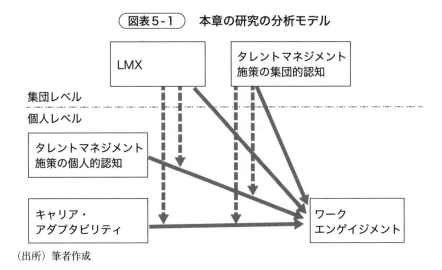

図表 5-1 本章の研究の分析モデル

LMX

タレントマネジメント
施策の集団的認知

集団レベル

個人レベル

タレントマネジメント
施策の個人的認知

キャリア・
アダプタビリティ

ワーク
エンゲイジメント

（出所）筆者作成

それぞれの仮説を検証する。なお，LMXがタレントマネジメント施策の集団
レベルの認知を経由してワークエンゲイジメントに与える影響（仮説3-3）
についても，「ワークエンゲイジメント」が従属変数，「タレントマネジメント
施策の集団レベルの認知」と「LMX」が独立変数に投入されていることによっ
て，同時に検証する。以上の分析モデルを**図表5-1**で示す。

4　結　果

4-1　因子分析および各変数の平均値，標準偏差，相関

　タレントマネジメント施策の認知（集団および個人）は独自開発した尺度で
あるため，因子分析を行った。またキャリア・アダプタビリティ尺度について
も，日本企業の従業員においても先行研究と同様の尺度構成になるのか検証す
るために因子分析を行った。まず，2つの測定尺度に関する全項目の平均値と
標準偏差を算出したところ，天井効果とフロア効果に該当する項目はなかった
ため，全項目を分析に含めた。まずタレントマネジメント施策の認知（集団お
よび個人）に関して25の質問項目について，SPSS21.0を使用して探索的因子
分析を行った。主因子法・Promax回転による因子分析を行ったところ，最初

の因子分析の固有値の変化と解釈可能性の観点から３因子構造が妥当であると考え，再度３因子構造を仮定して因子分析を行い，十分な因子負荷量を示さなかった項目を分析から除外した結果，最終的には19項目で３因子が構成された。累積寄与率は67.06％であった。Promax回転後の最終的な因子パターンを**図表5-2**に示す。

　第１因子については，昇進と採用が適切に行われているかどうかという点に関する７項目から構成されたため「公正な選抜と採用」と命名した（a=0.92）。第２因子については，事業戦略が明確であり，また浸透していることを示す８項目から構成されたため，「事業戦略の明確さと浸透」と命名した（a=0.91）。第３因子については，採用後のフォロー（人材育成の一環と考えられる）や事

図表5-2　タレントマネジメント施策の認知（集団および個人）に関する因子分析結果

	I	II	III
昇進すべき人が適切に選ばれている	.99	−.04	−.08
年齢，国籍，性別に関係なく，優秀な人が昇進している	.99	−.06	−.12
会社の求める人材像に沿って，昇進する人が選ばれている	.86	−.06	.06
必要な時には抜擢人事が行われている	.60	.13	−.04
職場の管理職たちは社員にえこひいきせず接している	.56	.09	.08
採用すべき人が適切に選ばれている	.53	−.00	.30
会社の求める人材像に沿った採用が行われている	.53	−.01	.29
会社の事業戦略は明確である	.01	.88	−.06
会社の事業戦略は，会社の成長に役立つ内容である	.10	.85	−.13
会社の事業戦略について，きちんと伝えられている	.06	.78	−.04
会社の事業戦略に基づき，自分が何をすべきか理解している	−.19	.76	.03
会社の事業戦略は，明確に実行されている	.07	.76	.05
会社の求める人材像に基づき，自分が何を伸ばせばいいか理解している	−.08	.50	.20
職場の管理職たちは会社の事業戦略に沿った行動をしている	.28	.49	.13
私の会社には，仕事をとおして成長する機会が多く存在する	.13	.48	.11
採用後，会社になじむまでのフォローが行き届いている	−.03	−.08	.88
採用後，仕事が安定するまでサポートしてくれる	−.06	−.02	.86
事業戦略に基づいた人材育成が行われている	.12	.15	.59
会社の求める人材像に沿った人材育成が行われている	.11	.19	.58

（出所）筆者作成

124

業戦略や人材像に基づく人材育成の実行に関する4項目から構成されたため
「人材育成の実行」と命名した（α=0.87）。内容から，第1因子と第3因子が
個人レベルの認知，第2因子が集団レベルの認知であると考えられるが，この
点の分析結果については後述する。

　次にキャリア・アダプタビリティ24項目について主因子法・Promax回転に
よる因子分析を行ったところ，固有値の変化と解釈可能性の観点から4因子構
造が妥当であると考えられ，最終的に18項目で4因子が構成された。累積寄与
率は59.17%であった。最終的な因子パターンを**図表5-3**に示す。

　第1因子については，先行研究の下位尺度である関心から4項目，好奇心か
ら2項目，自信から1項目の計7項目で構成された（α=0.86）。好奇心の2項
目，自信の1項目は内容として関心と関連があると判断し，「関心」として使
用することとした。第2因子については，自信から3項目および制御から2項

（図表5-3）　キャリア・アダプタビリティに関する因子分析結果

	I	II	III	IV
自らのキャリアに関心がある	.95	−.04	−.16	−.08
能力を高めるために働く	.73	−.06	.14	−.01
人として成長する機会を求める	.67	.04	.03	−.02
自分の未来がどのようなものになるか考える	.61	.01	−.01	.13
今日の選択が将来を形作ることを認識している	.55	.07	.05	.09
新しい機会にはわくわくする	.48	.14	.15	−.09
将来に備えている	.41	.08	.18	.06
問題を解決する	−.04	.74	.11	−.08
効果的に業務を行っている	−.11	.70	.13	−.07
自分を信頼している	.06	.66	−.17	.12
困難を乗り越えている	.18	.64	−.05	−.04
自分の行動に責任を持つ	.06	.40	.08	.14
新しいスキルを学ぶ	.23	−.10	.65	−.12
物事を行うのに，異なったやり方を観察してみる	.01	.13	.56	.01
疑問がわいた場合には，詳しく調べてみる	−.15	.17	.53	.12
行わなければならない学習と職業の選択を意識している	.23	−.10	.51	.11
自分にとって正しいことを行う	−.07	−.09	.11	.74
自分の信念を重んじる	.07	.10	−.09	.69

（出所）筆者作成

目の計5項目から構成された（α=0.79）。制御からの2項目は内容として自信と関連があると判断し，「自信」として使用することとした。第3因子は，好奇心から2項目，関心から1項目，自信から1項目の計4項目で構成された（α=0.74）。関心の1項目，自信の1項目は内容として好奇心と関連があると判断し，「好奇心」として使用することとした。第4因子は，制御からの2項目で構成された（α=0.68）。しかし2項目と項目数が少なく，信頼性係数の数値も0.68と十分ではないことから，第4因子は以降の分析では使用しないこととした。

4-2　各変数の級内相関係数，平均値，標準偏差，相関

　前節の因子分析を行った尺度に加え，ワークエンゲイジメント尺度（α=0.93），LMX尺度（α=0.92）について，項目平均値を尺度得点として算出した。これらの尺度得点に基づく変数については，級内相関係数（Intraclass Correlation）により集団レベルと個人レベルの妥当性を判断することとした。鈴木・北居（2005）によれば，級内相関係数の中でも，ICC（1）が評価者の合意を示す指標であり，0.12以上の値であれば集団レベルの変数として評価することが妥当とされる。ICC（1）が0.12であるということは，その変数の全変動のうち，12％が集団間の変動で説明されるということを意味する（清水，2014）。

　タレントマネジメント施策の認知（集団および個人）の3つの下位尺度についてICC（1）を算出したところ，「公正な選抜と採用」は0.06，「事業戦略の明確さと浸透」は0.17，「人材育成の実行」は0.08という数値を示し，「事業戦略の明確さと浸透」のみが0.12を上回った。そこで，仮説で想定したとおり，「事業戦略の明確さと浸透」をタレントマネジメント施策の集団レベルの認知，「公正な選抜と採用」と「人材育成の実行」をタレントマネジメント施策の個人レベルの認知と判断することとした。次に，キャリア・アダプタビリティの3つの下位尺度についてICC（1）を算出したところ，0.09から0.06の数値を示し，いずれも0.12を下回ったため，個人レベルの変数として取り扱うことが妥当であると確認された。LMXのICC（1）は，0.16という数値を示し，集団レベルの変数として取り扱うことが妥当であると確認された。個人レベルの変数の平均値，標準偏差，相関を**図表5-4**，集団レベルの変数の平均値，標準

（図表5-4） 個人レベルの変数の平均値，標準偏差，相関

変数名	N	Mean	SD	1	2	3
1．性別ダミー（男性=1）	475	0.74	0.44	–		
2．年齢	475	39.92	8.64	.14**	–	
3．正社員ダミー	475	0.93	0.26	.28***	–.19***	–
4．転職なしダミー	475	0.14	0.34	.00	–.23***	.06
5．関心	475	3.87	0.73	.06	–.13**	.15**
6．自信	475	3.98	0.61	.06	.12**	.11*
7．好奇心	475	3.96	0.60	.18***	–.03	.06
8．公正な選抜と採用	475	3.20	0.90	–.09	–.11*	.00
9．人材育成の実行	475	2.95	0.95	–.03	–.03	–.05
10．ワークエンゲイジメント	475	4.39	1.03	.07	.07	.09

変数名	4	5	6	7	8	9
1．性別ダミー（男性=1）						
2．年齢						
3．正社員ダミー						
4．転職なしダミー	–					
5．関心	–.02	–				
6．自信	–.10*	.52***	–			
7．好奇心	–.10*	.66***	.50***	–		
8．公正な選抜と採用	.09	.10*	–.00	.04	–	
9．人材育成の実行	.03	.12*	.04	.08	.70***	–
10．ワークエンゲイジメント	–.02	.46***	.43***	.37***	.37***	.41***

Note. ***p<.001,**p<.01,*p<.05

（出所）筆者作成

（図表5-5） 集団レベルの変数の平均値，標準偏差，相関

変数名	N	Mean	SD	1
LMX	41	3.73	0.44	–
事業戦略の明確さと浸透	41	3.61	0.40	.51**

Note. **p<.01

（出所）筆者作成

偏差，相関を**図表5-5**に示す。なお，個人レベルの変数には，統制変数として性別ダミー，学年を加えている。

4-3　階層線形モデルによる分析結果

図表5-6において，ワークエンゲイジメントを従属変数とした階層線形モ

図表5-6　階層線形モデルの分析結果

従属変数：ワークエンゲイジメント

		Nullモデル	モデル1	モデル2	モデル3	モデル4
切片	γ_{00}	4.4576***	3.7421**	3.8454***	3.7374***	3.7509***
個人レベル						
性別ダミー（男性=1）	γ_{10}		0.0007	0.0033	0.0245	0.0097
年齢	γ_{20}		0.0163**	0.0146*	0.0173**	0.0171**
正社員ダミー	γ_{30}		0.0702	0.0428	0.0293	0.0354
転職なしダミー	γ_{40}		0.0683	0.0549	0.1014	0.1084
関心	γ_{50}		0.3576***	0.3543***	0.3622***	0.3517***
自信	γ_{60}		0.3860***	0.3905***	0.3850***	0.4080***
好奇心	γ_{70}		0.0268	0.0258	0.0231	0.1043
公正な選抜と採用	γ_{80}		0.2413***	0.2418***	0.2410**	0.1982**
人材育成の実行	γ_{90}		0.1983**	0.1970**	0.1972**	0.1981**
集団レベル						
LMX	γ_{02}			0.5804***	0.1677	0.1692
事業戦略の明確さと浸透	γ_{02}				0.8995***	0.8975***
関心×事業戦略	γ_{31}					0.0675
自信×事業戦略	γ_{32}					0.0711
好奇心×事業戦略	γ_{33}					0.3326*
公正×事業戦略	γ_{34}					-0.4161*
育成×事業戦略	γ_{35}					0.0850
τ_{00}		0.1516***	0.1706***	0.1156***	0.0194	0.0213
σ^2		0.9162	0.6057	0.6054	0.6049	0.5830
逸脱度		1350.1762	1192.0711	1183.9826	1152.4740	1143.4951
R²within			0.3390			
R²between intercept				0.3223	0.8865	

Note. ***p<.001,**p<.01 *p<.05

　　個人レベル:N=475,集団レベル:N=41,VIF=1.12-2.53

（出所）筆者作成

デルの分析結果を示す。分析はNullモデルからモデル3まで4段階実施した。

　Nullモデルは独立変数を投入しないモデルであり，より洗練されたモデル（モデル1以降）と比較することでモデルの精度を検証できる（清水, 2014）。Nullモデルにおいて$\tau 00$が有意であることは，従属変数が集団レベルの要因の影響を受けていることを意味する。Nullモデルにおいて$\tau 00$が有意であることから，階層線形モデルを行う妥当性が検証できた。

　次にモデル1において，統制変数として性別ダミー（男性＝1），年齢，正社員ダミー，転職なしダミーを投入し，個人レベルの変数としてキャリア・アダプタビリティの3つの下位尺度およびタレントマネジメント施策の個人レベルの認知である「公正な選抜と採用」と「人材育成の実行」を投入した。その結果，統制変数では年齢，キャリア・アダプタビリティの下位尺度では「関心」「自信」，タレントマネジメント施策の個人レベルの認知では「公正な選抜と採用」と「人材育成の実行」が有意な正の影響を与えていた。また個人レベルの分散であるσ^2の数値は減少し，withinレベルのR^2は，0.3390であり，投入した独立変数に個人レベルの説明力があることが示された。この結果，タレントマネジメント施策の個人レベルの認知は2つの下位尺度がいずれも正の影響を与えたため，仮説2-1は支持された。キャリア・アダプタビリティは，3つの下位尺度のうち2つが正の影響を与えたため，仮説2-2は部分的に支持された。

　モデル2において，新たに集団レベルの変数としてLMXを投入したところ，有意な正の影響が示された。また，集団レベルの分散を示す$\tau 00$の数値が減少したことによるbetween interceptのR^2は0.3223であり，LMXに集団レベルの説明力があることが示された。この結果により，仮説3-2は支持された。

　モデル3において，新たに集団レベルの変数として「事業戦略の明確さと浸透」をTM施策の集団レベルの認知を投入したところ，有意な正の影響が示された。他方，LMXは有意な影響を示さなかった。また，集団レベルの分散を示す$\tau 00$の数値が減少したことによるbetween interceptのR^2は0.8865であり，「事業戦略の明確さと浸透」に集団レベルの説明力があることが示された。この結果により，仮説3-1は支持された。

　次に，仮説3-3を検証するために，HAD16を用いてマルチレベル構造方程式モデリングを行った（清水, 2016）。具体的にはLMXから直接「ワークエン

ゲイジメント」へのパスと，LMXから「事業戦略の明確さと浸透」を経由して「ワークエンゲイジメント」へのパスを設定したモデルで検証した。結果として，モデルの適合度はCFI＝1.000，RMSEA＝.000，AIC＝14.000であった。集団レベルのLMXから「ワークエンゲイジメント」のパス（β＝.27,p<.05），LMXから「事業戦略の明確さと浸透」へのパス（β＝.52,p<.001），「事業戦略の明確さと浸透」から「ワークエンゲイジメント」へのパス（β＝.82,p<.001），はいずれも有意な正の影響を示した。またLMXが「事業戦略の明確さと浸透」を経由して「ワークエンゲイジメント」へ与える間接効果は有意であった（Z=3.35,p<.01）。したがって，仮説3-3は支持された。

　モデル4においては，新たに個人レベル変数と集団レベル変数の交互作用項として，キャリア・アダプタビリティの3つの下位尺度とLMX，タレントマネジメント施策の個人レベルの認知の2つの下位尺度とLMX，キャリア・アダプタビリティの3つの下位尺度と「事業戦略の明確さと浸透」，タレントマネジメント施策の個人レベルの認知の2つの下位尺度と「事業戦略の明確さと浸透」，計10項目を投入した。

　その結果，「好奇心×事業戦略の明確さと浸透」は有意な正の影響を，「公正な選抜と採用×事業戦略の明確さと浸透」は有意な負の影響を与えた。なお，この結果を図示したものが，**図表5-7**と**図表5-8**である。**図表5-7**が示すとおり，「事業戦略の明確さと浸透」が低いほど「好奇心」は有意な傾きを示さない（β＝－.06,n.s.）。他方，「事業戦略の明確さと浸透」が高いほど「好奇心」は有意傾向として，ワークエンゲイジメントに対し正の影響を与える（β＝.22, p<.10）。**図表5-8**が示すとおり，「事業戦略の明確さと浸透」が低いほど「公正な選抜と採用」はワークエンゲイジメントに対し正の影響を与える（β＝.40,p<.001）。他方，「事業戦略の明確さと浸透」が高いと「公正な選抜と採用」はワークエンゲイジメントに対し有意な傾きを示さない（β＝.08, n.s.）。

　この結果により，仮説4-1は3つの下位尺度のうち「好奇心×事業戦略の明確さと浸透」のみに正の影響が示されたため部分的に支持された。またタレントマネジメント施策の個人レベルの認知は，「公正な選抜と採用×事業戦略の明確さと浸透」のみが負の影響を示したため，仮説4-2は支持されなかった。

130

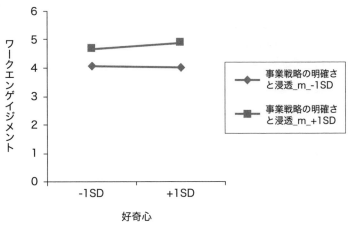

図表5-7 「事業戦略の明確さと浸透」による「好奇心」の傾きの比較

（出所）筆者作成

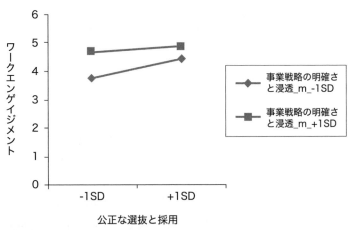

図表5-8 「事業戦略の明確さと浸透」による「公正な選抜と採用」の傾きの比較

（出所）筆者作成

5　考察と今後の課題

5-1　理論的意義

　本章のRQは，「日本企業が競争戦略をタレント戦略に転換するにあたり，どのように競争戦略をタレントマネジメント施策に反映させているのか。タレントマネジメント施策において，管理職はどのように関与しているのか。また，そのタレントマネジメント施策が社員エンゲイジメントにどのように影響を与えているのか」と設定し，このRQに沿って仮説を設定した。仮説の検証の結果明らかになった，本章の研究の理論的意義は，以下の３点である。

　第１の意義は，RQの「競争戦略のタレントマネジメント施策への反映」に関するものである。本章では，タレントマネジメント施策の具体的な効果を，個人レベルと集団レベルの施策に分けて明らかにした。個人レベルの認知としては「公正な選抜と採用」と「人材育成の実行」，集団レベルの認知としては「事業戦略の明確さと浸透」が，社員の動機づけとしての「ワークエンゲイジメント」を高めることが明らかになった。つまり，個人レベルとして事業戦略に基づき示された人材像に沿って，適切に選抜，昇進，育成がなされているという認知があり，集団レベルとして事業戦略を明確化し，その事業戦略に必要な人材像をつくりこみ職場に徹底しているという状況の認知があることの有効性が示されたことになる。したがって，「競争戦略のタレントマネジメント施策への反映」とは「集団レベルとして事業戦略を明確化し，その明確化された人材像に基づく施策が，個人レベルとして適切に展開されていると認知されること」であり，それが，組織全体の社員の動機づけに寄与することになるわけだ。

　先述のとおりFITMなどの包摂アプローチでは，タレントの対象者が全員であるため人的資源管理施策との定義上の差異がなくなるとの批判があった（Mensah, 2018）。しかし，本章の分析によって，従来の人的資源管理施策とは異なり，事業戦略に基づく人材像があるからこそ，すべての社員の動機づけが高まるというFITMなど包摂型アプローチの効果を特定できたことになる。

　第２の意義は，RQの「タレントマネジメント施策において，管理職はどの

ように関与しているのか」に関するものである。本章では，タレントマネジメント施策における，上司と部下の信頼関係の存在を示すLMXの役割が明らかになった。

ワークエンゲイジメントに対して，階層線形モデルのモデル2でLMXは有意な正の影響を与えていたが，モデル3で「事業戦略の明確さと浸透」を投入したところLMXの有意な影響を与えなくなった。さらにマルチレベル構造方程式モデリングにおいて，LMXが「事業戦略の明確さと浸透」を経由してワークエンゲイジメントへ与える間接効果は有意であった

以上から，LMXには，それ自体が社員の動機づけを高める効果があるが，同時に部門としての「事業戦略の明確さと浸透」に寄与することで社員の動機づけを高める効果があることが明らかになった。すなわち，上司と部下の信頼関係は，部門における事業戦略を明確化し徹底することに寄与する。つまり，会社全体で事業戦略を決めたとしても，その徹底度については部門で差があるし，その差の原因に上司と部下の信頼関係が存在することが示唆されたといえよう。したがって，タレントマネジメント施策の起点は事業戦略の明確化であるが，その徹底には管理職の関与が重要で，管理職にとっては部下と信頼関係を構築することが欠かせない，ということになる。

第3の意義は，RQの「タレントマネジメント施策が社員エンゲイジメントにどのように影響を与えているのか」に関するものである。本章の分析の結果，個人レベルと集団レベルの交互作用による社員の動機づけとしてのワークエンゲイジメントへの影響が明らかになった。

本章では，主体的に変化に対応するキャリア意識（キャリア・アダプタビリティ）をタレントのインプットと考え，それを有する社員は，属する組織への積極的な取り組みを行うため，ワークエンゲイジメントが高くなると考えた。分析の結果，実際にキャリア・アダプタビリティの「関心」と「自信」がワークエンゲイジメントに有意な正の影響を与えていた。他方，「事業戦略の明確さと浸透」と「関心」「自信」の交互作用はそれぞれ有意ではなかった。ところが，「事業戦略の明確さと浸透」とキャリア・アダプタビリティの「好奇心」の交互作用は有意であり，「事業戦略の明確さと浸透」が高いほど「好奇心」は有意傾向として，ワークエンゲイジメントに対し正の影響を与えていた。

つまり「事業戦略の明確さと浸透」は「好奇心」を増長させる調整効果を有

することになる。同じキャリア・アダプタビリティであっても，自らの将来に「関心」を持つこと，およびキャリア上の挑戦を行っていくためには，自己効力感として「自信」を有することは，集団レベルのタレントマネジメント施策の影響がなくとも，単独で社員の動機づけを高める要因となることがわかる。

　他方，「好奇心」とはキャリアを探索し，情報を収集し，新しい経験からオープンに学ぶことを意味する。「関心」と「自信」に比べ，こうした内容は，職場での実際の変化に対応する行動と密接に関係していると考えられる。そのため「事業戦略の明確さと浸透」が高いほど，属する集団（部門）における変化の方向性がはっきりしているため，変化に向けた行動が取りやすくなり，結果としてワークエンゲイジメントに正の影響をもたらしたのであろう。このように，本章では，キャリア・アダプタビリティの内容の詳細の差異によるタレントマネジメント施策との関係性を明らかにできたと考える。

　また，仮説では，タレントマネジメント施策の集団レベルの認知と個人レベルの認知の調整効果は，ワークエンゲイジメントに正の影響を与えると考えた。しかし予想に反して，「事業戦略の明確さと浸透」と「公正な選抜と採用」の交互作用は有意な負の影響をワークエンゲイジメントに与えていた。具体的には，「事業戦略の明確さと浸透」が低いほど「公正な選抜と採用」はワークエンゲイジメントに対し正の影響を与えていた。

　これは属する集団（部門）で事業戦略が明確で浸透していれば，事業戦略に基づく人材像に関する公平感により動機づけが大きく変わることはないが，事業戦略が明確で浸透していない場合，人材像の公平感により動機づけが高まることを意味している。つまり，集団（部門）としては事業戦略が不明確でも，個人的に人材像が公平に取り扱われていると感じれば，動機づけが維持されることになる。事業戦略が不明確な中でも，個人的に人材像の公平性を感じるということは，その個人が選抜や採用に関して自らの処遇という観点でも納得している可能性が高いであろう。換言すれば，事業戦略が不明確な場合には，個人的な処遇に納得している者だけの動機づけが維持されることになる。すなわち，集団レベルのタレントマネジメント施策が機能していない場合には一部の社員のみに効果が生じることになるため，全社員をタレントとみなすタレントマネジメントにおいては，集団レベルのタレントマネジメント施策こそが重要であることが明らかになったといえよう。

5-2　実践的意義

　本研究の実践的意義として，企業がタレントマネジメントを導入する際に考慮すべきこととして示唆された2つの点について述べる。第1に，STMのような選別アプローチのみならず，全社員をタレントと考える包摂アプローチであっても，事業戦略を起点として全社員にタレントマネジメント施策を適用すれば，社員の動機づけを向上させる効果が存在することが明らかになった。タレントマネジメントについては選別アプローチを前提として考えてしまうこともあろうが，企業は，包摂アプローチの存在と，その有効性を認識する必要があろう。

　第2に，包摂アプローチのタレントマネジメントを導入する際には，「事業戦略の明確さと浸透」という集団レベルの施策が重要な要因となり，部門におけるその徹底に関してはLMXの果たす役割が大きい。よって，全社的に事業戦略を定めるとともに，その部門レベルの徹底のために部下と信頼関係が構築できる上司を配置すること，あるいは育成すること，が効果的なタレントマネジメント施策の運用につながることを，企業は認識する必要があろう。

5-3　本章の研究の限界

　本章の研究では，従属変数と独立変数は同一の回答者の自己申告（self-report）で得ているため，コモンメソッドバイアスについて考慮する必要がある。ただし，本研究におけるワークエンゲイジメント，タレントマネジメントのような本人の知覚による心理的概念の測定には自己申告が理想的とみなされている（Conway and Lance, 2010）。また，本章の研究では所属する会社がデータを直接取得するのではなく，第三者である当研究室がデータを取得することで，会社との関係のバイアスが生じない配慮を施している。さらに，自己申告として取得されたデータを個人レベルの変数のみで分析するのではなく，集団内類似性が存在する集団レベルの変数を含めて分析していることで，同一の回答者の個人レベルの変数間の関係のみが過度に強調された分析に陥ることを避けることができている。

　さらに，同一の回答者のバイアスを確認するため，ハーマンの単一因子テストも実施した（Podsakoff and Organ, 1986）。すべての変数に関して，探索的

因子分析（主因子法）を行ったところ，固有値1以上の因子は8つ抽出され（累積寄与率65.02％）たが，第1因子の寄与率は28.70％であり，重大な問題は存在しなかった。

　また，階層線形モデルで5社475名，集団レベルの部門数41のサンプルを分析した。FITMについては，実証的な研究の蓄積はまだ不足していると考えられ，企業，部門のサンプル数を増やすことで，より精緻な分析が可能になると考える。

第6章

事例研究①　サトーホールディングス

　以降，事例研究として，6章ではサトーホールディングス，7章では味の素，8章ではカゴメを取り上げる。いずれも，明確な目的を有してタレントマネジメントの導入を試みている日本企業である。詳細は後述するが，それぞれ導入の目的と背景は異なる。3社の異なる状況を分析することで，多角的にタレントマネジメントと日本型人事管理の接続の可能性を分析していく。

1　リサーチクエスチョンと調査方法

1-1　リサーチクエスチョンと選定理由

　本章では，本書全体のRQのうち，以下の解明を行う。

> **RQ1-2**　日本企業が日本型人事管理の現実的な変革を意識してタレントマネジメントを導入する場合の実態と，その際の効果や課題はどのようなものか
>
> **RQ2**　日本企業はタレントマネジメントを実施するにあたり，どのように競争戦略をタレント戦略に転換しているのか。また，高業績者あるいは高い潜在能力者であるタレントを，どのように選抜しているのか
>
> **RQ3**　日本企業におけるタレントマネジメントには，どのような類型が存在するのか

　本章の調査対象のサトーホールディングス株式会社（以下，サトーと呼ぶ）は，後述のとおり，創業80年の歴史を有し，「サトーのこころ」と呼ばれる冊

子に象徴される企業理念を尊重し，成長してきた企業である。その理念では，株主・社員・社会・会社の４つのステークホルダーを重視し，「三行提報」と呼ばれる仕組みで全社員参画型の経営を実行してきた。こうしたサトーの特徴は，Pfeffer（2001）が，賞賛したNUMMIの取り組みのような日本的経営の長所，もしくはPfeffer（1998）が指摘する全社員の経営参加を重んじる効果的な人材マネジメントと合致する特徴が多い。

　また，サトーは主力製品である可変ラベル情報のシェアが世界１位，バーコードラベルプリンタのシェアが世界２位と，グローバルの激しい競争に直面している企業でもある。こうした競争環境への対応として，同社ではタレントマネジメントの導入を優先度の高い人事施策であるとしている。Pfeffer（1998, 2001）が日本企業の強みであるとする全社員参画型経営を重んじながら，同時にタレントマネジメントを導入するという同社の状況が，本書のRQ解明のために適切であると考え，調査対象として選定した。本章では，独自にRQを設定することはせず，上記の本書全体のRQの１-２，２，３の解明を行う。

1-2　調査方法

　調査は，2012年から2019年の７年間において，2012年12月，2015年２月，2018年２月，2019年11月の，４回の聞き取り調査および社内資料の分析を行った。聞き取りの対象者は，人事部門の管理職であるが，2019年11月には人事部門の責任者（執行役員）にも聞き取りしている。特に江上茂樹氏と金沢春康氏の両氏においては，サトーにおけるインタビュー調査だけではなく，数多くの社外講演の機会などでご一緒し，タレントマネジメントに関する議論をさせていただいており，その際の議論の内容も反映されている。聞き取りにおいて公表可能な資料は入手し，社外秘として公表が不可能な資料は，聞き取りの場のみで提示してもらい，その内容を記録した。同時に社外に公開されている各種資料も収集し，分析している。

　これらの調査では，タレントマネジメント導入の経緯と目的，事業戦略をいかにタレント戦略に転換していくか，タレントの選抜，育成，登用の実態，導入にあたっての効果と課題など，RQの解明に関わる内容を対象としている。

2　企業の概要と特徴

2-1　創業からの事業の変遷

　サトーの企業概要は，図表6-1に示すとおりである。

　企業概要にもあるとおり，サトーは90以上の国・地域でビジネス展開をするグローバル企業といってよい。その創業は1940年であるが，創業者の佐藤陽氏が竹製の組立箱を発明したところにある。その発明は竹材加工機の製造販売につながった。さらに，サトーの事業ドメインが確立されたのは，1962年の世界初のハンドラベラーの発明である。ハンドラベラーとは，小売店が値付け作業を省力化するために，価格を印字し，商品に貼付する機器である。このように商品にタグ付けをすることをサトーでは「タギング」と呼び，それが事業ドメインの中核となる。その後，スーパーマーケットの普及，バーコードの普及，消費者志向の多様化，IT技術の進展など社会の変化は加速していく。この社会の変化を先取りして対応し，1981年の世界初の熱転写式バーコードプリンタの開発，1990年代以降の情報処理系の企業に「処理すべき情報を提供する」ビジネスモデルへの転換など，サトーの事業は変化を継続してきた。その結果，今や，可変ラベル情報のシェアが世界1位，バーコードラベルプリンタのシェアが世界2位という確固たる地位を築くに至った。2018年度の海外売上比率は

図表6-1　サトーの企業概要（2019年3月31日現在）

商号	サトーホールディングス株式会社
本社所在地	東京都目黒区下目黒1丁目7番1号　ナレッジプラザ
創業	1940年
設立	1951年
資本金	84億円
売上高	1,162億円（連結）
従業員数	5,307名（連結）
主な事業内容	自動認識ソリューション事業など
主な拠点	世界27の国・地域に拠点，90以上の国・地域でビジネス展開

37.6％と，海外におけるビジネスの比重が一定を占めている。ここ10年の業績も堅調であり，2009年度以降売上高は順調に拡大を続け，2009年度の749億円に対し，2018年度は1,162億円までに増加している。

　こうしたサトーの事業の特徴は，タギングという事業ドメインを中核に発展してきたという点で，顧客に対して，模倣できない自社独自の価値を提供する中核の組織能力に基づき経営する「コアコンピタンス経営」（Hamel and Prahalad, 1994）を行ってきたといえる。また，社会の変化にあわせてハンドラベラーから情報を提供するビジネスに変化してきたという点では，急速に変化する事業環境に対応し，持続的な競争優位を保持できる独自性のある組織能力としての「ダイナミックケイパビリティ」（Teece, 2009）に優れた企業，と考えることができよう。このサトーの経営の特徴は，次に述べる企業理念に起因するところも大きいと考えられる。

2-2　企業理念の特徴と三行提報

2-2-1　企業理念の特徴

　サトーは理念と歴史を大事にしている企業である。目黒の本社の地下には「サトー歴史館」が設置され，創業以来の製品群や年表が展示されている。現在の企業理念は「あくなき創造」を社是とし，使命・ビジョン・信条が設定されている。信条には「変化とイノベーション」「個人とチームの尊重」「大企業病と形式主義の排除」「株主・社員・社会・会社の四者への還元」等が述べられている。

　現在の企業理念には，創業以来連綿と受け継がれてきた考え方の中核が反映されている。その理念の中核は，社内資料「サトーのこころ」に明確に記されている。「サトーのこころ」は中興の祖ともされる藤田東久夫氏が，創業者の佐藤陽氏の理念を継承するために作成した社内限定の冊子である。そこでは，佐藤陽氏が作成した綱領と信条は，松下幸之助の影響を受け，社会貢献と使命感に向けて社内が一致団結してもらうことを目的としていたことが語られている。綱領と信条は，「サトーは何をどうやって誰のためにする会社か」という基本方針を，具体的にどう設定するか，という問題に帰着する。

　また，理念および綱領と信条をわかりやすい行動原理として表現したものが，「サトーのエスプリ」である。サトーのエスプリには「すぐやるということ」

「他と違うことをやる／同じことなら先駆けてやる」「形式にこだわらない」「変化をよろこぶ心」という指針がある。このような形式にこだわらず変化を尊ぶ考え方は，ダイナミックケイパビリティと親和性が高いと考えられる。

　さらに重要なことは，綱領と信条や，エスプリなどの基本方針には，変わる部分と変わらない部分があることだろう。たとえば，事業ドメインとして，ハンドラベラー以来の「モノと情報を一致させる＝情物一致」というビジネスの軸は変わらない。また，「株主・社員・社会・会社」という四者還元を等しく重視するという，ステークホルダー重視も変わらない。他方，情物一致が，1990年代から2000年代にかけては「モノ売り」から「コト売り」へ進化し，収集したデータをITシステムで処理することで業務改善を図るビジネスを目指しているなど，目指すべき事業の方向性は変化し続けている。

2-2-2　三行提報

　明確な企業理念があったとしても，それが継続される，また浸透することは簡単ではないだろう。前章でも，事業戦略の浸透に部門間で差があり，それがワークエンゲイジメントに影響を与えることが示されていた。

　サトーにおいて理念の継続と浸透のために，経営のオペレーションメカニズムの中核に埋め込まれている制度が，三行提報[26]である。三行提報については，「サトーのこころ」でも詳述されている。三行提報は1976年に佐藤陽氏が導入し，藤田東久夫氏がさらにその重要性を認識し，経営の最優先事項に位置づけた。具体的には，毎日全社員が経営トップに対して，「会社を良くする，創意・くふう・気付いたことの提案や考えと，その対策の報告」を三行（127文字）の文章にまとめて，提出する仕組みである。

　40年以上続く三行提報のデータは，今や1,100万件超に及んでおり，これはビッグデータとして経営に活用されている。その内容は，現場の情報や顧客の声，商品情報などであるため，経営の変化の源泉ともなる。さらに，毎日三行の文章を書くことは，社員にとっては，場合によっては苦痛になることもあるが，それを継続することで問題意識が研ぎ澄まされ，論理思考も醸成されることから，人材育成にも資することになる。しかしなにより，経営トップが三行提報による社員の提案を聞きっぱなしにすることなく，その提案の実行部門を決め，実行状況が社員にフィードバックされることが，効果を高めているだろ

う。そのプロセスが全社員参加型経営の実質を担保し，「あくなき創造」という社是に基づく「変化とイノベーション」「個人とチームの尊重」「大企業病と形式主義の排除」等という信条の継続と浸透につながっているといえよう。

2-3　人材マネジメントの特徴：玉石混交採用と多様性

　サトーの企業理念を踏まえた人材マネジメントの特徴であるが，多様性の重視をあげることができるだろう。その象徴が「採用は玉石混交」というユニークな考え方である。藤田東久夫氏はサトーの経営について解説した2010年の日経産業新聞の連載[27]で，「秀才の集まりは集団浅慮に陥りやすく」それを避けるためには「駄目な社員を採れ」と採用担当者に促すという。「今は駄目でも将来有能者に変身する」「時代や環境によっても優劣は変わる」からである。

　玉石混交採用を実現するためには，実質が伴わなければ難しい。そこで「面接でまともに答えられない学生を役員面接まで進ませ」「遊んでばかりいた人」を採用し，縁故採用を重視するという。縁故採用は「性別含めて必ずや多様化する」からである。

　この考え方は，一見，通常の人事担当者からすると，受け入れがたいものかもしれない。実際，サトーの人事担当者も，玉石混交採用の考え方は，次のようなものであろうと語る。

　「人事の普通の考え方を持った人たちが話すと，こんなこと，『えっ何？』っていう話になるじゃないですか」（2019年インタビュー）

　にもかかわらず，玉石混交採用を行う理由は，結局は通常の人事部の考え方は，秀才というものを学歴基準でしか測定していないからだという。サトーでは，学歴に関係なく，多くの人が活躍している。

　「（サトーでは）学歴で測ったものじゃなくて，その後ビジネスでたたき上げてきた人は，実際に人の上に立ってリーダーシップを発揮してやっている事例（がある）」
　「（学歴）関係ないと思うんです。だけど多くの会社というのは，それで識別して人事管理しちゃうじゃないですか。学卒何年入社とかね。短卒何年入社とか」

（2019年インタビュー）

　サトーの人事担当者は上記のような認識を有し，学歴だけで人事管理を行うべきではないという認識を強く持っている。やはりそれは，藤田東久夫氏の考え方によるところも大きいという。藤田氏は人事部に，常々，このように語っていたという。

　「一時，金融業界が，あんな理科系も含めて日本中の優秀な学生をかき集めちゃったけど，どうなったと思っている。（そういう）銀行業界全体がつぶれちゃったようなものじゃない（藤田氏の人事部への言葉）」（2019年インタビュー）

　玉石混交採用を実践するために，サトーでは定期新卒採用と中途採用のいずれでも縁故採用を行っていたという。ただし，縁故採用という形態には早期の離職率が高くなるなど課題があり，2019年現在では行っていない。また，縁故採用だけではなく，2009年，2010年頃には，シングルマザー枠（ひとり親の男性は対象になっていない）を設けて，玉石混交採用を推進したこともあった。当時は，シングルマザーの貧困が社会問題として注目されていたこともあり，あえてひとり親の男性は対象にせずに，そうした採用政策を行っていたという[28]。
　また多様性に関しては，高齢者雇用という点で，特色ある施策が実施されている。2007年4月に導入された65歳までの定年延長と2011年4月に導入された「あなたと決める定年制」という施策である。2006年からは高齢者雇用確保措置として，65歳まで定年再雇用などの「継続雇用」「定年年齢の引き上げ」「定年の定めの廃止」のいずれかを行うことが企業に義務づけられた。多くの企業は，定年の延長や廃止には踏み切れず，定年再雇用の措置を選択することとなった。しかし，多様性を重視する観点から，サトーは高齢者雇用に積極的であった。また，サトーのエスプリにおける「すぐやる」「同じことなら先駆けてやる」という観点からすれば，他社が定年の延長や廃止に逡巡しているのであれば，先駆けてすぐに定年の延長や廃止に踏み切ることこそ，採るべき行動原理ということになる。
　実際には藤田氏は，2011年に人事部に対して，定年の廃止を指示したとのこ

とである。ただしこの提案を，直ちに実行するのは会社の体制が整わず難しい
と人事部も意見を述べ，定年は65歳のままとするが，一定の条件を満たせば，
「プラチナ社員」として65歳以降も再雇用することを可能とし，更新年齢の上
限は設定しないこととしたため，この仕組みを「あなたと決める定年制」と呼
ぶこととした。

　日本型人事管理では，60歳以降の高齢者雇用については，年次管理の枠組み
に合致せず，人件費の増加を招くことから，従来は積極的に対応してこなかっ
た面があろう。それを2007年の段階から積極的にサトーが取り組んできたとい
うことは，多様性重視の姿勢と評価できるのではないだろうか。また，サトー
のエスプリにしたがい，「同じことなら先駆けてやる」という観点で，他社に
先駆けて，65歳までの定年延長やプラチナ社員の仕組みを導入したことになる。
もちろん，これらの仕組みは導入時点で完成されているわけではなく，その後，
試行錯誤しながら多々修正が加えられている。しかし，現在ではサトーは高齢
者雇用の先進企業として高く評価され，多くの講演に呼ばれるようになってい
る。すぐやってみて試行錯誤するが，先行者利益を得るというサトーのエスプ
リの効果を示した実例ともいえよう。

　その他に，学歴だけを重視しない玉石混交採用に通底する考え方によって，
抜擢人事も行われている。たとえば，2010年7月には，30代3名と40代の社員
1名の計4名が執行役員に抜擢されている。これは経営陣にも多様性を取り入
れたいという目的であり，玉石混交採用にせよ，抜擢人事にせよ，サトーの人
材マネジメントの根底には，多様性という考え方があることがわかる。

　玉石混交採用をウォー・フォー・タレントアプローチと比較してみることは，
興味深いだろう。玉石混交採用は「秀才」だけを採用することは危険だと考え，
「今は駄目でも将来有能者に変身する」「時代や環境によっても優劣は変わる」
と考える。その秀才は，日本では主に学歴で判断される。秀才をAプレイヤー
と置き換えてみると，玉石混交採用とウォー・フォー・タレントアプローチは，
まさに対照的になる。ウォー・フォー・タレントアプローチでは，Aプレイ
ヤーは普遍的な存在であり，先述のように，環境（従事している仕事の文脈）
と適合するという観点は捨象されている。ウォー・フォー・タレントアプロー
チでは組織でなるべくAプレイヤーを増やすことを重視するが，玉石混交採用
では，秀才（Aプレイヤー）だらけの組織は危機に陥ると考える。このように，

サトーの人材マネジメントの考え方に，ウォー・フォー・タレントアプローチと対極をなす部分があることは，同社におけるタレントマネジメントの導入の経緯を分析していくに際して，忘れてはならない点であろう。

3　タレントマネジメント導入の目的と経緯

　サトーのタレントマネジメントの導入は，導入期と人材マネジメント変革期に分けて考えることができよう。そこで，本節では，2つの時期に分けて，その導入の経緯を検証してみたい。

3-1　導入期

　サトーにおけるタレントマネジメントの導入のきっかけは，やはり藤田東久夫氏であろう。藤田氏は，経営者の育成について，次のように語っていたという。

　「管理職の上下関係で育った経営者の社長の就任年齢は高まる。これが日本型だが，その場合，知性を磨くから，経営者としての感性，野生を損なう。それでは，企業の構造改革や事業ドメインの転換を腰を据えてやりとげる気にならない。20代から選別されてきた米国の専門経営者やアジアの若い創業者たちに負けてしまう。日本経済の低迷と閉塞感は，結局，女性と若者と外国人を経営から排除してきたことによる」（2019年インタビュー）

　つまり，サトーにおけるタレントマネジメント導入の当初の目的は，経営者の育成ということにあった。先述した，執行役員への若手の抜擢人事には，こうした考えも背景にあった。また，多くの者に社長を経験してもらうために，分社化を推進し，機能別に会社を分割し，新たに6社の企業を新設した時期もあった（後に再統合された）。
　経営者を早期に育成するという観点は，タレントの選別アプローチに合致しているとも考えられる。しかし，玉石混交採用で示されるように，サトーは多様な人材の貢献を重視しているために，基本的には包摂アプローチであると考えられる。それは，人事担当の次の発言にもあらわれている。

　「タレントって何っていったときに，（一般的な）人事の人にタレントマネジメントっていうと，ハイパフォーマーとかね，そっちから入っちゃうんだけど，そもそもの（候補者の）プールを，どういうふうに考えていくことは，すごく大事だと思うんですね。そっちを見ないで，なんかもう上のほうの人だけで一所懸命に見比べても，同じ類の人かもしれないですよね」（2019年インタビュー）

　ここでは，玉石混交の考え方に基づき，タレントとは顕在化した成果を発揮した人だけではなく，多様な状況の人がタレントとなり得る可能性が示されている。また，同時にサトーは日本型人事管理を採用しているという認識も，次のように語られる。

　「当社も創業70数年の日本型の会社ですから，いわゆる入社して，同期が（年次管理による昇進を）待っている風土もあります」（2019年インタビュー）

　玉石混交や抜擢人事などの特色ある人材マネジメントを行っていたとしても，人事管理の基本は日本型のような部分もあると，サトーの人事部門としては理解していることがわかる。このような認識のもと，導入時期には，タレントマネジメントという名称が公式に使用されていたわけではない。2012年当時には，次のようなタレントマネジメントへの認識が語られている。

　「本社人事に名称として，タレントグループとつけてはいるが，それは意気込みでつけている。本社人事が主に担当してきたことは，次期経営層の選抜，決定であり，課長の一歩手前の若手に，サトー塾をずっとやってきている」（2012年インタビュー）

　すなわち，導入期においては，早期に経営人材を育成したいという考え方があり，抜擢人事なども実施されていたが，その取り組みとして行われていたものは「サトー塾」であり，全面的に人事制度が変更される，あるいはタレントマネジメントが公式に導入されていたわけではなかった。つまり，日本型人事管理を基本としながら，サトー塾を中心に，次世代経営人材の育成を行うという形式が，導入期の状況だった。

　では，サトー塾とは，どのようなものだったのか。サトー塾はのちに社長塾となり，その時点で在任の社長が徹底的に関与して人材を育成する形に進化した[29]。サトー塾は，2002年に開始され，職場からの推薦により，一期，15〜20人程度の人材が人事部などの面接を経て選抜される。選抜された人材は，8カ月程度，経営の考え方やロジカルシンキングなどを学びつつ，最終的には，事業戦略などを経営陣の前でプレゼンテーションするのである。その後，この仕組みは，「トップ塾」，次に「未来塾」と名称は変更されたが，2017年まで継続した。この仕組みは，タレントマネジメントに相当する役割を一定以上果たしてきたという。サトー塾に対する評価は，次のように語られている。

　「要はベースづくりとしては，もうリアルの人間を集めて，現場の，いきのいいのを集めて，そこから見つけていくことをずっとやってきたんです」
　「実際にここに行ってる人間が，今の部長層から役員層に，実際なってるんで。だからデータベース化とか見える化とか，いろんなものを一本化して可視化するってことが，やれてなかったんで。毎年こういう形でいきのいい人を集めてやらせてマークして（それによってタレントを可視化してきた）」（2019年インタビュー）

　このように，導入期においては，包摂アプローチでかつ日本型人事管理を基盤とする人材マネジメントの中で，社長塾という仕組みの中で経営陣が若手の育成に関与し，それがタレントの可視化，育成，抜擢にも寄与する結果となっていた。

3-2　人材マネジメントの変革期

　2019年のサトーの統合報告書では，人財戦略ロードマップ（サトーでは，人材でなく人財と称される）において，海外においても国内においても，タレントマネジメントが公式に実施されていることが明記されている。公式な形で，タレントマネジメントが実施された契機は2016年頃からである。
　先述のとおり，導入期においては，日本型人事管理を基盤としつつ，社長塾に依拠する形式で次世代人材の育成がなされていたが，それ以外に体系的なタレントの可視化，あるいは選抜が実施されていたわけではなかった。社長塾に

よる効果はあったものの，それだけに依拠することへの限界が社内で意識され
つつあった。

　特に課題とされたのは，抜擢人事の効果と管理職層の問題である。意欲的な
抜擢人事がなされたものの，抜擢された者がその後も継続的に活躍するとは限
らず，降格されてしまうという例も散見されるようになった。また，2016年当
時，日本国内の社員は約1,800名であったが，そのうち管理職層の人数は約600
名であった。松山一雄社長（当時）は，この管理職層の人数が適正ではなく多
すぎると認識していた。そこで，管理職層の人数の適正な規模への修正が，人
事部の優先課題となったのである。

　サトーにおいて，管理職層の人数は，なぜ適正な水準を超えて増加したので
あろうか。この理由としては，2点考えられた。第1の理由は，玉石混交の考
え方の短所が，管理職登用においても影響したということである。管理職に適
任でないと思われる人材でも，玉石混交だから登用してしまおうという判断が
働き，登用基準が緩やかになってしまったという分析がされた。第2の理由は
職能ルールである。職務ルールの場合，組織のポジション数は厳密に管理され，
そのポジションの数に対応して管理職は登用される。しかし，職能ルールの場
合，組織にポジションが存在しなくても管理職への登用は可能で，人材が昇進
してから，その人材に相応しいポジション名を新設することに制約は少ない。
この2点の理由で，管理職層の人数が膨れ上がる状況となった。

　対応策として，職能ルールを職務ルールに変え，職務分析を行ってポジショ
ンを定義し，そのポジション数にあわせて人数を減らすことも検討された。し
かし，その対応策はあまりにも抜本的な対応であるとされ，副作用も想定され
ることから，まずはサトーのあるべき管理職像を作成するという判断がなされ
た。

　このあるべき管理職像の作成とは，コンピテンシーの作成を意味し，2017年
にはマネジメントコンピテンシーが完成した。このマネジメントコンピテン
シーは，2019年には実態にあわせて内容が改訂され，かつ係長用のコンピテン
シーも作成された。今後，主任，スタッフのコンピテンシーも作成予定で，そ
れが実現すれば，全社員が網羅されることになる。またマネジメントコンピテ
ンシーに基づいた管理職へのアセスメント面談も行われた。これらコンピテン
シーの詳細は後述する。

同時に2017年には，タレントマネジメントのITシステム[30]を導入し，多面観察，自己申告，人事評価，昇給通知をITシステムによって行えるようにした。ITシステムに関しては，サトーによるシステム改訂を独自に行い，人事評価，多面観察，面談記録，教育履歴まで一括して検索できるようになった。

このように，タレントマネジメントによる人材マネジメントの変革は，サトーにおいてはコンピテンシーの導入とそれに基づく管理職層のアセスメント，およびタレントマネジメントのITシステムの両輪により実施された。人材マネジメントは，タレントの可視化，選抜に焦点を絞ることになったといえよう。

4　タレントマネジメント施策の詳細およびその効果と課題

本節では，2016年以降に実施されたタレントマネジメントによる人材マネジメントの変革について，その具体的な施策の内容，および効果と課題について述べる。

4-1　対象者の範囲

サトーのタレントマネジメントの基本は，現時点においてもなお，包摂アプローチに属するといえよう。従来から抜擢人事を行うと同時に玉石混交採用により多様性を重んじてきた。それゆえ，一部の秀才（Aプレイヤー）に頼るのではなく，多様な社員の総合力を重視してきた。2016年以降，コンピテンシーにより管理職の選別を行ってはいるが，主任，スタッフのコンピテンシーも作成予定で，それが実現すれば，全社員が網羅されるなど，包摂アプローチが基調であることに変わりはないだろう。ただし，コンピテンシーによる経営幹部の選抜の仕組みも整いつつあり，選別アプローチの考え方が混合されつつあるとも評価できよう。

4-2　競争戦略のタレント戦略への転換

サトーにおける競争戦略のタレントへの転換は，コンピテンシーによってなされているといえるだろう。STMでは，キーポジションを明確に定義し，その定義に基づく人材像を中核としてビジネスの競争戦略がタレントへ展開されていく。他方，サトーでは明確な職務によるポジション定義は行っていない。

その代わりに，コンピテンシーによるあるべき人材像が定義されている。この
コンピテンシーは大きく2軸に分かれる。2軸は，2016年当時の松山社長の考
え方により設定された。

　「サトーの管理職は，ビジネスを築くのはうまいけど，人を育てるのが下手だ。
これからサトーが生き延びていくためには，人を育てることをしない限り，サ
トーの管理職ではないということを明確にすべきだ。そのため，サトーの管理職
に求められる軸は，人を育てる（building people）とビジネスを築く（building
business）だ（松山社長の発言）」（2019年インタビュー）

　この経営トップの考え方に基づき，コンピテンシーは「人を育てる」と「ビ
ジネスを築く」の2軸で設定されている。「人を育てる」は，あえて「ビジネ
スを築く」よりも先に位置づけられている。これは「ビジネスを築く」を先に
すると，社員の関心がビジネスだけに向いてしまうことを避けるためである。
コンピテンシーは，「人を育てる」が4つ，「ビジネスを築く」が4つで計8つ
になる。コンピテンシーは階層別に「社長」「執行役員」「経営職」「部長」「課
長」「係長」「主任」「スタッフ」に区分されている。8項目あることは，いず
れも同様である。
　このようにサトーは，キーポジションを前提とした事業戦略で求める人材像
を規定するのではなく，全社員を階層に区分したコンピテンシーによる求める
人材像を徹底することで，競争戦略をタレント戦略に転換しているといえよう。
いわば，STMとは異なる，包摂アプローチにおける，コンピテンシーを中核
としたタレントマネジメントの形式であるとも評価できよう。

4-3　選抜，育成，登用の具体策

　サトーは包摂アプローチにおける，コンピテンシーを中核としたタレントマ
ネジメントであるものの，選別アプローチの要素も取り入れつつある。その端
緒は，2017年のマネジメントコンピテンシー導入直後に実施した部長格に対す
るアセスメントであった。このアセスメントは，人事の最高責任者ならびに対
象者を所管していない執行役員が，自ら実施した2回の面談で，マネジメント
コンピテンシーを評価基準として行った。結果として，約160人の部長格から

約30人を選抜し，準執行役員としての階層（ライン職系統は経営職，専門職系統は専門職と呼ばれる）を新設し，30人はその階層に移行した。この階層では，手当は全廃され，変動制の賞与を含む年俸制が適用され，経営陣と類似の報酬体系となっている。

　ただし，これは従来のサトーには存在していなかった，厳しい選抜の仕組みと受け止められた。そのため，プロセスも含めて社内からの反発と批判も生じ，そうした批判に対応するため，コンピテンシーの文言をより実態にあわせる改定が半年かけて行われた。

　また，執行役員が取締役になる場合のアセスメントは，外部の専門会社が行うことになった。このアセスメントは，コンピテンシーと，Fernández-Aráozほか（2017）が述べていた潜在能力の併用による評価で行われた。

　以上のように，準執行役員や，執行役員は選別アプローチに近い選抜が行われているが，全社員の中では上位層のみに限定的に実施されていることになる。

4-4　グローバルでの取り組み

　サトーでは，グローバルにおけるタレントマネジメントも意識されている。しかし，同業の企業を海外で買収し現地法人化してきたという経緯があるため，現地法人の一般社員をタレントマネジメントの対象とするところまでは，現実的な施策の目標にはなっていない。まずは，現地法人のトップ約30名を対象とすることが目標となっている。30名と少人数であるため，タレントマネジメントのITシステムも，日本とは異なるシステムを適用することが検討されている。

5　考　察

　サトーのタレントマネジメントに関して，RQにそって考察していきたい。

5-1　日本型人事管理の変革

　RQ1-2は，「日本企業が日本型人事管理の現実的な変革を意識してタレントマネジメントを導入する場合の実態と，その際の効果や課題はどのようなものか」というものである。サトーのタレントマネジメントの導入は，「包摂アプローチを基調とした，部分的な選別アプローチの混合」と評価できよう。

サトーの経営の基盤には，三行提報による全社員参加型経営がある。さらに，玉石混交採用により，一部の秀才（Ａプレイヤー）だけを重視せず，多様性を推進してきた。しかしながら，日本型人事管理と玉石混交の考え方の短所が顕在化して，抜擢人事の対象者が継続的に活躍できない，管理職層が肥大化する，などの弊害も生じてきた。そこで，全面的な包摂アプローチを改め，経営幹部などの上位層には限定的に選別アプローチを導入してきた。

日本型人事管理と玉石混交の考え方の短所に対応するため，職務ルールを適用しつつ，抜本的に選別アプローチを導入するという選択もあろう。第4章のＬ社は，そのような選択をしたと考えられる。しかし，サトーにおいてそうした性急な選択をすると，全社員参加型経営や多様性の尊重などの，中核の企業文化との不適合も想定された。そのような意味で「包摂アプローチを基調とした，部分的な選別アプローチの混合」は，現実的であり，かつ従来のサトーの企業文化の強みをいかす合理的な選択であるとも考えられる。

ただし，このような漸進的な変革であっても，準執行役員層の選抜には社内の反発が生じた。サトーは，それを選抜基準であるコンピテンシーの内容見直しならびにプロセスの改善で対応した。このように，限定的な選別アプローチの導入であっても，慎重な評価基準の策定が求められる可能性があろう。

5-2　競争戦略のタレント戦略への転換と選抜の方法

RQ2は「日本企業はタレントマネジメントを実施するにあたり，どのように競争戦略をタレント戦略に転換しているのか。また高業績者あるいは高い潜在能力者であるタレントを，どのように選抜しているのか」というものだった。

サトーにおいては，STMのように，キーポジションを前提とした事業戦略で求める人材像を規定するのではなく，「全社員を階層に区分したコンピテンシーによる求める人材像を徹底」という方法で，競争戦略のタレント戦略への転換を実現していた。サトーにおいては，包摂アプローチを基調とし，かつ職務ルールを採用しないため，キーポジションの設定は事実上不可能である（ただし，経営職についてはキーポジションの設定を2020年度より実施）。従来は，キーポジションの設定という方法以外での競争戦略のタレント戦略への転換は，示されていなかった。ところがサトーでは，階層別に細かくコンピテンシーを定め，コンピテンシーの設定にあたっては経営陣も深く関与していたからこそ，

事業戦略と紐づいた求める人材像がコンピテンシーに反映されることとなった。

　包摂アプローチにおいても，「全社員を階層に区分したコンピテンシーによる求める人材像を徹底」すれば，競争戦略のタレント戦略への転換が実現するという新たな知見は，本章における理論的な意義であろう。また，その際は経営陣の深い関与が重要という知見は，第4章と共通するものである。

　また，高業績者あるいは高い潜在能力者の選抜の方法では，「人を育てる」と「ビジネスを築く」の2軸によるコンピテンシーが，準執行役員の選抜，執行役員の評価において使用されていた。これは，Sparrow（2019）が，コンピテンシーは高業績者と高い潜在能力者を評価，選抜するには欠かせない概念であると指摘していたことを裏付けるものであろう。

5-3　タレントマネジメントの類型

　RQ3は「日本企業におけるタレントマネジメントには，どのような類型が存在するのか」というものであった。ここまで述べたとおり，サトーのタレントマネジメントは「包摂アプローチを基調とした，部分的な選別アプローチの混合」であり「職能ルールを維持したまま，コンピテンシーで選抜を行う」類型と考えられるだろう。これは，図表6-2のように整理できるだろう。

図表6-2　サトーのタレントマネジメントの類型

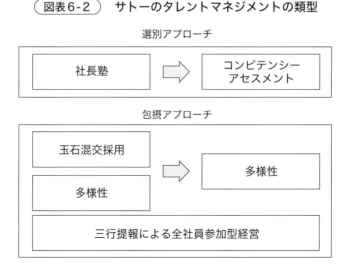

（出所）筆者作成

　基盤には，三行提報による全社員参加型経営があり，この基盤は変わっていない。玉石混交採用自体はその運用がなくなりつつあるが，多様性という考え方にその理念は継承されている。また，従来から選別アプローチに近い社長塾が存在したが，現在では管理職に対するコンピテンシーアセスメントにその考え方が発展し継承されている。

　これは**図表1-10**の分類でいえば，「適者開発」であり「包摂アプローチ」である，FITMと同じ象限に位置すると評価できよう。なお，サトーは，「株主・社員・社会・会社」という四者還元を目指す，ステークホルダー重視の経営を行っている。このようなステークホルダー重視は，「適者開発」かつ「包摂アプローチ」というタレントマネジメントの分類と親和性が高いと考えられる。

　また，サトーにおけるグローバルのタレントマネジメントの対象は，現地法人のトップ約30名のみであった。これは，対象としては少ないようにも思えるが，GTMルーティーンで示された分類でも，「マルチドメスティック戦略」の場合は，現地法人による分権的な管理が効果的であり，その効果と現地法人の業績の関係性は弱いとされてきた。サトーが，グローバルでは「マルチドメスティック戦略」を採用してきたと考えれば，現地法人のトップに焦点を絞ってタレントマネジメントを行うことは，一定の合理性があると考えられる。

第 7 章

事例研究② 味の素

1 リサーチクエスチョンと調査方法

1-1 リサーチクエスチョンと選定理由

本章では，前章と同様に，本書全体のRQのうち，以下の解明を行う。

> **RQ1-2** 日本企業が日本型人事管理の現実的な変革を意識してタレントマネジ
> メントを導入する場合の実態と，その際の効果や課題はどのようなものか
> **RQ2** 日本企業はタレントマネジメントを実施するにあたり，どのように競争
> 戦略をタレント戦略に転換しているのか。また，高業績者あるいは高い潜在
> 能力者であるタレントを，どのように選抜しているのか
> **RQ3** 日本企業におけるタレントマネジメントには，どのような類型が存在す
> るのか

本章の調査対象の味の素株式会社（以下，味の素と呼ぶ）は，1909年の創業
である。100年以上前に，うま味調味料である「味の素」を生み出した志は，
「おいしく食べて健康づくり（Eat Well, Live Well）」という理念につながって
いる。この理念は，創業以来一貫して，社会価値と経済価値を共創する（両方
重視する）という企業としての取り組み姿勢につながっている。この社会価値
と経済価値の共通価値の創出はASV（Ajinomoto Group Shared Value）と呼
ばれるグループの価値観として設定され，世界全体でASVに基づく事業運営

が行われている。経済価値だけを重視しないという点では，「会社」「社員」「社会」という３つのステークホルダーが重視されており，このような点では，サトーとの共通性も存在している。

　味の素の目指す戦略は，世界での食品メーカートップ10クラスとして，確かなグローバル・スペシャリティ・カンパニーになることである。世界をにらんだ戦略に伴い，海外売上比率は増加している。2005年に29.5％であった海外売上比率は，2016年に52.4％に達している。

　このように味の素は，ステークホルダーを重視する日本型経営を行いながら，喫緊の課題として世界をにらんだ戦略を推進しているが，同時にタレントマネジメントの導入を優先度の高い人事施策であるとしている。守屋（2020）においても味の素は，日本多国籍大企業が，段階的にタレントマネジメントの導入を進める好事例として紹介されている。このような同社の状況が，本書のRQ解明のために適切であると考え，調査対象として選定した。

1-2　調査方法

　本章は，理事グローバル人事部長の高倉千春氏をはじめグローバル人事メンバーの外部講演の内容，特に筆者が進行した講演，パネルディスカッションでの内容を踏まえ，高倉氏が補足的説明（2019年11月）した情報を基に考察している。高倉氏とは数多くの社外講演の機会などでご一緒し，タレントマネジメントに関する議論をさせていただいており，その際の議論の内容と公開された資料内容が反映されている。

　これらの調査では，タレントマネジメント導入の経緯と目的，事業戦略をいかにタレント戦略に転換していくか，タレントの選抜，育成，登用の実態，導入にあたっての効果と課題など，RQの解明に関わる内容を対象としている。

2　企業の概要と特徴

　味の素の企業概要は，**図表7-1**に示すとおりである。

　企業概要にもあるとおり，味の素は130の国・地域でビジネス展開をしている。特徴としては，非常に早期の段階で，グローバル展開している。ニューヨークオフィスは，1917年の段階で開設しており，1958年から61年にかけて，

図表7-1　味の素の企業概要（2019年3月31日現在）

商号	味の素株式会社
本社所在地	東京都中央区京橋一丁目15番1号
創業	1909年
設立	1925年
資本金	79,863百万円
売上高	1兆1,274億円（連結）
従業員数	単体3,494名　連結34,504名
主な事業内容	高品質アミノ酸の独創的な製法・利用法の開発，「食品事業」「アミノサイエンス事業」を柱とした幅広い事業展開
主な拠点	世界35の国・地域で事業展開，130超の国・地域で製品展開

フィリピン，タイ，マレーシアに相次いで現地法人を設立している。つまり，60年から50年前の段階で，本格的に世界の各地に進出していたことがわかる。確かなグローバル・スペシャリティ・カンパニーになるために，グローバル展開は一層重視され，マルチナショナルでの事業展開は，より加速しつつある。

3　タレントマネジメント導入の目的

　味の素におけるタレントマネジメント導入の目的は，今後変化が加速するグローバル市場環境の中で，持続可能な事業展開を行い企業価値を創出するために，人財（味の素では，「人財」と表記される）の多様性を活かし適所に適材を登用しようとするところにある。多様性の本質とは，表面的な属性にとどまるものではなく，「価値観の違う人財などのそれぞれの個性の活用」と定義され，グローバル人事部の目標にも「国籍，性別，バックグラウンドを問わず多様な人財がイキイキと活躍できる環境づくり」という文言が明記されている。そして，これら人事施策の最終目的は，社会価値と経済価値の共通価値の創出としてのASV（Ajinomoto Share Value）の実現であり，ASVという企業理念は多様な「個」を束ねるもの（Diversity Mangementの核）となり，それぞれ社員がこの理念を自分ごと化できる風土を目指している。

　上記の持続可能な事業展開，企業価値創造を実現するうえでは，ヒトが中心的役割であることから人材を「人財」と捉え，「個人と会社の成長の同期」が

158

人事の中期計画の中心的ストーリーになっている。

　「個人と会社の成長の同期」のために，今回のテーマである新たな人財マネジメントが掲げられた。人財マネジメントは，「ポジションマネジメント」と「タレントマネジメント」の両輪から構成される。ポジションマネジメントとは，事業戦略を実現するために組織に必要な職務を明確化することであり，そのために職務要件と人財要件を定義する。ここでいうタレントマネジメントとは，人財を発掘・育成し，優秀人財を早期に登用し，適所に適財を任用・登用することである。

　つまり，新たな人財マネジメントには，「適財適所」を「適所適財」へと変革していくという意図がある。すなわち職能ルールを職務ルールへと変革していくことでもある。味の素において，いかに職能ルールを職務ルールへと変革していくことができたのか，という点は本書における重要なテーマのひとつでもあり，次節のタレントマネジメント施策において後述する。また，ポジションマネジメントとタレントマネジメントを両輪とした人財マネジメントそのものが，本書におけるタレントマネジメントに該当すると考えられるため，以降，そのようにみなして論を進める。

　また，味の素では，人財マネジメントと同様に重視すべき事柄として，多様性があげられている。ここでいう多様性とは，外国籍人財や価値観の違う人財などのそれぞれの個性の活用である。こうした多様性の重視もサトーとの共通点であろう。

　人財マネジメントと多様性を推進するために，「グローバル全体最適に向けた人事施策を通じ，個人の自律的成長と会社の永続的成長の同期の実現」「国籍，性別，バックグラウンドを問わず多様な人財がイキイキと活躍できる環境づくりを通して，ASVにもとづく味の素グループの成長にグローバル一丸となって貢献する」という，グローバル人事部のあるべき姿が定められている。

　以上述べてきたとおり，味の素のタレントマネジメントの目的には，グローバルでの事業貢献という観点が重視されていることがわかる。

4　タレントマネジメント施策の詳細および その効果と課題

　本節では，新たな人財マネジメントにおける変革，適財適所から適所適財へ，コンピテンシーの導入，タレントマネジメントのグローバル展開について，それらの具体的な施策の内容，および効果と課題について述べる。

4-1　対象者の範囲

　味の素のタレントマネジメントは，選別アプローチと包摂アプローチの組み合わせと考えられよう。ポジションマネジメントの具体的内容は後述するが，味の素では全世界で約1,000のグローバル・キーポジションを定め，そのポジションはグローバル人事部が管理するタレントマネジメントを行っている。これはSTMと同様の運用であり，選別アプローチといえる。

　ただし，ポジションマネジメントが適用されているのは，管理職以上に限定されている。一般社員については，職務を明確化し職務要件と人財要件を定義することは行われておらず，基本的には職能ルールが維持されている。つまり一般社員においては，包摂ルールが適用されていると解釈することもできる。すなわち，味の素では，大枠として，管理職以上は選別アプローチ，一般社員は包摂アプローチという組み合わせのタレントマネジメントが実施されているとみなすこともできよう。実際に，タレントの対象者について，人事部門として，次のような認識が語られている。

　「人事の論理的には，将来の戦略を考えると，選抜されたハイポテンシャル・タレントは重要ですが，組織的にいうと重要なのはやはり全員なんです」（2019年インタビュー）

　この発言の認識では，戦略的にキーポジションを定めるという点では選別アプローチだが，味の素の組織全体においては包摂アプローチであるという，組み合わせの考え方が意識されていることがわかる。

4-2　競争戦略のタレント戦略への転換

4-2-1　ポジションマネジメント

　味の素における競争戦略のタレント戦略への転換は，ポジションマネジメントとしての適所適財により，なされる。STMでは，キーポジションを明確に定義し，その定義に基づく人材像を中核としてビジネスの競争戦略がタレントへ展開されていく。味の素の考え方は，基本的にSTMに合致している。ポジションマネジメントでは，事業戦略を実現するために組織に必要な職務を明確化して，職務要件と人財要件を定義する。さらに，約1,000のグローバル・キーポジションが定義されている。このグローバル・キーポジションを軸として，競争戦略がタレント戦略に展開されていく。

　味の素の強みは，この運用が全世界一体で実行可能なことと認識されていることである。その運用は，次のように語られる。

　「グローバルHR会議というのを毎年10月にやっていて，12カ国36人が本社グローバル人事部のパートナーなんです。味の素の強さはこれなんです。で，やっぱり，それぞれの国に味の素いいねと思う（理念に共感する）人がいて，一緒に人事をやれるっていうこのメンバー，これが強さで」

　「(12カ国36人のメンバーと一緒に）グローバル化とは，人財という経営資源を，グローバル規模で全体最適にすることなんだと話しあった。で，全体最適って何かっていうと2つあって，まず適所適財。その事業戦略に合ったポジションマネジメントで，その事業戦略にあった職務要件を遂行できるのは誰なのか，これがタレントマネジメントで，それが適所適財ですよね。（つまり）事業戦略が起点（になっている）。

　もう1つは（人財の）適時適量なんです。今，それをちょっとやり始めた。今まで日本企業って結構みんな右肩あがりで（考えていて），以前いたグローバル企業と比べると人的資源の量的な最適配分って，あまりぎりぎりとは，やってこなかったんです」（2019年インタビュー）

　単に，グローバル・キーポジションを定めても，その運用が日本本社と現地法人でばらばらでは，実効を伴わないであろう。味の素では，グローバルHR

会議という仕組みを通して，日本本社と現地法人の人事部門間に信頼関係が醸成されており，それゆえに適切に運用できるということが語られている。ただし，グローバルHR会議が機能し，人事部門間に信頼関係が醸成されるまで5年かかったとのことであり，一朝一夕に容易く実現したものではないと考えられる。

　また，事業戦略をタレント戦略に転換する要点は，やはり事業戦略を起点として職務要件を定めるポジションマネジメントであることが語られている。同時に，適時適量という概念も語られているが，これはタレント・オン・デマンド（Cappelli, 2008）に合致するものであろう。変化の激しい競争環境の中，労働市場の状況にあわせて，自社の人材需要と過不足なくタレントを確保することが，タレント・オン・デマンドである。味の素においても，選別アプローチとみなせるグローバル・キーポジションの領域では，タレント・オン・デマンドの方向性を模索しはじめたことがわかる。

4-2-2　職能ルールから職務ルールへの変更

　ポジションマネジメントを行うには，職務ルールであることが前提となろう。では，味の素は，従来から職務ルールであったのだろうか。実は従来から，日本本社は職能ルールであったし，東南アジアの現地法人も職能ルールであった。日本以外の国で職能ルールが存在することは珍しいが，先述のとおり，東南アジアの現地法人は創設から50〜60年経過している。当時の設立は日本本社主導で行われたため，人事施策も日本の職能ルールが踏襲されたと思われる。

　さらに，日本本社では職能と職務のハイブリッド制度の導入を管理職に試みていた。職能ルールを職務ルールに完全移行する難しさには，人事異動が関係している。日本企業では，定期人事異動が仕組みとして人事施策に埋め込まれており，頻繁な人事異動が実施される。その際，職務ルールが徹底されていると，別の職種に人事異動した場合，異動者は経験のない職種において，異動前と同レベルのポジションの職務要件を満たすほど経験していないことが多く，その場合は下のレベルのポジションを担当することになり，報酬が低下することになる。つまり職務ルールを導入すると，異動者の報酬低下を懸念して，人事異動を頻繁に行うことが難しくなる。こうした事情は味の素でも同様であり，人事異動の容易さを優先して，味の素では職能ルールが維持されてきたと思わ

れる。

　しかし，先述のとおり，味の素の事業方針として，多様な人財を活かしたグローバル展開の加速が重視されることになり，変化する事業環境に対応した持続可能性と企業価値創造に向けた適所適財の考えを優先し，全世界で職務要件の定義を行い，要件定義された職務の大きさを階層毎に区分する職務グレードを，グローバルで統一（ただし，管理職以上のみを対象）した。

　この職務グレードの全世界での統一も容易ではなかった。まずは日本本社における関係者の同意が必要となるが，慣れ親しんだ職能ルールを変更することには，抵抗も多かったと思われる。そもそも，職務を定義する大義への理解を十分に浸透させる必要があった。

　「ずっと変化ってこれから起きるじゃないですか。変化を受けて対応できる人事の制度を内在化しないと駄目で，弊社の社外取締役の名和先生の本にもありますが，変化する市場に対応する戦略が表メニューだと，人事の施策ってそれを実現するOSみたいなもので裏メニューなんです。で，表メニューが変わってもずっとやれるっていうOSを内在化したものを，人事としては入れとかなきゃいけない」（2019年インタビュー）

　ここでは，外部環境の激しい変化に対して，戦略もそれに対応して変わる必要があり，変わり続ける戦略を支える基盤が人事の施策であるという認識が語られている。その認識を前提として，タレントマネジメントでは職務記述書によって，変化が埋め込まれる。

　「将来の戦略を基点にどういう要件が要るのか，どういう人材が必要なのか，これ変わりますから，ずっと。で，それを，変わったものを記述するのがジョブディスクリプション（職務記述書）で，私たちジョブディスクリプション（職務記述書）は将来の職務ミッションって呼んでるんです。将来戦略に基づいて，その職務がどういうミッションを負うのかと。で，それに対してどういうスキルが要求されるか。（それに対応して）じゃあ，誰がいいの，っていう話がタレントマネジメントで。ある意味，組織と部下を預かるラインマネージャーの戦略マインドの醸成ですが」（2019年インタビュー）

　ここでは，職務記述書が現在の職務要件だけを定義するのではなく，将来の戦略を反映したものであること，そしてそれに適合したスキルを有する人財を発掘・登用することがタレントマネジメントであることが語られている。つまり，競争戦略のタレント戦略への転換には，「将来」と「変化」という観点を忘れてはならない，ということであろう。しかし，この考え方が現場に浸透するのは簡単ではない。

　「ジョブディスクリプション（職務記述書）も，結局最初は正直めんどくさいのでみんな賛成していなかったですよ。将来のミッション書いてください，（というと）『ミッション？』と（聞き返されてしまう）。「（今）やってること悪いわけ？」と。『いえ，部長，否定しているわけじゃないです』って，『今まで，成功してきたのは部長の今までの貢献です』と。５年っていうのがキーで『この５年後のことを考えるのは，次世代にむけての私と部長の役割じゃないですか』と言うと『そうね』と（納得してくれる）。『今，こういうふうにやってるけどさ，５年後，味の素考えるとこれじゃ駄目だ』と，弊社みんな根が真面目なので，部長たちも（納得して）言うわけです。（そうすると部長たちが職務記述書を）書いて，みんなに見せて（くれる）。そうすると，何か，それっぽくなるじゃないですか。その後，キーポジションに関しては社長や経営陣に加筆してもらいますが」（2019年インタビュー）

　ここでは，人事部門が現場の鍵を握る部長クラスに，職務記述書の意義をわかりやすく伝え，粘りづよく理解を得ていったプロセスが述べられている。いったん理解が得られた後には，部長クラスのみならず職場全体の理解を促すために，職務記述書は全社に公開されるという工夫もなされた。

　「今，それ（職務記述書）を公開して３年たって効果が出てきたように思います。『いや，あのおっきな椅子（職務）にはやはり次にはこんな人財を登用したい』とか『あの赤い椅子なのにあの青い人が座っちゃってるんだけど』という，そのアンマッチがみんなに見えるわけ。（中略）で，今，一般社員にも公開して。で，当時の狙いはそれもあったんですが，ポジティブに人財育成に効くんです。たとえば私のポジションに来たいっていう20代がいるとするじゃないですか，この奇

特な20代が。人事のトップのポジション取るんだったら，私はどのスキル持って
なきゃいけないかってこれを見て，考えることになる」（2019年インタビュー）

　この発言にあるように，職務記述書の全社公開には，２つの意義がある。第
１の意義は，公開することで，職務と人財の整合について誰でも確認すること
ができ，それによって会社側は緊張感を持ったタレントマネジメントの運用を
することになり，かつ社員の納得性も高まることである。第２の意義は，職務
記述書に，その職務に必要なスキルの要件が記載されているために，社員なら
誰であっても，その職務を目指したい人にとって，自分にとっての人財育成の
目標が明確化することである。
　このように，日本国内においては，職務への理解が促進されていった。しか
し同時に，全世界の現地法人の職務グレードの実態を把握すること自体が難し
く，把握できたとしても，それを他の国々と整合させることも難しかった。そ
のため，職務グレードの全世界での統一には５年かかったそうである。大変な
労力は要したが，職務グレードが統一されたことでタレントマネジメントの基
盤は整備され，全世界で特定されたキーポジションを中心とした仕組みへの転
換が可能となった。

4-2-3　コンピテンシーと業績・潜在マトリックスの導入
　職務グレードの世界的な統一とともに，整備が必要とされたものがコンピテ
ンシーである。コンピテンシーの導入が必要とされたのは，業績・潜在マト
リックスである。

　「９グリッドですが，これは３年間の過去の業績と，将来のリーダーシップコ
ンピテンシーで，これを作ろうと思ったわけです。（グローバル企業には多く存
在するから），これは登用の基準ですと社長に言ったら『グローバル企業として
はこういうのは必要だね。じゃあ，作ろう』という話になって（社長も同意し
た)」（2019年インタビュー）

　ここでは，業績・潜在マトリックスは「９グリッド」と表現されているが，
業績は「３年間の過去の業績」であり，潜在能力は「リーダーシップコンピテ

ンシー」で測定されることになる。人事部門の提案を経営トップが受け入れたことで，業績・潜在マトリックスの要素として，リーダーシップコンピテンシーが作成されることになった。

　作成の着手は2016年に行われた。まずは，先述のグローバルHR会議の12カ国36人のメンバーと日本側で，素案が作成された。素案の段階から，日本単独で作成せず，グローバルの意見が反映されているところは注目に値しよう。この素案は，次に経営陣に提案された。

　「で，それ（素案）を社長のところに持っていって『人事の提案です。受けてください』と言ったら『いや，こういうことは人事の決定事項ではなく，経営のマターだから』って。（中略）『そうですよね，ではお願いします。』（と言ったところ，社長が）『もちろん（取締役会への）宿題に出そう』と言って，8人のボードメンバーがこれを考えて，10個のコンピテンシーに絞った」（2019年インタビュー）

　ここで示されているように，人事部門で作成された素案は，経営陣によって最終的に形となり，10項目で構成される「味の素フューチャー・リーダーシップ・コンピテンシー」として社内に示された。グローバルの意見を踏まえた人事部門と経営陣の共同作業で作成されたコンピテンシーだからこそ，実効性の高いものになっているのだろう。さらに，実効性を高めるために，コンピテンシーにはストーリーが加えられている。

　「社長の語るリーダーシップコンピテンシーにしたい。グローバルリーダー研修が3階層あって，オープニングを社長が飾るわけです。そのときに，『私の履歴書』的に若いときの関連する経験談をしゃべってください（とお願いして，自らのキャリアストーリーと絡めて，リーダーシップコンピテンシーをグローバルリーダーたちに理解してもらうようにしている）」（2019年インタビュー）

　このように，経営トップが，自分のキャリアと組み合わせたストーリーを付加することで，コンピテンシーの理解が促される工夫がされている。この結果，業績とコンピテンシーを2軸とした，業績・潜在マトリックスが味の素でも使

用されることとなった。現在使用されている味の素の業績・潜在マトリックスは，**図表7-2**のとおりである。

4-3　選抜，育成，登用の具体策

　選抜，育成，登用の具体的なプロセスは，**図表7-3**のとおりである。

　先述のとおり，ポジションマネジメントとタレントマネジメントがプロセスの両輪として，適所適財が実施されていく。まずは，組織課題にそって，ポジション（職務）要件が定義される。職務要件に対応して，それを担うことができる人財要件が定められる。人財要件が決まれば，それにあわせてタレントを発掘，育成，登用するためのタレントレビューが行われる。

　タレントレビューは，各自のキャリアプランが起点となる。それは，次の発言にみられるように，社員の自律的キャリアがタレントとして重要だという認識がなされているからである。

図表7-2　味の素の業績・潜在マトリックス

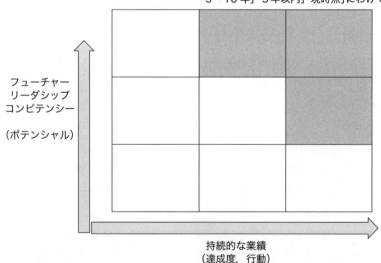

（出所）2019年　企業研究会講演資料に基づき筆者が加筆修正して作成

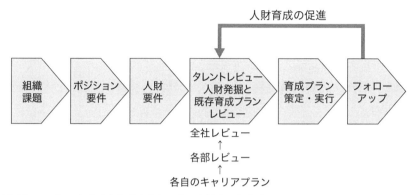

図表7-3　選抜，育成，登用のプロセス（タレントレビュー）

（出所）2019年　企業研究会講演資料に基づき筆者が加筆修正して作成

　「今，大きな課題が，自分が何がやりたいのかという，個ができてないと（タレントとしては）いよいよ駄目な時代になりました。自律的キャリアっていってるけど，なかなか自律してないから。（社員に対して）『何をやりたいのか，それと，あともう1つは何を価値観として大事にしてるのか。やりたい前に，何があなたの人生の大事なことなのか』って，こういうとこから迫んないと。

　でも，あるはずなんです。あるはずなんです，みんな。だって，子供の時に『これ面白いね』と言って将来の夢も持っていたし，味の素入るときに何で味の素選んだの，『その時（味の素に入社した時に）何やりたかったの？』から入ればみんな思いはあるのです」（2019年インタビュー）

　このように，タレントの自律的な意思を重視したうえで，各部門におけるタレントのレビューは行われる。その際には，先述の業績・潜在マトリックスで，業績とコンピテンシーを用いて評価される。その後，全社のレビューとして，国内と海外に区分したタレントレビューが実施される。海外のレビューは，以下のとおり，全世界の27法人を4地域に区分して行われる。

　「（グローバルに）27法人あって4地域本部があるんです。この4地域本部の本部長が現地法人のトップを集めて人財会議を開き，『キーポジションは一体何を狙ってるんだ？』という話になり，で『じゃあ，どういう人がいるの？』という

話になり『じゃあ，この人ここに行ったらいいよね』というマッチングをタレントレビューとして地域本部でやる。で，日本本社では４半期にいっぺん，人財委員会としてタレントレビュー・セッションをやる。で，それは私が事務局長，上司が議長なんですけど。そのときに事前に各事業本部毎に１回タレントレビューやって，海外の議論内容も全部みんな見て。（最後に，経営幹部臨席の）人財委員会として，ほんとにこの味の素を背負って立てるポテンシャルのある人財を全社の資産としてどう育成，登用するかを議論して決めていきます」（2019年インタビュー）

　タレントレビューにおいて，タレントの発掘と育成のレビューが行われた後は，決定された育成・登用プランが実施される。昨今は，本社のポジションに異動する外国籍人財も出てきている。これらの各プランの実施結果はフォローアップされ，タレントレビューにフィードバックされる。こうして，育成のサイクルが循環していくことになるのである。

4-4　グローバルでの取り組み

　ここまで述べたとおり，味の素のタレントマネジメント施策の目的は，世界での食品メーカートップ10クラスとして，持続可能の事業展開，企業価値の創出に向けた多様な人財の活用にある。先述のとおり，キーポジションの策定，コンピテンシーの策定，タレントレビューには，グローバルHR会議の12カ国36人と日本本社の人事部門，そして各海外地域本部，法人のマネジメント層との緊密な信頼関係の構築が不可欠であった。では，その信頼関係はどのように構築されたのか。その工夫は，次のように語られる。

　「細かい話なんですけど，（グローバルHR会議は）２日やるんですけど，１日目は地域毎に座らせる。２日目は，ばらばらにするの。で，そうすると東南アジアから来た人が，パリの人事部長とかと話したりするわけ。で，１年目はそんなこと起きなかったの。でも，何か，３年，４年やっていると，何か，七夕の日に一緒に会うみたいな感じで，折り合いができてくる。去年は，どうも，みたいな。そういうようなことが，やっぱりちょっとずつ化学反応で起きてる。それが私はグローバルだと思っていて。グローバルな多様性はとにかく面白い」（2019年イ

ンタビュー)

　ここで語られているように，信頼関係の構築は，各現地法人と日本本社の人事部門の間だけではなく，各現地法人の人事部門の間においても重要なのである。そして，信頼関係の構築は，一朝一夕にはなされず，数年かけて達成される。そのような，地道な対話を通じた信頼関係の構築に，日本本社のグローバル人事部が気を配っていることがわかる。

5　考　察

　味の素のタレントマネジメントに関して，RQにそって考察していきたい。

5-1　日本型人事管理の変革

　RQ 1 - 2 は，「日本企業が日本型人事管理の変革を意識してタレントマネジメントを導入する場合の実態と，その際の効果や課題はどのようなものか」というものである。味の素のタレントマネジメントは，「グローバルにおけるキーポジションでは選別アプローチを採用し，それ以外の国内の組織としては包摂アプローチを採用する組み合わせ型」と評価できよう。

　味の素においては，職務ルールを適用することには，異動が難しくなるとの抵抗があっただろう。さらに，いざ職務記述書を作成するにあたっても，社内からは，「ミッション」として位置づけられる職務の記述がわかりにくいという抵抗があったと考える。また，現地法人の間で，職務グレードの整合を取るのは容易なことではなかった。しかし，それらの抵抗があっても，職能ルールが職務ルールへと改められたのは，「世界での食品メーカートップ10クラスを目指し，外部環境が変化してもASVの実現にむけて多様な人財がイキイキと働ける会社になるために次世代にかけ橋をかける」という明確な目標があったからこそだろう。

　また，こうした変革が成し遂げられた背景に，経営陣と人事部門の協働作業があることも見逃せない。業績・潜在マトリックスの採用も，コンピテンシーの作成も，当初は人事部門が提案している。しかし経営陣は，それらを人事部門任せにせず，労力をかけて，作成や施策の実施を担当している。さらに，人

事部門は日本本社単独ではなく，グローバルHR会議の全世界の人事部門と協働している。こうして経営陣とグローバルの人事部門の協働作業が実現したことが，日本型人事管理の変革が進捗した大きな要因であったと指摘できよう。

　他方で，第4章のL社は，日本本社も含め，全面的なSTMへの切り替えを行ったが，味の素では国内の一般社員に対しては，職能ルールを維持している。こうした「グローバルにおけるキーポジションでは選別アプローチを採用し，それ以外の国内の組織としては包摂アプローチを採用する組み合わせ型」は現実的であり，かつ従来の味の素の企業文化の強みをいかす合理的な選択であろう。

5-2　競争戦略のタレント戦略への転換

　RQ2は「日本企業はタレントマネジメントを実施するにあたり，どのように競争戦略をタレント戦略に転換しているのか。また，高業績者あるいは高い潜在能力者であるタレントを，どのように選抜しているのか」というものだった。

　味の素では，一義的には，職務記述書によって，競争戦略がタレント戦略に転換される。外部環境の激しい変化に対して，戦略もそれに対応して変わる必要があり，職務記述書には，将来のミッションが埋め込まれる。職務記述書に基づき，グローバルで約1,000のキーポジションが設定されるため，全世界で戦略が貫徹される。また，職務記述書は全社に公開されており，それによって職場への浸透も実現する。

　また，高業績者あるいは高い潜在能力者であるタレントは，業績とコンピテンシーを2軸とする業績・潜在マトリックスを活用したタレントレビューで行われる。タレントレビューは，4地域本部を基盤として，やはり全世界で実施される。このような観点では，味の素は，典型的なSTMとGTMのメカニズムによって，競争戦略をタレント戦略に転換しているといえるだろう。

5-3　タレントマネジメントの類型

　RQ3は「日本企業におけるタレントマネジメントには，どのような類型が存在するのか」というものであった。ここまで述べたとおり，味の素のタレントマネジメントにおける競争戦略のタレント戦略への転換は，典型的なSTM

とGTMのメカニズムに従う。ところが興味深いことに，同社のタレントマネジメントは「グローバルにおけるキーポジションでは選別アプローチを採用し，それ以外の国内の組織としては包摂アプローチを採用する組み合わせ型」であり，国内の一般社員においては職能ルールが維持されている。これは，サトーとも異なる類型である。

　その理由として，味の素には，社会価値と経済価値を共創するASVと呼ばれるグループの価値観があり，「会社」「社員」「社会」という3つのステークホルダーが重視されていることがあるかもしれない。グローバル・スペシャリティ・カンパニーになるためには，競争戦略をタレント戦略に速やかに転換する必要があり，その点では選別アプローチになる。しかしステークホルダーとして「社員」を重視するため，包摂アプローチも基調とすることになる。こうした企業理念の重層性が，味の素のタレントマネジメントの類型につながっている可能性があろう。

　なお，味の素におけるグローバルのタレントマネジメントは，グローバルHR会議のメンバーを巻き込み各地域本部の人財会議と本社での人財委員会を軸としたタレントレビューにより，グローバルにおけるキーポジションでは一体的な運用が進みつつある。ただし，それ以外の領域では現地法人の主体性が尊重されているため，GTMルーティーンで示された分類では，「トランスナショナル戦略」として，日本本社と現地法人の権限の混合的運用がなされていると考えられる。その際，特筆すべきことは，日本本社と現地法人の人事部門の間で，緊密な信頼関係が構築されていることだろう。その信頼関係が，「トランスナショナル戦略」の円滑な実行に貢献している面があると考えられる。

第8章

事例研究③　カゴメ

1　RQと調査方法

1-1　RQと選定理由

本章では，前章と同様に，本書全体のRQのうち，以下の解明を行う。

> **RQ1-2**　日本企業が日本型人事管理の現実的な変革を意識してタレントマネジ
> メントを導入する場合の実態と，その際の効果や課題はどのようなものか
> **RQ2**　日本企業はタレントマネジメントを実施するにあたり，どのように競争
> 戦略をタレント戦略に転換しているのか。また，高業績者あるいは高い潜在
> 能力者であるタレントを，どのように選抜しているのか
> **RQ3**　日本企業におけるタレントマネジメントには，どのような類型が存在す
> るのか

　本章の調査対象のカゴメ株式会社（以下，カゴメと呼ぶ）は，1899年の創業
である。カゴメは，創業以来120年，トマトを中心に自然の恵みをいかした商
品で，人々の健康に貢献する企業運営を行ってきた。経営においては，創業以
来の企業理念を守ることを重視している。企業理念は，「感謝」「自然」「開か
れた企業」の3点から構成されている。会社案内には，「時代を経ても変わら
ずに継承される『経営のこころ』」[31]と記され，理念が大切に継承されてきたこ
とがわかる。

　高浦（2019）によれば，「感謝」「自然」はもともとの創業の理念であったが，創業100周年の節目に「開かれた企業」という理念が付け加えられた。この理念が付け加えられた理由は，創業家以外の人材が経営を行う体制に移行するにあたって，創業家と銀行などの持ち合いによる「安定株主」を前提とした体制から，社会に開かれた企業を目指すためであった。それは，株主というステークホルダーとどう向き合うかという決断を下すことにもつながった。カゴメの決断は，個人株主を拡大し，カゴメのファンを増やすというものであった。株主売買単位の変更，株主優待制度の拡充，株主懇親会などの実施で，個人株主は順調に拡大して10万人に達した。カゴメは，この状況を「お客様資本の会社」と表現した。

　高浦は，このようなカゴメの個人株主戦略を，所有と経営の分離の新たな形式と評価している。創業家の経営からそれ以外の人材の経営に移行すると，株式持ち合いが解消して機関投資家の意見が経営に強く反映され，場合によっては短期利益を追求する志向性が高まる可能性がある。しかし，個人株主であれば，経営は一任してくれる傾向が高い。実際，個人株主の拡大に関し，カゴメの経営陣は「会社は誰のものかといえば株主だが，誰のためのものかといえば，お客様，従業員，株主のもの」とステークホルダーを重視する意見を述べている。

　このように，株主のみならず，お客様や従業員を重視し，社会に対し開かれた企業であろうとするカゴメの姿勢は，サトー，味の素のステークホルダー経営と共通している。同時に，カゴメでは，2025年のありたい姿として，社会課題の解決のひとつとして「世界の食料不足の解決」をあげている。2013年度の中期計画の段階から，グローバル人事制度の導入は優先事項としてあげられており，世界を見据えた競争戦略が視野に入っている。

　このように，サトーや味の素と同様に，ステークホルダーを重視する日本型経営を行いながら，喫緊の課題としてグローバル人事制度，タレントマネジメントの導入を優先度の高い人事施策であるとする同社の状況が，本書のRQ解明のために適切であると考え，調査対象として選定した。

1-2　調査方法

　調査は，2019年11月に聞き取り調査，社内資料，および社外資料の分析を

行った。聞き取りの対象者は，人事部門の責任者として常務執行役員CHOを担当する有沢正人氏である。有沢氏には，聞き取り調査だけではなく，数多くの社外講演の機会などでご一緒し，タレントマネジメントに関する議論をさせていただいており，その際の議論の内容も反映されている。聞き取りにおいて公表可能な資料は入手し，社外秘として公表が不可能な資料は，聞き取りの場のみで提示してもらい，その内容を記録した。同時に社外に公開されている各種資料も収集し，分析している。

　これらの調査では，タレントマネジメント導入の経緯と目的，事業戦略をいかにタレント戦略に転換していくか，タレントの選抜，育成，登用の実態，導入にあたっての効果と課題など，RQの解明に関わる内容を対象としている。

2　企業の概要と特徴

　カゴメの企業概要は，**図表8-1**に示すとおりである。

　日本で最初のトマトソースの加工から発展してきた同社であるが，中期経営計画における2025年のありたい姿として「食を通じて社会課題の解決に取り組み，持続的に成長できる強い企業になる」ことを掲げ，「トマトの会社」から「野菜の会社」になることを目指している。また，2021年度の事業セグメント別目標として，国際事業の売上収益500億円，事業利益30億円を掲げ，グローバル戦略も推進している。

　図表8-1　カゴメの企業概要（2018年12月）

商号	カゴメ株式会社
本社所在地	愛知県名古屋市中区錦3丁目14番15号
創業	1899年
設立	1949年
資本金	19,985百万円
売上高	2,098億円
従業員数	2,504名（連結）
主な事業内容	調味食品，保存食品，飲料，その他の食品の製造・販売 種苗，青果物の仕入れ・生産・販売
主な拠点	海外関連会社8社

3　タレントマネジメント導入の目的

　カゴメにおけるタレントマネジメント導入の目的は，2013年度の中期計画で
掲げられた「グローバル人事制度の導入」にある。カゴメの経営戦略において
グローバル化は避けて通れないものであり，それを達成するために，人事戦略
がもっとも大切とされたのである。具体的には，「グローバル化のためのイン
フラ整備」「職務を評価基準とし，年功序列を是正」「メリハリの効いた評価で
人件費を適正配分」という３点の目的が示された。カゴメでは，これら３点の
目標はタレントマネジメントを実現するためのベースであると考えられている。
　同時にカゴメでは，ダイバーシティの実現も重要な目標とされている。たと
えば，長期ビジョンで，「一社員から役員まで女性比率を50％」という目標が
掲げられている。ステークホルダーや多様化する消費者ニーズに対応するため
には，多様性の重視は欠かせないと考えられているのだ。こうした多様性の重
視は，サトー，味の素と共通するところである。
　しかし，当時のカゴメにはグローバル人事制度構築の経験者がいなかった。
そこで，カゴメの歴史上始めて外部から人事部長が招聘され，有沢氏が着任し，
改革に着手することになった。

4　タレントマネジメント施策の導入の経緯および 具体施策の詳細，効果と課題

　本節では，カゴメにおけるタレントマネジメント施策がどのように導入され
たのか，その経緯を述べるとともに，具体的な施策の内容，および効果と課題
についても述べる。

4-1　対象者の範囲

　カゴメにおけるタレントマネジメントは，包摂アプローチを基調としながら，
選別アプローチを一部混合したものと考えられる。選別アプローチの混合は，
後述するキーポジションの設定と，それに対するサクセッションマネジメント
（後継者計画）が該当する。タレントの対象者についての人事部門の認識は，
次のように語られる。

「やっぱり優秀層と優秀じゃない人とかっていう（考え方）があるんですけど，うち（カゴメ）はそういう分け方ってしたくなくて，どっちかっていうと能力が顕在化された層と，まだ潜在的に持ってる層みたいなイメージなんです。で，顕在化させるきっかけを与えるのは会社の役目だっていう考え方なんです」

「（タレントマネジメントに）選抜という概念はあんまりないんです，正直言って。選抜したり，された人だけがタレントマネジメント・スコープに入ってる概念はなくて，選抜されなかった人が何かのきっかけで，また化ける可能性だってあるし」（2019年インタビュー）

この発言では，タレントを天賦の才能を有しその開発に努力する人と捉えたうえで，さらにその才能を顕在化させるためには，会社の役割が重要という考え方が示されている。それゆえに，全社員にその可能性があり，包摂アプローチが基調となるのである。

4-2　導入の経緯

先述のとおり，カゴメの歴史上始めて，外部から有沢氏が人事部長として招聘され，グローバル人事制度とタレントマネジメントの導入を進めていくことになった。主に進められたのは，評価と処遇を軸としたインフラ整備だった。象徴的な出来事が，有沢氏がオーストラリアの現地法人を訪問した際の，評価シートの記載内容である。

そもそも，オーストラリア側では，有沢氏の訪問に，日本に人事部があったのか，と驚いたそうである。そして示されたオーストラリアの営業部長の評価シートには，目標が「たくさんの人に会う（meet many people）」，結果が「たくさんの人に会った（met many people）」と記載されていた。これでは，とても評価の仕組みが機能しているとはいえない。この出来事を通して，有沢氏は，評価と処遇を徹底的に変革することを決意したそうだ。そして改革はトップから行われた。

「役員の報酬が全員1円まで同じ報酬で，賞与まで同じなんです，役員評価がなかったから。で，もう一番最初に入れたのが役員からの改革です。役員からの改革，役員の評価システムを入れたのと，それと社長の（報酬の改革）」（2019

年インタビュー）

　まずは従来存在しなかった役員の評価システムを導入したが，その評価のシステムでは全て定量的に測定できることを基本とし，さらに報酬部分では変動比率を拡大した。さらに社長の報酬を社内に公開するという施策まで行った。

　「どういうふうにしたかっていうと，カゴメの社内報使ったんです。『社長の年収大公開』って。『今まで社長はこれだけもらってました』と，全部，実情から出したんです。月額これだけ，変動報酬これだけ，これからは毎月実額これだけ。（中略）で，それ（社内報）をみんなに一斉に配らなきゃならない。配った瞬間，みんな『え？』『あ？』とかって（いう声が）あちこち上がってて，僕のとこ一瞬見るんです。『いいんですか，有沢さん』って。『え？　何か悪いこれ？』とか（それらの声に答えました）」（2019年インタビュー）

　社長の報酬を変革し，それを公開することが，いかに従来のカゴメの常識では考えられない出来事であったか，上記の発言で如実にわかるだろう。このような上からの改革を実施し，それを徹底的に公開すると，その効果は大きい。

　「それからは，部長とか，課長とか，カスケード方式でどんどんやりやすいんです。だから，トップからっていつも言ってるのはそういうことなんです。トップを変えると。そうしてタレントマネジメント入れるときは，まず入れるとすると上から入れちゃうんです」（2019年インタビュー）

　上方からの改革を実行し，それを公開すれば，社内の納得感は高まる。社長の年収の公開をきっかけに，タレントマネジメントのためのインフラ整備が進展していくこととなった。

4-3　競争戦略のタレント戦略への転換

4-3-1　サクセッションマネジメント
　カゴメにおける競争戦略のタレント戦略への転換の中核をなすものは，サクセッションマネジメントによる次世代経営者の育成である。まずは，約30の

キーポジションが定められた。それぞれのキーポジションは，仕事・人材要件として「ミッション（使命）」「アカウンタビリティ（果たすべき責任）」「能力・スキル」「経験・キャリア」が定められている。

　そして，そのポジションごとに，サクセッサー（後継者）が選定されている。サクセッサーは，後継可能な時期を「すぐに」「3年後まで」「6年後まで」という3段階で定められ，数名選ぶことが求められる。

　「（各ポジションの状況は色で示され）濃いオレンジは基本的にいっぱいサクセッサーがいると。白はサクセッサーがいない，つまりこれは緊急にサクセッサー作んなきゃいけないっていうことです。（中略）交差点で車にはねられて，もし（僕が）死んじゃったとすると，僕のサクセッサーは5名指名してます。各本部長とか，部長とかは，サクセッサーを，どうしても自分の部門から選ぶんです。そうじゃなくて，できるだけ自分の部門は半分。もうそれはマスト。で，残りは他の部門の方を指名してください，って言って，（そうすると）他の部門のことを知ろうと一所懸命になるんです」（2019年インタビュー）

　このように約30のキーポジションの要件，他部門を含めた後継者の決定，さらにその状況の公開という一連の施策により，競争戦略はタレント戦略に展開され，タレント戦略は全社への浸透が図られている。

4-3-2　職務と昇進の考え方

　ポジションごとに，仕事・人材要件として「ミッション（使命）」「アカウンタビリティ（果たすべき責任）」は定められているが，カゴメでは厳密な職務定義は行われていない。それは，次のような理由による。

　「うち職務記述書ってあんまりこだわってないんです，正直言って。ジョブは変わるもんだと思ってるんで，あんまり職務記述書をベースにやるとジョブが固定化しちゃって幅が広がんないんで。たとえば，（仕事・人材要件として）アカウンタビリティーとか，一応作りましたけども，これもこれに固執することは全然ないって言ってるんです。この仕事以外しちゃ駄目なんて，僕一言も言ってないって言って。逆に言うと，こういった人材要件なんですけど，これに固執しな

いでくれとは言ってます，基本的に。で，組織なんか変わるんで，そうするとまた作り直さなきゃいけないし。だから，もうこれ，極めてフレキシブルに対応すると」

「(目標を作成するときに)僕が言ってるのは，漏れなく，重なって，ダブって。MECE（mutually exclusive, collectively exhaustive:漏れなく，ダブりなくを意味する用語）じゃないです。漏れなく，重なって，ダブって，作って。ポテンヒットなんかなくせと。重なって構わない。権限なんかどうでもいいと。で，その部長の評価シートも全部開示してます。それで，その部長の下の課長が集まって，漏れなく，重なって，ダブって，評価を付けるようにする。

職務記述書はMECEに作ろうとするから。違うんです，MECEに作っちゃ駄目なんです，絶対に。なぜかっていったら会社は動いてるから，いろんな新しい仕事来たときにどっちにするかっていうような，くだらないことで，いろいろやりとりするじゃないですか。何かね。壁作るのは駄目よって言ったの。

だから，お互いの領域を領空侵犯大歓迎。この前も，社長に言ってもらったんです。『領空侵犯，領海侵犯，絶対オッケー。それぐらいの気持ちでやってくれ』」(2019年インタビュー)

ここでは，厳密な職務定義が職務の固定化につながる懸念が示されている。職務の固定化は，変化への対応を弱めるとともに，職務毎，ひいては部門毎の壁につながることが懸念されている。そのため，仕事・人材要件は定めるものの，あえてそれを柔軟に運用することの必要性が述べられている。

こうした職務の柔軟な運用を基本としつつ，昇格が決定される。ただ，この昇格にあたって，カゴメでは潜在能力を選抜の要件とはしていない。

「うちは(潜在能力は)見ない。顕在化されたところしか見ません。潜在化されたものを見ると，そこに恣意性が入るから。たとえば社長が『あいつは，いいやつなんで』って言った瞬間に，たとえば忖度する人がでて『いや，いい人ですよね。じゃあ，評価上げましょうか』じゃ，困るわけです」(2019年インタビュー)

昇格の基本は本人の意思であり，その後，アセスメントの機会が与えられる。

　「（アセスメントの選抜要件は）これは基本的に，本人の，まず自主申告。だから，まだ受けるに早いと思えば，『いや，僕まだ早いです』とか（本人が）言うんです。結構，そんなことある。まず（本人の）自主申告が一番大事」

　「昇格はアセスメント，小論文，テスト，インタビュー，これらの総合的な判断で，マーケットから見てってことで基本的に判断します。今までのように，（経年の評価の蓄積で）ポイント取ったらオートマチックに上がるのもなしというふうにした」（2019年インタビュー）

　このようにカゴメでは，潜在能力を選抜の要件には含めないことで，客観性を担保することを重視している。また，経年の評価と昇格を切り離すことで年功序列を是正するとともに，本人の昇格というキャリアへの意思を重視している。この本人の意思の重視という観点が，後述するキャリア自律施策につながっているといえよう。

4-3-3　HRビジネスパートナー

　カゴメのタレントマネジメントの運用の鍵を握る仕組みが，HRビジネスパートナー（以下，HRBPと呼ぶ）である。HRBP機能は2017年度に導入された。HRBPの主な機能は，**図表8-2**に示すとおりである。

　HRBPは，人事部内に，現在は3名で設置され，それぞれ「生産・イノベーション」「営業」「本社等」の部門を担当している。HRBPは，現場の意見を吸い上げながら，人事に関する意思決定機関である人材会議に報告・提案を行う。HRBPの任期は3年とされている。その実態は次のように説明される。

　「うちでは，HRBPっていうのを使ってて，これは現場に行って，基本的に現場の人たちと面談して，そのときにやったことを入力して，それが情報として蓄積してナレッジになるわけです。で，彼らのその意見が異動とか，昇進とか，昇格に大きく影響するんです。もっと言うと，異動とか，昇進，昇格とかは，基本的には人材会議という社長，専務2人，僕（CHO）の4人（の会議体）で決めるんですけども，たとえば意見が対立したり『いや，その人ここ動かしちゃ駄目でしょ』っていったときに『じゃあ，HRBPに聞いてみよう』って言って，HRBPが『え？　そこ，駄目ですよ，動かしちゃ』って言うと，必ずその意見が通りま

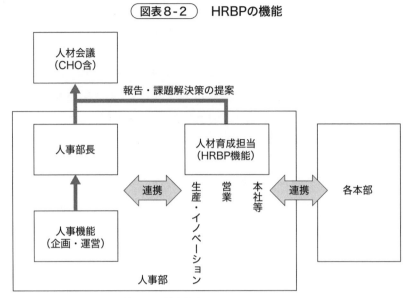

図表8-2　HRBPの機能

（出所）カゴメ講演資料より抜粋して筆者作成

す」（2019年インタビュー）

　ここで説明されているように，HRBPは現場に密着した人事情報を有しており，その意見は人材会議でも強い影響力があり，尊重される。現場でも，HRBPは歓迎されている。現場の意見を伝達する役割を果たしているからだ。その実態は次のように説明される。

　「現場に，逆にHRBPが来てくれることによって，今まで聞いてくれなかったことをみんな聞いてくれると（歓迎されています）。たとえば，現場に行って(HRBPが)話を聞いたときに『今，両親大丈夫なんですけど実は入院の可能性があって，１年後にはひょっとすると親の介護しなきゃいけないんで，できれば僕，動きたくないんです』とかっていうようなことを（情報として把握し），未来もきちっと予測して（人材会議に報告を）ちゃんと入れるってこと。
　異動は，現時点（の状況だけ）では異動（を決定）しちゃ駄目なんです。だから，２〜３年後とか，５〜６年後を見据えたうえでキャリアパスを考えて，もっ

と言うと10年後とかでもいいんですけど，そのために現場にこの３人の人間が張り付いていて，彼らが一番情報を持ってるわけです」（2019年インタビュー）

　このように，HRBPは，現場における詳細な情報をくみ取り，会社の方向性と個人のキャリアのバランスを取るという難しい役割を果たしている。その難しさは，次のように表現される。

　「あるときは経営のニーズをちゃんと現場に伝えなきゃいけないし，あるときは現場がこうなんだから，いくら社長が言っても駄目ですよっていうことを（社長に対して）言う。だから，それを言える人たちを集めてるわけです，逆に言うと。臆することなく言える人たち。これが，だから，忖度する人とかじゃ駄目なわけです」（2019年インタビュー）

　こうした難しい役割を果たすために，HRBPの人選は極めて重要である。HRBPの人選は，現場から反発されるほど，重要な人間を引き抜いて行われたことが，次のように説明される。

　「もう，とにかく現場経験豊富で優秀なベテランの人ばっかり引き抜いたんです。この人たち３人，（現場から）ごっそり引き抜いたんです。（現場から）ものすごい大反発でしたけど。エースでなきゃ駄目なんです，逆に言うと。言うこと聞かないから，（現場の）みんな。エースだから，それが現場に行って（言えば，現場も言うことを聞く）。しかも彼ら全員，一発でキャリアコンサルの資格とか，それに関する資格を取って」
　「だから，現場の痛みがわかる人じゃないとこれできないんです。だから，人事の経験がない人を選んだんです。全く人事の経験ないです。だから，いわゆる現場志向で，とにかくやっぱ現場主義」（2019年インタビュー）

　このようにHRBPは，人事部門の経験がなく，現場のエースとされ，かつ現場の痛みがわかるような包容力を有する人材であることが人選の条件となっている。2017年度に導入されたHRBPであるが，うまく機能することが検証され，かつ，それがHRBP自身のキャリア開発にとって有用であることもわかってき

184

た。そこで，現在では，次のようなことも検討されている。

「で，一応，僕と社長で言ってたのは『将来は，役員は全員HRBPを１回やらせてみたいですね』と」（2019年インタビュー）

HRBPの経験が役員の登用条件となれば，ますますこの機能の活用が進展されることが想定される。

4-4　キャリア自律のための具体策

先述のとおり，昇格にあたっては本人の意思が重視されている。カゴメにおいて，タレントと，本人のキャリア自律の意思は一体不可分なものと考えられている。たとえば，HRBPと社員との関わり方は，次のように説明される。

「自分たちの意思っていうのは，これはやっぱ，潜在的に持ってるものをどうやって引き出すかがHRBPの仕事なんです。それを顕在化させるかどうかっていうのは（社員の）自分の「it's up to you（あなた次第）」で，どういう研修受けるかってのは，全部，選択型研修制度なんで，受けるか受けないかは「it's up to you（あなた次第）」なんです。
だから，自分の顕在化されたものを引き出したいから，こういう研修を受けたいとかっていうのは，それはHRBPとかが行ったときに『ああ，いいんじゃない。やってみれば』と。HRBPは『この研修受けなさい』とかって絶対言いません。
だから，この研修『どういう研修を受けたらいいですかね』とかって言われたら『ああ，じゃあ，たとえばこんなのがあるけどどう？』とか言ったりとか『こういうコースもあるけどどう？』とかって言って，要するにコンサルタントになる。だから，HRBPは『これをやれ』とか『あれをやれ』って絶対言わない。だから，自分の潜在能力を自分で引き出す努力をする。そのサポートを企業が行うということを徹底させる」（2019年インタビュー）

ここでは，カゴメにおける研修は，強制されるものでなく，自分で選択して受講することが説明されている。HRBPは，社員に対して研修受講の助言はするが，強制や指示はしない。あくまでコンサルタントの立場に徹し，社員の自

主性を尊重することになる。

　このような社員のキャリア自律を推進するために，社員が「時間」「キャリア志向」「地域」「場所」について，自らの価値観にそって，自分で決めることができるようになることをカゴメは目指している。これをカゴメでは，「生き方改革」と呼ぶ。

　「生き方改革」の実行にあたり，カゴメは大胆な取り組みを進めている。たとえば，2019年の2月には，「フレックス勤務制度」「回数制限を緩和したテレワーク制度」「副業制度（他社との雇用契約も可）」の3制度の実施を同時に社内に発表した。この時，社内では，この発表を，大変な驚きで受け止めたそうである。その際の状況は，次のように語られる。

　「フレックスと，副業と，テレワークといっぺんに発表した。2月に（社内への）通達，一斉に出したら，みんなが僕のほう見るんです。『いいんですか，有沢さん』『え？　何か悪い？』とかって『いや，すごい。やっぱ人事ってすごいですね』って（みんなが）言うんだ」（2019年インタビュー）

　生き方改革において，さらに特筆すべきは，「地域カード」の仕組みであろう。「地域カード」は，転勤に関わる「配偶者との同居」と「育児と仕事の両立」をかなえるためのオプションとして2018年に新設された。

　地域カードは，役員を含む社員全員が使用できる。オプションAとオプションBが存在する。オプションAは，一定期間勤務地を固定できるものであり，つまり今の勤務地から動かないオプションである。オプションBは，希望勤務地へ転勤できるものであり，いわゆる動けるオプションである。それぞれのオプションは1回につき，3年間行使でき，オプション毎に2回利用できる。つまり，オプションAは最大6年間行使でき，オプションBも最大6年間行使でき，通算12年間行使できることになる。この制度は，会社の人事権とも関わる問題であるため，導入に際し，反対もあった。

　「反対はありました。（その説得は）『いや単身赴任，悪でしょ』って，単純に（言いました）。家族と一緒に暮らすっていうのは，これからの（もっとも重要なこと）。『働き方改革の目的って何かわかってます？』って言って『あれ，残業減

らすことが目的だと思ったら大間違いです』って。要するに，家族との時間っていうのを基本的にやるため（だと説明した）。要は，基本的には個人の異動のニーズのほうを会社のニーズよりも優先するというのを徹底するために，こんなのどんどこ入れてってるんです」（2019年インタビュー）

　このような反対に際して，個人のニーズの尊重，生き方の尊重を優先するという会社の姿勢を明確にしたわけである。その結果，会社と個人における効果も明らかになった。

　「（会社としての効果は）転勤総数は減らないんですけど，単身赴任の総数は激減します。ということで，何がいいことがあるかっていうのはコストが安くなるんです。単身赴任は1回1人当たり，年間ランニングで100万，ワンショットで100万。だから，200万かかるんです，下手すると。100人やったら2億円でしょう。（当社の2,000億円規模の売り上げでは），そん中で1億円，2億円おっきいんです」

　「（個人としての効果は）結果的には本人たちのコストも減るんです。たとえば，その異動とかに伴う，まあ，引っ越し費用とかは（もともと会社の制度として）出します。そういった費用とかはあれですけど，本人たちにとって，新しく保育園探すとかこういったコストと，時間的コストと，財務的コストと，精神的コストが激減します。これはほんとに減ります。ということで，これ入れて反対は，もう一切，今ないです」（2019年インタビュー）

　地域カードの仕組みは全社的に評価され，今では反対もなく，定着しているとのことである。このように，個々の生き方改革の制度は，それぞれに具体的な効果がある。ただし，タレントマネジメントにとっての生き方改革の意味は，社員が「時間」「キャリア志向」「地域」「場所」について，自らの価値観にそって，自分で決めることができるようになることで，社員のキャリア自律の志向性が高まることであろう。キャリア自律の低い者においては，自身の天賦の才能を，自主的に高めていくという姿勢も弱くなるであろう。つまりキャリア自律はタレントにとって，重要な要素であると考えられる。社内の反対を押し切っても生き方改革をカゴメが推進する理由は，この点にもあるだろう。

　なお，このような斬新な改革を進めていくと，社内において人事部の人気が上昇していく。その様子は，次のように語られる。

　「変な話ですけど，僕が来る前に，自己申告の異動希望出すんですけど，第1希望が人事部って書いてきたのは本当に数名だったんですけど，今は2桁以上の社員が第1希望になった。だから，人事部が一番エッジっていうか，一番，何か，先行ってる。で，人事部行きたいっていう人がいっぱいおって。現場行くと『何で僕，人事部行けないんですか』とかって聞かれるわけです」（2019年インタビュー）

　改革の進行とともに，社内における人事部への信頼感が向上していったことが，うかがえる。

4-5　グローバルでの取り組み

　先述したとおり，有沢氏が着任する前は，日本の人事部門の存在自体が，グローバルの現地法人には知られていなかった。タレントマネジメントに向けたインフラの整備は，グローバルにおいても同時に実行されている。
　具体的には，ジョブグレードの導入，キーポジションにおける仕事・人材要件の設定，サクセッションマネジメントなどが，グローバルに同時進行で実施された。今後は，国際異動を，より積極的に推進していく方針である。

5　考　察

　カゴメのタレントマネジメントに関して，RQにそって考察していきたい。

5-1　日本型人事管理の変革

　RQ1-2は，「日本企業が日本型人事管理の現実的な変革を意識してタレントマネジメントを導入する場合の実態と，その際の効果や課題はどのようなものか」というものである。カゴメにおけるタレントマネジメントは，まず評価と処遇の整備を軸に行われた。
　整備は，「上方から」という点と「公開する」という2点に，こだわって行

われた。この２点にこだわって行ったことで，社内に改革が公正であるとの認識が生じ，それによって円滑に進むという効果があった。「上方から」進めるだけあって，人事部門が経営陣の信頼を獲得し，協働作業を行っているところは，見逃してはならない観点であろう。

　また，グローバルでジョブグレードを整備し，キーポジションには仕事・人材要件を設定するというように，基本的には職務を軸とした変革を進めているものの，同時に，職務を柔軟に扱うという工夫を見せている。それは「うち職務記述書ってあんまりこだわってないんです，正直言って。ジョブは変わるもんだと思ってるんで，あんまり職務記述書をベースにやるとジョブが固定化しちゃって幅が広がんないんで」「（職務は）漏れなく，重なって，ダブって（作成する）」というような発言にあるように，環境変化に対応するためには，職務を定めるものの，柔軟に対応したいという意向があるからだ。こうした職務への柔軟な対応を選択したことで，職能ルールとの摩擦が少なかったという側面もあろう。

　さらにカゴメの特徴として，「生き方改革」として，社員の自主性を尊重する取り組みを行っていることがもたらす肯定的な影響があると考えられる。「フレックス勤務制度」「回数制限を緩和したテレワーク制度」「副業制度（他社との雇用契約も可）」の３制度を同時に実施したときには，「いや，すごい。やっぱ人事ってすごいですね」という発言が社内からあり，改革の進行とともに，人事部への自己申告の異動希望も増加した。このような，社内における人事部への信頼感の向上も，改革の円滑な進行につながっているだろう。

　味の素では「グローバルにおけるキーポジションでは選別アプローチを採用し，それ以外の国内の組織としては包摂アプローチを採用する組み合わせ型」を選択していた。カゴメの場合もグローバルに同時進行で，ジョブグレードの導入，キーポジションにおける仕事・人材要件の設定，サクセッションマネジメントを実施している。これは，一見，「グローバルにおけるキーポジションでは選別アプローチを採用」したように見える。しかし，職務を柔軟に考えて運用していること，またカゴメにおけるタレントとは社員全員であることが語られていることを考慮すると，むしろサトーにおける「包摂アプローチを基調とした，部分的な選別アプローチの混合」とみなすことが実態に近いと考えられる。

「上方から」「公開する」ことを重視しつつ，経営陣と社内の信頼を人事部門が獲得し，さらに職務を基調とした改革を進めながらも職務は柔軟に運用する。こうした日本型人事管理の変革の進め方は，タレントマネジメントの日本企業における受容において，通用性の高い1類型と考えることができるのではないだろうか。

5-2　競争戦略のタレント戦略への転換

RQ2は「日本企業はタレントマネジメントを実施するにあたり，どのように競争戦略をタレント戦略に転換しているのか。また，高業績者あるいは高い潜在能力者であるタレントを，どのように選抜しているのか」というものだった。

カゴメにおいては，一義的には，ジョブグレードの導入，キーポジションにおける仕事・人材要件の設定，サクセッションマネジメントという一連の仕組みによって，競争戦略がタレント戦略に転換されていると考えられる。

しかし，見逃してならないことは，HRBPの役割であろう。HRBPは，現場の意見を吸い上げながら，人事に関する意思決定機関である人材会議に報告・提案を行っていた。また，現場に密着した人事情報を有しており，その意見は人材会議でも強い影響力があり，尊重される。しかも現場でも，HRBPは歓迎され，現場の意見を伝達する役割を果たしている。それは，現場の優秀なベテラン社員が人選され，かつ現場の痛みがわかるような包容力がある人材であるからだ。

このように，HRBPが，現場における詳細な情報をくみ取るからこそ，人材会議の人事に関する意思決定において，現場の意見を尊重しつつ，タレント戦略を実行することが可能となる。HRBPのような，経営陣と現場をつなぐ仕組みは，タレントマネジメントの構成要素として重視すべきものであろう。

5-3　タレントマネジメントの類型

RQ3は「日本企業におけるタレントマネジメントには，どのような類型が存在するのか」というものであった。先述のとおり，カゴメのタレントマネジメントの類型は，サトーと同じく，「包摂アプローチを基調とした，部分的な選別アプローチの混合」に属するものであると考えられる。その理由として，

「感謝」「自然」「開かれた企業」という理念を大事に継承し，「会社が誰のためのものかといえば，お客様，従業員，株主のもの」と社員をステークホルダーとして重視するというカゴメの企業文化によって，社員全員を包摂する日本型人事管理が機能してきたという側面を忘れてはならないだろう。社員全員を包摂するという強みをいかしながらも，同時にグローバル人事制度を構築するという経営の必要性が，包摂アプローチに，評価と処遇のあり方を整備して選別アプローチを混合させるという類型が適していたと考えられる。

　なお，カゴメにおけるグローバルのタレントマネジメントは，ジョブグレードの導入，キーポジションにおける仕事・人材要件の設定，サクセッションマネジメントの導入が日本本社とグローバルで同時に進められた。しかしながら，先述のとおり，グローバル人事制度の導入以前は，日本本社と現地法人の意思疎通は十分ではなかった。すなわち，現地法人の主体性を尊重していた「トランスナショナル戦略」が経営としては選択されていたが，日本本社と現地法人の権限の混合的運用には至らず，あたかも「マルチドメスティック戦略」を採用しているかのように，現地法人が分権的に人事施策を運用していたのであろう。今後は，グローバル人事制度の導入により，GTMルーティーンにおける日本本社と現地法人の権限の混合的運用が進んでいくと想定される。

第9章

まとめにかえて

―タレントマネジメントと日本型人事管理の接続は可能か―

　本書の目的は，タレントマネジメントという考え方が，日本型人事管理において受容できるものなのか，その実態を分析し，今後の方向性について提言することであった。本章は，ここまで述べてきた第4章から8章までの調査・分析結果に基づき，目的を踏まえた結論を述べる。まず，RQの分析結果について述べ，その後に，本書の主な発見事項，理論的意義，実践的意義，今後の課題について述べる。

1　RQの分析結果

1-1　RQ1-1：日本企業がSTMを意識してタレントマネジメントを導入する場合の実態と，その際の効果や課題はどのようなものか

　日本企業で，全面的にSTMを導入した事例は，第4章のL社が該当する。L社の場合，経営陣が自社の環境を危機的と認識し，「開国モデル」に切り替えないとグローバル競争に伍していけないと認識されていた。そこで，経営陣が自らの判断でSTMの導入を経営の最優先事項に位置づけた。このような経営陣の明確な意思決定があった場合，経営陣と人事部門の協働作業が実現し，経営陣が直接関与してキーポジションの要件定義と人材像の決定を行い，競争戦略が人材像に反映するという効果が生じた。

　しかし，全面的なSTMの導入は，日本型人事管理との葛藤を生む。L社は役割主義を導入した先駆的な企業であったが，実際の昇進・評価原理は年次管

理の要素が残る「おそい選抜」に基づいていた。STMで決定された人材像は，それまでの日本型人事管理で育成されてきた社員の能力・スキル・経験と合致しない部分があり，日本人社員の選抜比率が低下した。そのため，選抜されなかった層の動機づけが低下する，また，選抜されなかった層への育成が手薄になる，という課題が生じていた。

1-2　RQ1-2：日本企業が日本型人事管理の現実的な変革を意識してタレントマネジメントを導入する場合の実態と，その際の効果や課題はどのようなものか

　第5章のサトー，第6章の味の素，第7章のカゴメはそれぞれ，日本型人事管理の変革を意識してタレントマネジメントを導入した事例である。この3社がタレントマネジメントを導入した背景と目的には，共通点がある。

　まず背景としては，3社とも創業以来の歴史ある企業理念を重視し，その理念に基づきステークホルダーを重視する経営を行っていたことがあげられる。社員は，ステークホルダーに含まれるため，経営方針の中で重視される。そのため，社員全員を包摂し重視するという特徴を有する日本型人事管理が行われてきた。

　タレントマネジメントを導入する目的は，主にグローバルでの競争に伍するため，人事制度を整備するという点で共通していた。この目的自体は，STMを全面導入したL社と同様であろう。ただしL社と異なるのは，3社は社員全員を包摂するという点を自社の強みと認識し，この企業文化は維持したまま，タレントマネジメントの仕組みを接続しようと試みていたことである。その結果，重視する企業文化の本質は失わないままで，同時にタレントマネジメントの利点を得られるという効果があった。

　しかし，全面的なタレントマネジメントの仕組みへの変更ではないものの，3社とも制度の推進にあたっては，社内からの抵抗，反発が生じていた。そこで3社とも，経営陣や社内の巻き込み，上方からの改革，情報公開など様々な工夫を行っていた。

1-3　RQ2：日本企業はタレントマネジメントを実施するにあたり，どのように競争戦略をタレント戦略に転換しているのか。また，高業績者あるいは高い潜在能力者であるタレントを，どのように選抜しているのか

　競争戦略のタレント戦略への転換が，「事業戦略に基づくキーポジションの要件定義を行い，要件に適合した人材像を決定し，人材像に合致したタレントをタレントプールで選抜，育成，登用するプロセス」というタレントマネジメントのプロセスによって担保されていた，ということは概ね，第4章のSTMを展開する多国籍企業とL社，第6章のサトー，第7章の味の素，第8章のカゴメの4社において共通していた。また，そのプロセスの実効性を高めるために，キーポジションの内容やサクセッションマネジメントの情報を公開する，コンピテンシーを活用して業績・潜在マトリックスを運用しタレントプールへの選抜を行う，HRBPの役割を重視する，信頼関係を構築するなど様々な工夫が行われていたことも共通である。

　また第5章では，「集団レベルとして事業戦略を明確化し，その明確化された人材像に基づく施策が，個人レベルとして適切に展開されていると認知されること」が，組織全体の社員の動機づけ（ワークエンゲイジメント）に寄与することが明らかになった。つまり，従来の人的資源管理の観点には存在しなかった，「事業戦略に基づく人材像」という概念があるからこそ，すべての社員の動機づけが高まるという包摂アプローチの効果を特定できたことになる。さらに，「事業戦略に基づく人材像」の起点となる事業戦略の明確化の程度には，部門毎の差異があるが，その徹底には上司と部下の信頼関係の存在が重要であることも明らかになった。

　だたし，高業績者あるいは高い潜在能力者であるタレントの選抜の方法については，やや各社で異なる面があるので，その点に言及しておきたい。L社，サトー，味の素はコンピテンシーを活用しつつ，顕在化された業績と潜在能力の両方を，業績・潜在マトリックスを用いて判断する。コンピテンシーには，顕在化された行動だけでなく，性格特性や認知能力などの第1層と，学習や動機など自身の成長に関わる第2層という，潜在能力に近い領域も存在する（McDonnellほか，2019）。L社，サトー，味の素ではこの潜在能力に近い領域

の存在も前提としてコンピテンシーを活用し，潜在能力を判定している。

　他方，カゴメでは，基本的には潜在能力による選抜は行わない。判断基準となるのは，本人の昇格への意思と顕在化された業績の評価結果である。潜在能力では，恣意性が排除されないと考えているからだ。

1-4　RQ3：日本企業におけるタレントマネジメントには，どのような類型が存在するのか

　本書において，日本企業におけるタレントマネジメントは，概ね3つの類型に区分できよう。第1の類型は，L社における「全面的な選別アプローチとしてのSTMの導入」という「全面導入」の類型である。第2の類型は，味の素における「グローバルにおけるキーポジションでは選別アプローチを採用し，それ以外の国内の組織としては包摂アプローチを採用する組み合わせ型」という「組み合わせ」の類型である。第3の類型は，サトーとカゴメにおける「包摂アプローチを基調とした，部分的な選別アプローチの混合」という「混合」の類型であった。

2　本書における主な発見事項とその意義

　前節のRQの分析結果を総合すると，タレントマネジメントという考え方は日本型人事管理において受容可能であるが，その受容のあり方は多様である，と結論することができよう。この結論を踏まえて，本書の主な発見事項を，以降，10項目に分けて述べたい。

2-1　発見事項1：タレントマネジメントと日本型人事管理は，対立構造にあるわけではない（適者開発日本型人事管理）

　第3章において，「おそい選抜」「空白の石板」「キャリア形成としてのインフォーマルなOJT」「集権的な人事部門」という4要素の特徴を有する日本型人事管理を，本書では「適者生存日本型人事管理」と呼ぶこととした。適者生存日本型人事管理に対し，タレントマネジメントでは，職務定義を中心に選抜がなされ，育成は長期の人事異動に基づくインフォーマルなOJTではなく，タ

レントプールによって短期間に集中的になされる。このように特徴に相違があるため，タレントマネジメントと日本型人事管理は対立構造にあるように見える。

第4章のL社のように，全面的にSTMを導入する場合には，この対立構造が顕在化し，選抜されない層の動機づけが低下するなどの課題が生じる。しかし，サトー，味の素，カゴメにおいては，日本型人事管理にタレントマネジメントの仕組みを混合して運用することができた。この場合，企業のステークホルダーとして社員を包摂するという日本型人事管理の強みはいかしたまま，タレントマネジメントの適者開発の仕組みが移植されたと評価できよう。移植が実現した後には，適者開発日本型人事管理へと変革されたと考えることができるのではないだろうか。

ただし，この場合，「職務定義は行わず，コンピテンシーを適者開発の軸にする」（サトー），「グローバルの管理職層のみを職務による管理の対象とする」（味の素），「職務を柔軟に運用する」（カゴメ）など様々な工夫がこらされている。

2-2　発見事項2：日本型人事管理におけるタレントマネジメントの受容には，類型がある

前節のRQ3の分析結果で述べたように，日本企業におけるタレントマネジメントの受容における類型は，「全面導入」（L社），「組み合わせ」（味の素），「混合」（サトー，カゴメ）に区分することができるだろう。

ただし，さらに「部分採用」という類型を加えることも可能であろう。第5章において，サトーの人材マネジメントを導入期と変革期に整理した。タレントマネジメントが公式に導入されていたわけではない導入期の段階でも，サトーでは，日本型人事管理を基本としながら，サトー塾と呼ばれる社長塾を中心に，次世代経営人材の育成が行われていた。社長塾では，在任の社長が徹底的に関与して人材を育成し，それがタレントの可視化，育成，抜擢にも寄与する結果となっていた。

社長塾は，その機能を考慮すると，タレントプールとみなしてもよい要素と考えられる。このように，日本型人事管理に，タレントマネジメントの単一要素だけ接続しても，一定の効果はあるだろう。こうした類型を「部分採用」と

位置づけることは可能であろう。

2-3 発見事項3：事業戦略からの人材像への落とし込みの重要性

　前節のRQ2の分析結果で述べたように，競争戦略のタレント戦略への転換は，特にSTMにおいては，「事業戦略に基づくキーポジションの要件定義を行い，要件に適合した人材像を決定し，人材像に合致したタレントをタレントプールで選抜，育成，登用するプロセス」によってなされていた。事業戦略が人材像に落とし込まれると，模倣困難な企業の独自性の確立にも寄与していくことになろう。このプロセスは，第4章のL社をはじめとした事例企業，また味の素で実施されていた。

　ただし厳密な職務定義を行わないサトー，カゴメにおいても，コンピテンシーの策定，仕事・人材要件の策定で，事業戦略の人材像への落とし込みは実施されていた。職務定義の厳格性の運用の程度にかかわらず，事業戦略の人材像への落とし込みはタレントマネジメントの実行にあたって欠かすことのできない重要な要素と考えられる。

　これを第5章の検証結果が裏づけている。同章では，「集団レベルとして事業戦略を明確化し，その明確化された人材像に基づく施策が，個人レベルとして適切に展開されていると認知されること」が，組織全体の社員の動機づけ（ワークエンゲイジメント）に寄与することが明らかになっており，事業戦略からの人材像への落とし込みが全ての社員の動機づけを高めるという包摂アプローチの効果を特定できたことになる。これは，FITMなどの包摂アプローチでは，タレントの対象者が全員であるため人的資源管理施策との定義上の差異がなくなるとの批判（Mensah, 2018）に対し，包摂アプローチの価値を明らかにする発見と考える。すなわち，包摂アプローチとしての適者開発日本型人事管理の価値は，事業戦略からの人材像への落とし込みの存在に基づくもの，と考えられる。

2-4 発見事項4：信頼関係の構築

　タレントマネジメントの導入にあたっては，4種類の信頼関係の構築「人事部門と経営陣」「人事部門とグローバル」「人事部門と社内」「上司と部下」が

重要であった。

2-4-1 人事部門と経営陣

タレントマネジメントの導入にあたって，経営陣の全面的な協力は不可欠である。その協力を得るために，サトー，味の素，カゴメでは人事部門が様々な工夫を凝らしていた。その中でも共通していたのは，まずは人事部門が専門性に基づいて，タレントマネジメントの施策の原案を経営陣に対して，提示していたことである。この施策の原案は，人事部門が現場からの情報を把握したうえで，タレントマネジメントの専門的知識に基づいて作成され，提案されている。そのうえで，人事部門は，経営陣が原案の改善に取り組み，経営陣として作成した最終案になるように巧みに調整している。たとえば，味の素におけるコンピテンシーの作成は，人事が原案を作成したものの，最終的には取締役会が全面的に関わって最終案を作り上げている。

最終案に経営陣が関与しなければならないのは，タレントマネジメントの施策は競争戦略を反映している必要があるため，経営陣としての見解が欠かせないためである。また，タレントの育成にせよ，登用にせよ，タレントマネジメントの施策の運用は経営陣に直接関与してもらわなければならない領域が多い。その際に，他者が作成した施策では，経営陣として真剣に対応しなくなるおそれがある。このような理由により，人事部門が原案を作成したとしても，最終案は経営陣によって完成されることが望ましいのである。

ただし，多くの場合，経営陣も最終案を作成していても，そのお膳立てを人事部門が行っていることは理解している。むしろ，うまくお膳立てしてくれる人事部門であればあるほど，信頼関係は構築される。このような人事部門と経営陣の役割分担が，お互いの信頼関係の構築につながっていく。

2-4-2 人事部門と社内

日本型人事管理が基盤として存在する中，タレントマネジメントを組み合わせ型，または混合型として導入する場合，先述のとおり，日本型人事管理の強みまでも置き換えるような全面的な変更を行うわけではない。しかしながら，部分的な変更であっても，評価や処遇の変更を伴うものであり，社内からの抵抗や反発は生じていた。そこで，人事部門に対する社内からの信頼が求められ

ることになる。

　社内からの信頼を得るため行われていた手法が，「上方から」「公開する」という原則であった。痛みを伴う変革であればあるほど，まずは「上方から」行うほど社内の納得性は増す。「公開する」という原則でいえば，カゴメでは社長の年収とサクセッションマネジメントにおける後継者の選定状況が公開されていたし，味の素では職務記述書の詳細が公開されていた。このような徹底した公開は，Pfeffer（1998）が効果的な人材マネジメントとしてあげる要素「業績情報の共有（オープンブック・マネジメント）」に相通じるところもあり，人事部門が社内の信頼を獲得するに資するものであったと考えられる。

2-4-3　人事部門とグローバル部門

　タレントマネジメントの導入に着手するまでは，人事部門とグローバル部門の関係性は強いとはいえなかった。カゴメでは，日本本社の人事部の存在さえ，知られていなかった。しかし，タレントマネジメントを進めていくとなると，人事部門とグローバル部門の信頼性の構築は欠かせない。

　そこで味の素では，グローバルHR会議を定期的に開催する，その際の会議の席の配置を相互に交流できるようにする，コンピテンシーの原案を一緒に考える，また，グローバルエンゲイジメントサーベイを全世界3万4千人に18カ国語でグローバル人事メンバー全員で定期的に展開するなどの地道な工夫により，信頼関係の構築に努めていた。しかし信頼関係の構築には5年かかったとの発言もあり，地道な工夫を長期間行うという取り組みが必要であることが示された。

2-4-4　上司と部下

　第5章における6社の質問紙調査の分析の結果，上司と部下の信頼関係は，それ自体が社員の動機づけを高める効果があるが，同時に部門としての「事業戦略の明確さと浸透」に寄与することで社員の動機づけを高める効果があることが明らかになった。タレントマネジメントにおいては，事業戦略の明確化が起点となることは先述のとおりだが，その徹底には上司と部下の信頼関係構築が欠かせない，ということになる。

　またMcDonnellほか（2019）が指摘するように，パフォーマンスマネジメン

トを適切に運用するためには，業績だけを重視せず多方面からパフォーマンス
の向上を促すような上司の姿勢が求められる。そのような観点からも，上司と
部下の信頼関係は，タレントマネジメントの運用の巧拙に大きく影響するとい
えよう。

2-5　発見事項5：経営陣と人事部門の協働作業

「全面導入」「組み合わせ」「混合」「部分採用」のいずれの類型においても，
経営陣と人事部門の協働作業は欠かせない要素であった。たとえば人材像のつ
くりこみやコンピテンシーの作成など，タレントマネジメントの構成要素その
ものの策定に経営陣は深く関与していた。あるいは社長塾やリーダーシップ研
修など，育成という局面で経営陣が講師を担当するなど，直接の関与が求めら
れる。またタレントマネジメント導入の趣旨などを，社内報やイントラネット
で，直接経営陣がメッセージを社内に発することが重視されていた。

さらにいえば，そもそも，L社，サトー，味の素，カゴメに共通していたこ
とは，グローバル競争に伍していくためには，タレントマネジメントを経営の
最優先事項と経営陣が位置づけていたことだ。このような経営判断がなければ，
痛みを伴う変革の実行は難しい。そして，経営陣と人事部門の協働作業を可能
にするものは，先述した経営陣と人事部門の信頼関係構築であろう。

2-6　発見事項6：タレント選抜に関する顕在化された業績と潜在能力

先行研究においては，タレントの選抜を顕在化された業績で行うのか，潜在
能力で行うのか，ということは見解が分かれ，議論の対象であった。そもそも
高い潜在能力者という概念自体が妥当なものであるのか，という意見もあった。
代表的な批判は，結局「潜在能力」とは過去の「顕在的に達成された業績」に
よって計測されるのであり，ハロー効果などのバイアスによって歪んだ結果で
計測されている（Martin and Schmidt, 2010），というものだった。端的に
いえば，潜在能力と顕在化された業績に違いはない，というものだ。

カゴメの考え方は，この批判に近いものだろう。カゴメは，潜在能力を重視
すると恣意性が高くなるので，顕在化された評価指標を重視する，と考えてい
た。他方，L社，味の素では業績・潜在マトリックスが活用されており，サ

トーでもコンピテンシーで潜在能力に関しても判断・評価をしていた。すなわち，この3社は何らかの形で潜在能力を計測しようとしていたことになる。

　調査対象企業でも顕在化された業績と潜在能力に関し，対応に差があったわけだが，この点については，どのように考えればいいだろうか。Dries and Pepermans（2008）は，高い潜在能力者の一般的な定義を，組織の未来のリーダーになる可能性があると認識された存在，としていた。調査対象の各社では，いずれにおいても，キーポジションの定義の基盤となる求める人材像が存在していた。カゴメにおいても，キーポジションを満たす後継候補者の，その職務を担うまでの期間を定めていた。すなわち，個人の現在の状況と，将来担える可能性がある職務で求められる人材要件の差分は，共通的に認識されていたことになる。

　そうなってくると，Dries and Pepermansのいう一般的な定義にしたがえば，個人の現在の状況と，将来担える可能性がある職務で求められる人材要件の差分が潜在能力ということになる。そのような定義の潜在能力であれば，調査対象の各社に全て存在していた。したがって，タレントマネジメントを導入した場合，個人の現在の状況と，将来担える可能性がある職務で求められる人材要件の差分であるところの潜在能力という要素があることは事実と認めていいだろう。

　問題は，その定義の潜在能力をどのように評価するかであろう。この評価の方法は，各社それぞれで異なっても，かまわないのではないかと考える。現在と将来担える可能性がある職務で求められる人材要件の差分としての潜在能力であれば，カゴメのように現時点での顕在化された業績で判断することも可能であろう。

　他方，サトーと味の素は，主にコンピテンシーを活用して，潜在能力を評価していた。McDonnellほか（2019）が指摘するように，コンピテンシーが3層構造であるなら，第1層に近づくほど潜在能力に類似した外部から観察しにくいものになるし，第3層に近づくほど，顕在化された行動に近くなる。このようなコンピテンシーの両義性は，顕在化された業績と潜在能力の双方を評価できる，有用性の高い特徴であると考える。後述するHRBPの仕組みのように，現場の情報を把握して，なるべく評価する個人の情報を多角的に把握できるのであれば，コンピテンシーによって潜在能力を把握することは十分可能であろ

う。

2-7　発見事項７：HRBPの果たす役割

第５章において，「事業戦略の明確さと浸透」がタレントマネジメントの起点であり，社員の動機づけを高めるが，その状況は部門において差があり，その差は上司と部下の信頼関係の程度による影響が大きかった。また，McDonnellほか（2019）は，パフォーマンスマネジメントを適切に運用するためには，直属上司だけでは限界があることを指摘していた。

もちろん，一義的には上司と部下の信頼関係構築が重要であるが，全ての職場で，それを求めることには限界があるだろう。そこで，上司と部下の関係性を補完できる機能として，HRBPが考えられる。カゴメにおいて，HRBPは現場の痛みがわかるような包容力がある人材が人選され，現場における詳細な情報をくみ取り，会社の方向性と個人のキャリアのバランスを取るという難しい役割を果たしていた。そして，人事の意思決定機関である人材会議に大きな影響を有し，経営陣と現場をつないでいた。

このようなHRBPの役割と機能は，タレントマネジメント施策の実効性を担保するにあたり，部門間で差異のある上司と部下の関係性を補完できるものと考えられる。多くの企業において，通用性の高い役割と機能であろう。

2-8　発見事項８：キャリア自律の重要性

キャリア自律とは，組織に依存せずに能動的に自分の意思でキャリアを形成することであるが，自己認識と自己の価値観を有し，環境変化に適応しながら，主体的に行動することでもある（花田, 2001；堀内・岡田, 2009, 2016）。味の素とカゴメでは，タレントマネジメントの実施にあたって社員のキャリア自律は極めて重要な要素だが，社員のキャリア自律の程度は十分ではないと認識されていた。また，L社では，過去の社員のキャリア形成が会社主導であったため，定義されているポテンシャルの要件が満たせず，結果的に日本人のタレントへの選抜比率が低下するという問題が生じていた。

社員のキャリア自律の程度が十分でないのは，適者生存日本型人事管理に起因する部分もあろう。適者生存日本型人事管理においては，おそい選抜により，職務概念が欠如（空白の石板）する状況の中で，集権的な人事部が社員の長期

の人事異動を主導的に行い、インフォーマルなOJTによるキャリア形成がなされる。この場合、職務概念が欠如しているので、目標となる職務のスキルにあわせて自ら能力開発する姿勢は醸成されない。また、集権的な人事部が人事異動を主導してくれるので、それに依存する姿勢が強まり、キャリアの意思決定への自律性が弱まる。

これに対し、適者開発日本型人事管理には、社員のキャリア自律を促す仕組みがある。まず、事業戦略から人材像が落とし込まれ明確化されるが、その人材像にスキル、能力などが明示されているため、それにあわせて自律的に個人が能力開発することが可能となる。実際、味の素ではキーポジションの職務定義の詳細が全社に公開され、それを目指して社員が能力開発するという状況が生じつつあった。

また、カゴメでは、「生き方改革」として「地域カード」「フレックス勤務制度」「回数制限を緩和したテレワーク制度」「副業制度（他社との雇用契約も可）」などの制度が導入されている。このような「生き方改革」において、社員が「時間」「キャリア志向」「地域」「場所」について、自らの価値観にそって、自分で決めることができるからこそ、社員のキャリア自律の志向性が高まる。

「全面導入」「組み合わせ」「混合」「部分採用」のいずれの類型においても、社員のキャリア自律の促進は、欠かせない要素であろう。

2-9　発見事項9：企業文化としての多様性

タレントマネジメントの導入にあたって、企業文化としての多様性を重視していたことでも、各社に共通性があった。その理由は、サトーの藤田東久夫氏が語る「日本経済の低迷と閉塞感は、結局、女性と若者と外国人を経営から排除してきたことによる」という言葉に端的に示されていよう。日本型人事管理の特徴は、実質的には、過度に日本人男性正社員に依存してきたという弱みがあるだろう。それに対して、タレントマネジメントは、年齢、性別、国籍の区別なく、タレントの活躍を促すところに特徴がある。

ただ、多様性の本質とは、表面的な属性にとどまるものではない。味の素において多様性とは、「価値観の違う人材などのそれぞれの個性の活用」と定義されていた。そのため、グローバル人事部の目標にも「国籍、性別、バックグ

ラウンドを問わず多様な人財がイキイキと活躍できる環境づくり」という文言
が明記されている。つまり，多様性とは，必ずしも属性の多様性ではなく，組
織において異なる価値観の共存が可能となることなのである。

　サトーの玉石混交採用の重視も，単に属性の差異を求めることではなく，い
わゆる秀才の集まりによる同質化の罠，集団浅慮を避けることにあった。その
ような観点からいえば，ウォー・フォー・タレントアプローチにおける普遍的
なAプレイヤーの重視には，同質化による集団浅慮の懸念があろう。

　ひとくちに日本型人事管理といっても，サトーや味の素のように，従来から
多様性を重視してきた企業と，日本人男性正社員や秀才を重視してきた企業も
あろう。タレントマネジメントにおいても，多様性を重視する場合と，ウォー・
フォー・タレントアプローチのように，同質的といえるAプレイヤーを重視す
る場合がある。日本型人事管理にタレントマネジメントを接続する場合には，
多様性の重視を織り込むことが重要となろう。

2-10　発見事項10：外部環境の変化を織り込む

　タレントマネジメントは，不磨の大典ではない。激しく変化する外部環境へ
対応していかなければならない。この点は，職能ルールを職務ルールに変更し
ようとする際に，職務ルールに対して行われる批判の根拠となる。いったん厳
密な職務定義をしてしまうと，なかなか変更しにくいし，かつ手間がかかる，
というものだ。

　各社においては，タレントマネジメントに外部環境の変化を織り込む工夫が
行われていた。たとえば，サトーには従来から企業文化を形式知化したサトー
のエスプリがあり，「すぐやるということ」「他と違うことをやる／同じことな
ら先駆けてやる」「形式にこだわらない」「変化をよろこぶ心」という，まさに
変化対応を促す考え方が重視されてきた。それは現状のタレントマネジメント
にもいかされ，たとえば，他社に先駆けて定年延長施策が導入されている。

　味の素では，「ずっと変化ってこれから起きるじゃないですか。変化を受け
て対応する人事の制度を内在化しないと駄目で」という言葉に示されるように，
変化対応を重視してタレントマネジメントの作りこみが行われている。代表例
としては，「将来の戦略を基点にどういう要件が要るのという，その変わった
ものを記述するのがジョブディスクリプション（職務記述書）」という説明に

あるように，職務記述書は現在の職務要件だけを定義するのではなく，将来の戦略を反映したものになっている。

カゴメでは，「うち職務記述書ってあんまりこだわってないんです，正直言って。ジョブは変わるもんだと思ってるんで，あんまり職務記述書をベースにやるとジョブが固定化しちゃって幅が広がんないんで」という説明にあるように，変化を前提として，あえて職務は柔軟に設定され，運用されている。

このように，タレントマネジメントにおいては，変化を前提とし，変化への対応を施策に内在化するという視点が欠かせないであろう。

3　理論的意義

発見事項に基づき，本書の理論的意義を，タレントマネジメントに関するもの，日本型人事管理に関するものに区分して述べる。

3-1　タレントマネジメントに関する理論的意義

タレントマネジメントに関する理論的意義は，大きく３点にわかれる。第１の意義は，適者開発日本型人事管理という，新しいタレントマネジメントの類型の存在を明らかにしたことである。従来のタレントマネジメントは，STM，GTMを代表例として，選別アプローチであり，職務ルールを基盤とすることが前提でもあった。しかし，適者開発日本型人事管理は，それとは異なるタレントマネジメントのあり方を示している。**図表９-１**をご覧いただきたい。

会社は誰の者か，という観点では，STM・GTMが株主重視であるのに対し，適者開発日本型人事管理は，多様なステークホルダーを重視する。そのため，社員をステークホルダーとして重視するので，STM・GTMと異なり，包摂アプローチになる。また，職務，職能ルールについては，STM・GTMがキーポジションを基軸とした職務ルールであることに対し，適者開発日本型人事管理は，キーポジションを定め，グローバルにおける職務グレーディングの共通性は担保するものの，職務を柔軟に捉え，非管理職層などで職能ルールの併存も可能になっている。ただし，事業戦略からの人材像の落とし込みと，業績・潜在マトリックスの考え方により人材評価を行うという点で，両者は共通している。それゆえ，適者開発日本型人事管理は，タレントマネジメントに属する類

型と評価できよう。この類型の位置づけは，**図表9-2**のように考えることが
できる。

　適者開発日本型人事管理は，FITMと同様に，「適者開発」「包摂アプローチ」

（図表9-1） **タレントマネジメントにおける適者開発日本型人事管理の特徴**

特徴	STM・GTM	適者開発日本型人事管理
会社は誰のものか	株主	多様なステークホルダー社会，社員，顧客，株主など
職務，職能ルール	職務ルール，キーポジションを中心に運用	キーポジションを定め，グローバルで職務を基準としたグレーディングが可能であるが，職務をきわめて柔軟に運用し，職能ルールの併存も可能
選別，包摂アプローチ	選別アプローチ	包摂アプローチ
事業戦略からの人材像の落とし込み	あり	あり
コンピテンシーを軸とした業績・潜在マトリックスによる人材評価	あり	あり

（出所）筆者作成

（図表9-2） **適者開発日本型人事管理の位置づけ**

（出所）筆者作成

に属するタレントマネジメントの類型なのである。こうした，新しいタレントマネジメントの類型を明らかにしたことが第1の意義である。

第2の意義は，「事業戦略に基づくキーポジションの要件定義を行い，要件に適合した人材像を決定し，人材像に合致したタレントをタレントプールで選抜，育成，登用するプロセス」こそが，タレントマネジメントにおける適者開発を可能とするプロセスであることを明らかにしたことだ。このプロセスがSTMにおいて重要であることは，第4章の分析で明らかになった。さらに，それは，厳密な職務定義を行わないサトー，カゴメにおいても，非管理職層の職能ルールが併存する味の素でも実施されていた。つまり，STMに限らず包摂アプローチのタレントマネジメントでも，事業戦略の人材像への落とし込みは，欠くべからざる重要な要素であることを明らかにできた。

第3の意義は，タレントマネジメントの現場における効果的な運用のあり方の発見である。先行研究においては，現場における効果的な運用という視点は十分ではなかったし，その点を明らかにする尺度も存在していなかった。本書では，第5章において，「事業戦略の明確さと浸透」に関する尺度を作成し，この点を検証することができた。その結果，部門において事業戦略の明確化を徹底すること，さらにそれを周知するための，上司と部下の信頼関係の重要性を明らかにできた。また，カゴメの事例で，上司と部下の関係性を補完できる機能としての，HRBPの有用性を明らかにできた。HRBPは，現場における詳細な情報をくみ取り，会社の方向性と個人のキャリアのバランスを取るという難しい役割を果たしていた。そしてHRBPは，人事の意思決定機関である人材会議に大きな影響を有し，経営陣と現場をつないでいた。このように，タレントマネジメントの現場における効果的な運用のあり方を示したことが，第3の意義である。

3-2　日本型人事管理に関する理論的意義

日本型人事管理に関する理論的意義については，2点をあげたい。第1の意義は，日本型人事管理の方向性に関する新しい選択肢を示したことである。従来の日本型人事管理の方向性には，概ね4つの選択肢があったと考えられる。第1の選択肢は，職務ルールへの全面的な変革であり，具体的にはL社の事例のようなSTMの全面導入が考えられる。第2の選択肢は，小池（1994）に代

表される職能ルールに基づく適者生存日本型人事管理の維持である。第3と第4の選択肢は，日本型人事管理に変革を加えていく，とするものである。第3の選択肢は，平野（2006）の進化J型に代表されるように，マネジメント人材とエキスパート人材を区分するような，人材区分（人材ポートフォリオ）の考え方の導入であり，いわば「人」的観点による変革である。第4の選択肢は，山田（2020）に代表されるハイブリッド・システムであり，これは30歳代後半を分岐点として，それ以前には職能ルールを適用し，それ以後には職務ルールを適用する。いわば，「時間」的観点による変革である。

　それに対して，本書が示した第5の選択肢は，日本型人事管理を適者生存から適者開発に変革していくというものであるが，いわば「学習」的観点による変革である。職務，職能ルールについては職務を柔軟に運用しつつ，事業戦略に基づく人材像を明確化し，それに向けた効果的な人材育成，人材開発を重視する。このような「学習」的観点による変革という新たな選択肢を示したことが，第1の意義である。5つの選択肢の比較の詳細は，**図表9-3**をご覧いただきたい。

　なお，**図表9-3**にあるように，「学習」的観点による変革の場合，人事部門は集権化を基本としつつ，HRBPの機能を活用して分権化を進める。西村（2019）では，分権化によって自部門優先志向，優秀人材の抱え込み，次世代リーダー候補の育成不足が生じるという課題を指摘していた。この課題に対し，HRBPは分権化を促進するものの，むしろタレントに関する経営陣と現場の意思決定の調整機能を担う。HRBPの機能を活用して分権化を進める場合には，西村の指摘する課題には十分対応できるだろう。

　第2の意義は，個人におけるキャリア自律の重要性の再確認である。平野（2006）においても，エキスパート人材にとってのキャリア自律の重要性が指摘されていた。しかし，その重要性は，ある人材ポートフォリオの一区分のみに強調されるものではない。味の素とカゴメ，L社では，個人のキャリア自律の不十分さによる課題が指摘されていた。個人のキャリア自律の程度が十分でないのは，適者生存日本型人事管理に起因する部分があると考えられる。適者生存日本型人事管理においては，おそい選抜と職務概念の欠如により，集権的な人事部が社員の長期の人事異動を主導的に行うため，個人にそれに依存する姿勢が生じる可能性がある。個人のキャリア自律なくして，適者開発日本型人

$\boxed{\text{図表9-3}}$　5つの選択肢の比較

	職務ルールへの全面的変革	適者生存日本型人事管理の維持	「人」的観点の変革	「時間」的観点の変革	「学習」的観点の変革
内容	STMの全面導入	現状維持	マネジメント人材とエキスパート人材を区分する	30歳代後半で分岐する職能と職務のハイブリッド化	事業戦略に基づく人材像を明確化し，それに向けて適者開発する
職務，職能ルール	職務ルール，キーポジションを中心に運用	職能ルール	職務等級，役割等級などの職務ルール	30歳代後半以前は職能ルール，以後は職務ルール	キーポジションを定め，グローバルで職務を基準としたグレーディングが可能であるが，職務をきわめて柔軟に運用し，職能ルールの併存も可能
選別，包摂アプローチ	選別アプローチ	包摂アプローチ	選別と包摂の混合	選別と包摂の混合	選別と包摂の混合，混合型，組み合わせ型，部分採用型が存在
人事部門	分権的（タレントには集権的）	集権的	集権的，一部分権化	集権的，一部分権化	集権的，一部HRBPを活用して分権化
昇進，選抜	業績・潜在マトリックスとコンピテンシーの活用	おそい選抜	マネジメント人材は早期化	30歳代後半までは，おそい選抜	業績・潜在マトリックスとコンピテンシーの活用
競争戦略のタレント戦略への反映	事業戦略に基づく人材像の明確化	曖昧	方法は明示されていない	方法は明示されていない	事業戦略に基づく人材像の明確化
先行研究	Collings and Mellahi(2009)	小池（1994）	平野（2006）	山田（2020）	─

（出所）筆者作成

事管理は成立しない。そこで，カゴメの「生き方改革」のような，抜本的なキャリア自律の促進が重要となろう。このように個人のキャリア自律が，日本型人事管理の変革において，組織の人材全員にとって鍵となるという事実をあ

らためて明らかにしたことが，第2の意義である。

4 実践的意義

本書の実践的意義として，日本型人事管理の変革を進めるうえで，企業は賃金や報酬という側面だけにとらわれず，「学習」的観点を重視するべきだ，という点をあげたい。そもそも，タレントマネジメント自体が，天賦の才能を有しつつその開発に努力するタレントに焦点をあてたものであるから，「学習」的観点に焦点をあてる概念である。ところが，従来の日本型人事管理の変革において，成果主義の導入，あるいは職務，職能ルールの是非の検討は，どうしても，賃金や報酬面が中心となって議論されてきた傾向が否めない。

しかし，本書で中心に検討してきたことは，職務，職能ルールにせよ，適者生存と適者開発の議論にせよ，いかに人材を育成，開発することに資するかという側面が中心である。人材が企業の競争戦略の源泉であるとすれば，その育成，開発のあり方に焦点をあてることは，むしろ自然なことではないだろうか。

もし実践面において，賃金や報酬面に優先度をおいて変革を進めれば，「学習」的観点に関わる領域はどうしても後回しになってしまう。むしろ，企業は「学習」的観点を中心として，自社の競争戦略にあわせてタレント戦略を構築することを，最優先とすべきであろう。この「学習」的観点による日本型人事管理の変革の重要性を示したことを，本書の実践的意義としてあげたい。

5 今後の課題

考察の最後として，今後の研究の課題を3点に分けて述べたい。

5-1 中堅・中小企業の自国内のタレントマネジメント

タレントマネジメントの分類に，自国内とグローバルという区分があることは，先に述べたとおりである。本書においても，事例の企業については，自国内とグローバルの取り組みについて，区分できるものは区分して述べてきた。

しかしながら，本書で調査した事例企業は，海外で広範な事業運営をしている企業に限られ，またグローバルに経営するという観点からタレントマネジメ

210

ントを導入したという側面があることも事実である。これに対し，日本国内を中心に事業運営を行う中堅・中小企業に関しては，今回は調査に至らなかった。しかし日本型人事管理を基盤としながら，適者生存を適者開発に切り替えていくという必要性を有する中堅・中小企業が多く存在する可能性は高い。今後は，そのような日本国内を中心に事業運営を行う中堅・中小企業のタレントマネジメントについても，研究を進める必要があろう。

5-2　タレントマネジメントの効果測定

　タレントマネジメントの効果測定項目として，採用成果のギャップ測定，個々のタレントの準備がどこまで整っているか，社員満足度，社員のモチベーション，社員のコミットメント，社員の役割外行動の実施程度，などが存在する（Tarique and Schuler, 2010）ことは先述のとおりである。本書では，第5章において，タレントマネジメントが社員個人のワークエンゲイジメントに寄与することについては，実証した。

　ただし本書で調査した事例企業が，本格的にタレントマネジメントを導入したのは，いずれも最近のことであった。それらの運用が進み，本格的に効果が生じ始めるのは，もうしばらく時間を要する可能性が高い。タレントマネジメントを本格的に導入した企業における，その導入の効果については，さらに時間をかけて検証を継続していく必要があるだろう。

5-3　グローバルとしての展開

　本書で調査した事例企業は，いずれもグローバル経営の観点からタレントマネジメントを導入していた。ただしそのためには，まず日本本社における日本型人事管理を変革する必要があり，第1段階としては，日本側の変革に重点を置いていたことが実情であろう。もちろん職務グレードの共通化などはグローバルと同時進行に行われているものの，その運用の精緻化などは，やはり日本側に重点が置かれている。そのため，タレントマネジメントのグローバル展開が本格化していくのは，第2段階としての今後の姿であると考えられる。第2段階でタレントマネジメントのグローバル展開が本格化していく状況の検証も，今後の研究課題であろう。

あとがき

　研究や書物を，個人が単独で成し遂げることは，極めて難しいのではないだろうか。本書も，まさに多くの方々のご尽力，ご支援がなければ，世に出ることはなかった。第4章では，初出の論文の共著者である山下茂樹氏から，貴重な調査データを得ることができた。また，志水静香氏，福井泰光氏，望月崇路氏，草川暢之氏，宮田貴裕氏，中村麻友子氏，藤井真理氏，鈴木雅則氏，米田淳紀氏との情報交換で貴重な知見を得ることができた。第5章では，当研究室の佐藤雄一郎氏，金澤元紀氏，伊東美奈子氏とともに調査を行った。

　第6章では江上茂樹氏と金沢春康氏，第7章では高倉千春氏，第8章では有沢正人氏に，調査に多大な協力とご支援をいただいた。この4名の方々は，日本の人事の強みに敬意を払いつつ，なおかつタレントマネジメントの仕組みを導入しようと，経営と現場の意向をどちらも尊重しながら，改革を進めてこられた。難しい取り組みを進めてこられたことに，心より敬意を払いたい。この3社の改革があってこそ，本書が成立した。なお，味の素の取材に協力いただいた，多摩大学客員教授の須東朋広氏にも感謝したい。

　また，2019年からのタレントマネジメントの科研費プロジェクトに参加することができた。このプロジェクトは，同志社大学准教授の田中秀樹先生が研究代表者であり，法政大学教授の佐藤厚先生，環太平洋大学講師の柿沼英樹先生，労働政策研究・研修機構副主任研究員の西村純先生との意見交換で，貴重な知見を得ることができた。また，同プロジェクトの京都での打ち合わせでは，神戸大学准教授の江夏幾多郎先生からも貴重なご意見をいただいた。まえがきで述べた学会での懇親会で知り合った長崎大学准教授の中西善信先生からも，日常的にご助言をいただいている。さらに，学会での多くの研究者の方々との交流，日常的な人事の実務家の方々，研究室メンバーとの意見交換なくしては，やはり本書が成立することはなかった。ここまで述べた多くの方々に，記して深く感謝申し上げたい。

　筆者が実務家から研究者のキャリアへと転換するにあたり，日本生産性本部経営アカデミーでご指導いただいた明治大学教授の永野仁先生，社会人大学院

212

の指導教員である産業能率大学教授の城戸康彰先生と法政大学名誉教授の諏訪康雄先生に，今に至るまで導いていただいている。あらためて感謝申し上げるとともに，本書が少しでも学恩に報いるものとなっていればと願うばかりである。また，筆者のキャリアに多大な影響を与えていただいた，八木洋介氏にも感謝したい。

また，本書は，法政大学出版助成金により助成を受けた。さらに，本書の研究については，JSPS科研費 JP 19K01819-Bの助成を受けた。記して感謝申し上げる。

　ヘーゲルの「ミネルヴァの梟は，黄昏が訪れてはじめて飛び立つ」という言葉がある。これは，知恵の象徴である梟が，一日の終わりでようやく飛び立つということから，現実を知恵が後追いしている，と解釈される。あるいは，新しい知恵は，一日の終わりという古い状態と決別する時にこそ，真の姿を示す，とも解釈される。タレントマネジメントにおいては，実務的な現実を学術理論が後追いしたことは，間違いない事実だろう。しかし，そうであるからこそ，学術理論が現実を整理する必要性はあるし，またその整理によって，日本型人事管理の新しい姿を照らし出すという意味があるだろう。本書もミネルヴァの梟の役割に，ほんのわずかでも貢献できていたら，望外の幸せである。

　また本書は，主に研究室と自宅で執筆したが，どちらかといえば，自宅での執筆の割合が多かったかもしれない。その際は，自宅の食卓を占拠し，食卓は資料で埋め尽くされることになってしまった。長時間，食卓を占拠することを大目に見てくれた家族に，感謝したい。

　最後に，本書は企画段階にはじまり，緻密な校正まで含めて，中央経済社学術書編集部副編集長の市田由紀子氏に多大なるご尽力をいただいた。中央経済社と担当の市田氏のお力添えがなければ，本書が世に出ることはなかった。心から感謝申し上げる。

　2020年5月　神奈川県の自宅の食卓にて

著　者

注■————————

1　Association for Talent Developmentは，世界最大の人材育成に関する会員制組織であり，産官学の関係者が参加している。約100カ国以上の国々に約40,000人の会員がいる。

2　マタイ書の25章における寓話である。

3　『世界大百科事典』平凡社による。

4　マルコ書の10章に示される。

5　たとえば*Journal of World Business*で2010年と2014年，*The International Journal of Human Resource management*で2013年，*Asia Pacific Journal of Human Resources*で2012年にTMの特集が組まれている。

6　https://www.td.org/

7　The Institute for Corporate Productivityとの共同調査である。

8　STMのキーポジションは"roles"と表現される場合もある（Ariss, Cascio and Paauwe, 2014）が，これは"positions"と同義の言い換えの表現と考えられる。

9　ただし，服部（2019）においては，「スター」の識別に対し，社会関係資本は統計的に有意な影響を与えていなかった。

10　表情やジェスチャーなど，非言語のコミュニケーション要素を意味する。

11　Friedman（2005）。

12　企業の社会的責任（corporate social responsibility）。

13　共通価値の創造（creating shared value），経済的価値と社会的価値を同時に創造すること。

14　国連が2015年に宣言した，持続可能な開発目標（sustainable development goals）。

15　2020年2月のダボス会議では，米国企業のセールスフォースドットコムのCEOさえ，「我々の知っている資本主義は死んだ」と発言し，株主資本主義からステークホルダー資本主義へ移行するという，資本主義の再定義が議論された（日本経済新聞2020年1月23日朝刊）。

16　「見えざる出資」とは，①年功賃金体系により，若年期には未払い賃金が累積，②長期間特定の企業にいることで得られる企業特異的な熟練の形成，の2点を社員が出資しているため，容易に企業を退出できないことを意味する。

17　2019年6月27日から30日に，インターネット調査で実施された。回答者は人事部の課長相当ならび部長以上の300名で，年間売上高は100億円以上が77.0%，従業員規模は1,000名以上が65.7%を占める。なお，この調査は，タレントマネジメントのATDの定義に基づき実施されている。

18　2019年3月19日から4月9日にかけて，webサイト「日本の人事部」にて実施さ

れた。

19　実際に，アジア太平洋地域のTMの課題は，世界経済において中国とインドのような新興国が急成長する中で，タレントの供給がその成長に追いつかないリスクであると指摘されている（McDonnell, Collings and Burgess, 2012）。

20　本調査はTMの機能の把握に焦点を絞ったため，人事部門に所属する社員を対象とし，ビジネスユニットにおける実際のTMが適用される社員への聞き取りは実施しなかった。

21　入社オリエンテーションは，F社の人事施策の概要，方針などが会社側から説明されるため，F社の全体像を把握するために貴重な機会であった。

22　本章初出の論文は，共著で作成されている。L社の社内調査は，当時L社に在籍していた，第2著者が行った。その後，第1著者と第2著者が調査内容を吟味し，在籍者としてのバイアスが影響しないよう客観性の担保を行った。

23　佐藤（2008）によれば，コード化，すなわち定性的コーディングとは，社会生活の現場の言葉を「理論の言葉」に置き換えるものである。この作業を行うことで，単なる記述や報告の段階をこえて，問題を構造化し，「なぜ」という根源的な問い，すなわちリサーチクエスチョンに答えることが可能となる。

24　たとえば，即座に後継者として可能，1年以内に可能，2〜3年以内に可能，などの区分である。

25　L社としての公式表現ではないが，人事の担当者がこのように呼称している。

26　三行提報の詳細は，ホームページでも公開されている。http://www.sato.co.jp/company/management/sangyo-teiho.html（サトーホームページ，2020年1月31日アクセス）

27　玉石混交に関する説明は，2010年10月22日日経産業新聞朝刊24面に掲載。

28　ただし，当時のサトーの人事部はひとり親の男性の問題も研究し，対象に含めるかどうかの検討は行っていた。

29　サトー塾は，研修コンサルティング会社が運営していた。

30　「カオナビ」というタレントマネジメントシステムを使用している。

31　2019年カゴメ株式会社会社案内。

参考文献■─────────────

Abegglen, C. J. (2004) *21st Century Japanese Management: New Systems, Lasting Values,* Tokyo: Nihon keizai Shimbun. (山岡洋一訳『新・日本の経営』日本経済新聞社, 2004年).

Aguinis, H. and O'Boyle Jr. E. (2014) "Star Performers in Twenty-First Century Organizations," *Personnel Psychology,* 67 (2), 313-350.

Albrecht, S. L., Bakker, A. B., Gruman, J. A., Macey, W. H. and Saks, A. M. (2015) "Employee Engagement, Human Resource Management Practices and Competitive Advantage," *Journal of Organizational Effectiveness: People and Performance.* 2 (1), 7-35.

青木昌彦 (1989)『日本企業の組織と情報』東洋経済新報社.

Ariss, A. A., Cascio, W. F. and Paauwe, J. (2014) "Talent Management:Current Theories and Future Research Directions," *Journal of World business,* 49, 173-179.

Arthur, M. B. (1994) "The Boundaryless Career: A New Perspective for Organization Inquiry," *Journal of Organizational Behavior,* 15, 295-306.

ATD (2009) "The New Face of Talent Management."

Atwood, C. (2007) *Succession Planning Basics,* ATD. (石山恒貴訳『サクセッションプランの基本』ヒューマンバリュー, 2012年).

Baird, L. and Meshoulam, I. (1988) "Managing Two Fits of Strategic Human Resource Management," *Academy of Management Review,* 13 (1), 116-128.

Barcikowski, R. S. (1981) "Statistical Power with Group Mean as the Unit of Analysis", *Journal of Educational Statistics,* 6 (3), 267-285.

Barney, J.(1991)"Firm Resources and Sustained Advantage," *Journal of Management,* 17 (1), 99-120.

Becker, B. E. and Huselid, M. A. (2006) "Strategic Human Resource Management: Where Do We Go From Here?", *Journal of Management,* 32 (6), 898-925.

Benner, P. (2001) *From Novice to Expert: Power and Excellence in Nursing Practice.* Upper Saddle River: Prentice-Hall. (井部俊子訳『ベナー看護論 新訳版―初心者から達人へ―』医学書院, 2005年).

Bethke-Langenegger, P., Mahler, P. and Staffelbach, B. (2011) "Effectiveness of Talent Management Strategies," *European Journal of International Management,* 5 (5), 524-539.

Bothner, M. S., Podolny, J. M. and Smith, E. B. (2011) "Organizing Contests for

Status: The Matthew Effect vs. the Mark Effect," *Management Science*, 57 (3), 439-457.

Boudreau, J. W. and Ramstad, P. W. (2005) "Talentship and the New Paradigm for Human Resources Management: From Professional Practices to Strategic Talent Decision Science," *Human Resource Planning*, 28 (2), 17-26.

Boyatzis, R. and Boyatzis, R. E. (2008) "Competencies in the 21st Century," *Journal of management development*, 27 (1), 5-12.

Buckingham, M. and Vosburgh, R. M. (2001) "The 21st Century Human Resources Function: It's the Talent, Stupid ! Identifying and Developing Talent, One Person at a Time, Becomes Our Defining Challenge," *Human Resource Planning*, 24 (4), 17-24.

Call, M. L., Nyberg, A. J. and Thatcher, S. (2015) "Stargazing: An Integrative Conceptual Review, Theoretical Reconciliation, and Extension for Star Employee Research," *Journal of Applied Psychology*, 100 (3), 623.

Cappelli, P. (2008) *Talent on Demand: Managing Talent in an Age of Uncertainty*, Boston: Harvard Business Press.

蔡芒錫 (1998)「人的資源管理論のフロンティア―戦略的人的資源管理論（SHRM）―」『組織科学』Vol.31, No.4, pp.79-92.

Chuai, X., Preece, D. and Iles, P. (2008) "Is Talent Management just "Old Wine in New Bottles" ?: The Case of Multinational Companies in Beijing," *Management Research News*, 31 (12), 901-911.

Collings, D. G. and Mellahi, K. (2009) "Strategic Talent Management: A Review and Research Agenda," *Human Resource Management Review*, 19 (4), 304-313.

Collings, D. G., Scullion, H. and Vaiman, V. (2011) "European Perspectives on Talent Management," *European Journal of International Management*, 5 (5), 453-462.

Collings, D. G., Mellahi, K. and Cascio, W. F. (2019) "Global Talent Mmanagement and Performance in Multinational Enterprises: A Multilevel Perspective," *Journal of Management*, 45 (2), 540-566.

Conway, J. M. and Lance, C. E. (2010) "What Reviewers Should Expect from Authors Regarding Common Method Bias in Organizational Research", *Journal of Business and Psychology*, 25 (3), 325-334.

DeTuncq, T. H. and Schmidt, L. (Eds.) (2013) *Integrated Talent Management Scorecards: Insights from World-class Organizations on Demonstrating Value*, American Society for Training and Development.

Dore, P. R.（1973）*British Factory-Japanese Factory: The Origin of National Diversity in. Industrial Relation,* Berkeley: University of California Press.（山之内靖・永易浩一訳『イギリスの工場・日本の工場―労使関係の比較社会学』筑摩書房，1987年）.

Dries, N. and Pepermans, R.（2008）"Real High-Potential Careers: An Empirical Study into the Perspectives of Organisations and High Potentials," *Personnel Review,* 37（1），85-108.

Dries, N.（2013）"The Psychology of Talent Management: A Review and Research Agenda," *Human Resource Management Review,* 23, 272-285.

Dreyfus, S. E.（1983）"How Expert Managers Tend to Let the Gut Lead the Brain," *Management Review,* 72, 56-61.

Duckworth, A.（2016）*Grit: The Power of Perseverance and Passion,* New York, NY: Scribner.

海老原嗣生（2013）『日本で働くのは本当に損なのか』PHP研究所.

Fernández-Aráoz, C., Roscoe, A. and Aramaki, K.（2017）"Turning potential into success: The missing link in leadership development," *Harvard Business Review,* 95（6），86-93.

Friedman, T. L.（2005）. The world is flat: A brief history of the twenty-first century. New York, NY: Macmillan.

福井直人（2009）「日本企業における能力考課基準の変容―職務遂行能力からコンピテンシーへ―」『北九州市立大学商経論集』Vol.44, No.（1・2・3・4），pp.19-41.

Gallardo-Gallardo, E., Dries, N. and González-Cruz, T. F.（2013）"What is the Meaning of 'Talent' in the World of Work?," *Human Resource Management Review,* 23（4），290-300.

Gallardo-Gallardo（2019）"The Meaning of Talent in the World of Work," In Collings, D. G., Scullion, H. and Caligiuri,P.M.（Eds.），*Global Talent Management Second Edition,* New York, NY : Routledge, 74-89.

Gladwell, M.（2002）"The talent myth," *The New Yorker,* 22（2002），28-33.

Graen, G. B. and Uhl-Bien, M.（1995）"Relationship-Based Approach to Leadership Development of Leader-Member Exchange（LMX）Theory of Leadership over 25 Years: Applying a Multi-Level Multi-Domain Perspective", *Leadership Quarterly,* 6（2），219-247.

Hall, D.T.（2004）"The ProteanCareer: A Quarter-Century Journey," *Journal of Vocational Behavior,* 65, 1-13.

濱口桂一郎（2009）『新しい労働社会―雇用システムの再構築へ―』岩波新書.

濱口桂一郎（2013）『若者と労働―「入社」の仕組みから解きほぐす―』中央公論新社.

濱口桂一郎（2014）『日本の雇用と中高年』筑摩書房.

Hamel, G. and Prahalad, C. K. (1994) *Competing For the Future*, Harvard Business School Press. (一條和生訳『コア・コンピタンス経営』日本経済新聞社，1995年)

花田光世（2001）「キャリアコンピテンシーをベースとしたキャリア・デザイン論の展開―キャリア自律の実践とそのサポートメカニズムの構築を目指して―」『CRL Research Monograph』No.1.

原ひろみ（2014）『職業能力開発の経済分析』勁草書房.

服部泰宏（2019）「日本企業における"スター社員"の先行要因:人的資本，社会関係資本，心理的資本の観点から」『日本労務学会第49回全国大会研究報告集』pp.315-322.

樋口一清（2019）『消費経済学入門―サスティナブルな社会への選択―』中央経済社.

平野光俊（2006）『日本型人事管理―進化型の発生プロセスと機能性―』中央経済社.

平野光俊（2011）「2009年の人事部―その役割は変わったのか―」『日本労働研究雑誌』No.606, pp.62-78.

堀内泰利・岡田昌毅（2009）「キャリア自律が組織コミットメントに与える影響」『産業・組織心理学研究』Vol.23, No.1, pp.15-28

堀内泰利・岡田昌毅（2016）「キャリア自律を促進する要因の実証的研究」『産業・組織心理学研究』Vol.29, No.2, pp.73-86

石原直子（2013）「タレントマネジメントの本質―日本が学ぶべきポイントに注目して―」『Works Review』Vol.8, pp.100-113.

石山恒貴（2013）「パフォーマンス・コンサルティングをヒントに（第2回）パフォーマンスとは何か」『企業と人材』Vol.46, No.1009, pp.72-75.

石山恒貴・山下茂樹（2017）「戦略的タレントマネジメントが機能する条件とメカニズムの解明―外資系企業と日本企業の比較事例研究―」『日本労務学会誌』Vol.18, No.1, pp.21-43.

岩出博（2002）『戦略的人的資源管理論の実相』泉文堂.

Jacoby, S.M. (2005) *The embedded corporation,* Princeton University Press. (鈴木良始・伊藤健市・堀龍二訳『日本の人事部・アメリカの人事部』東洋経済新報社, 2005年).

加護野忠男・小林孝雄（1989）「資源拠出と退出障壁」今井賢一・小宮隆太郎（編）『日本の企業』東京大学出版会, pp.73-92.

柿沼英樹（2015）「企業におけるジャストインタイムの人材配置の管理手法の意義―

人的資源管理論でのタレントマネジメント論の展開―」『京都大学経済学会・経済論叢』Vol.189, No.2, pp.49-60.

柿沼英樹（2018）「タレントマネジメント論の計量書誌学的分析」『環太平洋大学研究紀要』Vol.13, pp.89-98.

Kaufman, B. E.（2010）"SHRM Theory in the Post-Huslid Era: Why It Is Fundamentally Misspecified," *Industrial Relations*, 49（2）, 286-313.

Kristof, A. L.（1996）"Person-Organization Fit: An Integrative Review of Its Conceptualizations, Measurement, and Implications," *Personnel psychology*, 49（1）, 1-49.

川喜多喬（2004）『人材育成論入門』法政大学出版局.

木村琢磨（2007）「戦略的人的資源管理論の再検討」『日本労働研究雑誌』No.559, pp.66-78.

小池和男（1981）『日本の熟練』有斐閣.

小池和男（1991）『仕事の経済学』東洋経済新報社.

小池和男（1994）『日本の雇用システム―その普遍性と強み―』東洋経済新報社.

小池和男（1997）『日本企業の人材形成』中央公論社.

熊沢誠（1997）『能力主義社会と企業社会』岩波書店.

Lawler III, E. E.（1986）*High-Involvement Management: Participative Strategies for Improving Organization Performance,* CA: Jossey-Bass.

Lepak, D. P. and Snell, S. A.（1999）"The Human Resources Architecture: Toward a Theory of Human Capital Allocation and Development," *Academy of Management Review,* 24（1）, 31-48.

Lewis, R. E. and Heckman, R. J.（2006）"Talent Management: A Critical Review," *Human Resource Management Review,* 16, 139-154.

Marsden, D.（1999）*A Theory of Employment Systems:Micro-Foundation of Society Diversity,* Oxford :Oxford University Press.（宮本光晴・久保克行訳『雇用システムの理論―社会的多様性の比較制度分析―』NTT出版, 2007年）.

Martin, J. and Schmidt, C.（2010）"How to Keep Your Top Talent," *Harvard Business Review,* 88（5）, 54-61.

McCall, M. W.（1998）*High Flyers,* Boston: Harvard Business School Press.（金井壽宏監訳, リクルート・ワークス研究所訳『ハイ・フライヤー―次世代リーダーの育成法―』プレジデント社, 2002年）.

McClelland, D. C.（1973）"Testing for Competence Rather Than for Intelligence," *American psychologist*, 28（1）, 1.

McDonnell, A., Lamare, R., Gunnigle, P. and Lavelle,J.（2010）"Developing

Tomorrow Leaders-Evidence of Global Talent Management in Multinational Enterprises," *Journal of World Business,* 45, 150-160.

McDonnell, A., Collings, D. G. and Burgess,J. (2012) "Talent Management in the Asia Pacific," *Asia Pacific Journal of Human Resources,* 50, 391-398.

McDonnell, A., Collings, D. G. and Carbery, R. (2019) "The Identification and Evaluation of Talent in Multinational Enterprises," In Collings, D. G., Scullion, H. and Caligiuri, P.M. (Eds.), *Global Talent Management, Second Edition,* New York, NY:Routledge, 74-89.

Mellahi, K. and Collings, D. G. (2010) "The Barriers to Effective Global Talent Management: The Example of Corporate Elites in MNEs," *Journal of World business,* 45, 143-149.

Mensah, J. K. (2018) "Talent management and employee outcomes: A psychological contract fulfilment perspective", *Public Organization Review,* 1-20.

Merton, R. K. (1968) "The Matthew Effect in Science: The Reward and Communication Systems of Science are Considered," *Science,* 159 (3810), 56-63.

Michaels, E., Handfield-Jones, H. and Axelrod, B. (2001) *The War for Talent,* MA: Harvard Business School Press. (マッキンゼー・アンド・カンパニー監訳,渡会圭子訳『ウォー・フォー・タレント』翔泳社, 2002年).

Miles, R. E. and Snow, C. C. (1984) "Designing Strategic Human Resources Systems," *Organization Dynamics,* 13 (1), 36-52.

Minbaeva, D. and Collings, D. G. (2013) "Seven Myths of Global Talent Management" *The International Journal of Human Resources,* 24 (9), 1762-1776.

森口千晶 (2013)「日本型人事管理モデルと高度成長」『日本労働研究雑誌』No.634, pp.52-63.

McClelland, D. C. (1987) *Human motivation,* Cambridge: Cambridge University Press. (梅津祐良・薗部明史・横山哲夫訳『モチベーション―「達成・パワー・親和・回避」動機の理論と実際―』生産性出版, 2005年).

守屋貴司 (2020)『人材危機時代の日本の「グローバル人材」の育成とタレントマネジメント』晃洋書房.

日本生産性本部 (2019)「第16回日本的雇用・人事の変容に関する調査結果」

西村孝史 (2019)「人事機能の分権化がもたらす反作用―人的資源の柔軟性の媒介効果―」『経済経営研究』Vol.1, pp.17-33.

Nonaka, I. and Takeuchi, M. (1995) *The Knowledge-Creating Company: How Japanese Companies Create the Dynamics of Innovation,* London: Oxford University Press. (梅本勝博訳『知識創造企業』東洋経済新報社, 1996年).

Oakes, K. and Galagan, P.（2011）"Too many soloists, Not Enough Music," In K G. and Galagan, P.（Eds.）, *The Executive Guide to Integrated Talent Management*, Oakes, Alexandria, Virgina: ASTD Press, 1-10.

奥寺葵（2010）「戦略に対応したHRMの有効性―戦略的人的資源管理の理論的枠組―」『千葉商大論叢』Vol.47, No.2, pp.131-149.

Ouchi, W. G.（1981）*Theory Z: How American Business Can Meet the Japanese Challenge*, Massachusetts: Addison-Wesley.（徳山二郎監訳『セオリーZ』CBSソニー出版, 1981年）.

尾関美喜（2007）「集団ごとに収集された個人データの分析（2）―分散分析とHLM（Hierarchical Linear Model）の比較―」『名古屋大学大学院教育発達科学研究科紀要 心理発達科学』Vol.54, 119-125.

Pandita, D. and Bedarkar, M.（2015）"Factors Affecting Employee Performance: A Conceptual Study on the Drivers of Employee Engagement," *Indian Journal of Management*, 8（7）, pp.29-40.

Pandita, D. and Ray, S.（2018）"Talent Management and Employee Engagement–a Meta-Analysis of Their Impact on Talent Retention," *Industrial and Commercial Training*, 50（4）, 185-199.

Peavy, R. V.（1992）"A Constructivist Model of Training for Career Counselors," *Journal of Career Development*, 18（3）, 215-228.

Peterson, C. M. and Seligman, M. E.（2003）"Positive Organizational Studies: Lessons from Positive Psychology", In Cameron, K.S, Dutton, J.E. and Quinn, R.E.（Eds.）, *Positive organizational scholarship*, San Francisco, CA:Berrett-Koehler, 14-28.

Pfeffer, J.（1994）"Competitive Advantage Through People," *California Management Review*, Winter 1994, 9-28.

Pfeffer, J.（1998）*The Human Equation:Building Profits by Putting People First*, MA:Harvard Business School Press.（守島基博監修, 佐藤洋一訳『人材を活かす企業』翔泳社, 2010年）.

Pfeffer, J.（2001）"Fighting the War for Talent is Hazardous to Your Organization's Health," *Organizational Dynamics*, 29（4）, 248-259.

Podsakoff, P. M. and Organ, D. W.（1986）"Self-Reports in Organizational Research: Problems and Prospects," *Journal of management*, 12（4）, 531-544.

Posthuma, R. A., Campion, M. C., Masimova, M., and Campion, M. A.（2013）"A High Performance Work Practices Taxonomy: Integrating the Literature and Directing Future Research," *Journal of Management*, 39（5）, 1184-1220.

Raudenbush, S. W. and Bryk, A. S. (2002) *Hierarchical Linear Models: Applications and Data Analysis Methods (Vol. 1)*, Thousand Oaks, CA :Sage.

労働政策研究・研修機構 (2010)「企業における人事機能の現状と課題に関する調査」『調査シリーズ』No.68.

Salanova, M., Agut, S., and Peiró, J. M. (2005) "Linking Organizational Resources and Work Engagement to Employee Performance and Customer Loyalty: the Mediation of Service Climate," *Journal of applied Psychology,* 90 (6), 1217-27.

佐藤郁哉 (2008)『質的データ分析法』新曜社.

Savanevičienė, A. and Vilčiauskaitė, B. (2017) "Practical Application of Exclusive and Inclusive Talent Management Strategy in Companies," *Business, Management and Education,* 15 (2), 242-260.

Savickas, M. L. (1997) "Career Adaptability: An Integrative Construct for Life-Span, Life Space Theory," *The Career Development,* 45, 247-259.

Savickas, M. L. (2005) "The Theory and Practice of Career Construction", In S.D. Brown and R.W. Lent (Eds.), *Career Development and Counseling: Putting Theory and Research to Work,* Hoboken, NJ :John Wiley & Sons, 42-70.

Savickas, M. L. (2011) *Career counseling,* Washington D.C: American Psychological Association.

Savickas, M. L. and Porfeli, E. J. (2012) "Career Adapt-Abilities Scale: Construction, Reliability, and Measurement Equivalence across 13 Countries," *Journal of Vocational Behavior,* 80, 661-673.

Schaufeli, W. B., Taris, T. W. and Bakker, A. B. (2006) "Dr. Jekyll and Mr. Hyde: On the differences between work engagement and workaholism", In Burke, R. J. (Eds.) *Research Companion to Working Time and Work Addiction,* Northampton, MA :Edward Elgar, 193-217.

Schaufeli, W. B. and Bakker, A. B. (2010) "Defining and measuring work engagement: Bringing clarity to the concept," In Bakker, A. B. and Leiter, M. P. (Eds.) *Work engagement: A handbook of essential theory and research,* Psychology press, 10-24.

Schuler, R. S., Jackson, S. E. and Tarique, I. (2011) "Global Talent Management and Global Talent Challenges: Strategic Opportunities for IHRM," *Journal of World Business,* 46 (4), 506-516.

Scullion, H. and Collings, D. G. (2010) "Global Talent Management," *Journal of World Business,* 45, 105-108.

Seijts, G. H. and Crim, D. (2006) "What Engages Employees the Most or, the Ten

C's of Employee Engagement," *Ivey Business Journal*, 70（4）, .1-5.

Seligman, M. E. and Csikszentmihalyi, M.（2000）"Positive Psychology: An Introduction," *American Psychlogist*, 55, 5-14.

Shimazu, A., Schaufeli, W. B., Kosugi, S., Suzuki, A., Nashiwa, H., Kato, A. and Goto, R.（2008）"Work Engagement in Japan: Validation of the Japanese Version of Utrecht Work Engagement Scale," *Applied Psychology*, 57, 510-523.

島津明人（2010）「職業性ストレスとワーク・エンゲイジメント」『ストレス科学研究』Vol.25, pp.1-6.

清水裕士（2014）『個人と集団のマルチレベル分析』ナカニシヤ出版.

清水裕士（2016）「フリーの統計分析ソフト HAD: 機能の紹介と統計学習・教育，研究実践における利用方法の提案」『メディア・情報・コミュニケーション研究』Vol.1, pp.59-73.

Sparrow, P.（2019）"A Historical Analysis of Critiques in the Talent Management Debate," *Business Research Quartely*, 22（3）, 160-170.

須田敏子（2018）『組織行動』NTT出版.

鈴木竜太・北居明（2005）「組織行動論における集団特性の分析手法―マルチレベル分析に関する研究ノート―」『神戸大学大学院経営学研究科Discussion paper』45.

Swailes, S., Downs, Y., and Orr, K.（2014）"Conceptualising Inclusive Talent Management: Potential, Possibilities and Practicalities," *Human Resource Development International*, 17（5）, 529-544.

Swathi, S.（2014）"Employee Engagement and Attrition," *International Journal of Business and Management*, 2（5）, 183-187.

高橋伸夫（2004）『虚妄の成果主義―日本型年功制復活のススメ―』日経BP社.

高橋潔（2008）「内部・外部労働市場における職業能力評価の役割」『日本労働研究雑誌』No.577, pp.4-16.

高浦康有（2019）「会社とは誰のものか―カゴメのファン株主拡大戦略―」東北大学経営グループ『ケースに学ぶ経営学　第3版』有斐閣, pp.32-54.

Tansley, C.（2011）"What Do We Mean by the Term "Talent" in Talent Management?," *Industrial and commercial training*, 43（5）, 266-274.

Tarique, I. and Schuler, R. S.（2010）"Global Talent Management: Literature Review, Integrative Framework, and Suggestions for Future Research," *Journal of World Business,* 45, 122-133.

Teece, D. J.（2009）*Dynamic Capabilities and Strategic Management,* Oxford: Oxford University Press.（谷口和弘ほか訳『ダイナミック・ケイパビリティ戦

224

略』ダイヤモンド社, 2013年).

Thunnissen, M., Boselie, P. and Fruytier, B. (2013) "A Review of Talent Management: Infancy or Adolescence?," *The International Journal of Human Resources,* 24 (9), 1744-1761.

鳥取部真己 (2009)「戦略的人的資源管理論の展望に関する一考察」『名古屋商科大学論集』Vol.53, No.2, pp.173-183.

Uhl-Bien, M. (2006) "Relational Leadership Theory: Exploring the Social Process of Leadership and Organizing," *The Leadership Quarterly,* 17, 654-676.

Ulrich, D. (2011) "Integrated Talent Management," In Oakes, Kevin and Galagn, Pat (Eds.), *Integrated Talent Management,* MA: ASTD Press, pp.189-211.

Ulrich, D. and Brockbank, W. (2005) *The HR Value Proposition,* Boston:Harvard Business Press. (伊藤武志訳『人事が生み出す会社の価値』日経BP社, 2008年).

Ulrich, D. and Smallwood, N. (2012) "What is Talent?," *Leader to leader,* 2012 (63), 55-61.

Vaiman, V., Scullion, H. and Collings, D. (2012) "Talent Management Decision Making," *Management Decision,* 50 (5), 925-941.

脇坂明 (2019)「OJT再考」『学習院大学経営研究所年報』Vol.33, pp.59-89.

渡部亮 (2018)「アングロサクソン・モデルの変質(下)―ポスト資本主義の展望―」『経済志林』Vol.86. No.2, pp.115-189.

山田久 (2017)『同一労働同一賃金の衝撃』日本経済新聞出版社.

山田久 (2020)『賃上げ立国論』日本経済新聞出版社.

八代尚宏 (2009)『労働市場改革の経済学―正社員「保護主義」の終わり―』東洋経済新報社.

Youndt, M. A., Snell, S. A., Dean, J. W. and Lepark, D. P. (1996) "Human Resource Management, Manufacturing Strategy, and Firm Performance," *Academy of Management Journal,* 39 (4), 836-866.

Young, R. A. and Collin, A. (2004) "Introduction: Constructivism and Social Constructionism in the Career Field," *Journal of Vocational Behavior,* 64, 373-388.

Yukl, G. (2008) *Leadership in Organizations* (*7th ed.*), Upper Saddle River, NJ: Prentice-Hall.

索　引

226

コンピテンシー………9, 16, 27, 44, 46, 47,
48, 49, 50, 57, 71, 82, 98, 106, 108, 148,
149, 150, 151, 152, 153, 154, 164, 165,
167, 169, 170, 193, 196, 197, 198, 200

さ行

サトーのエスプリ………………… 140, 144
三行提報………………… 138, 141, 152, 154
自己成就予言…………………………… 61
社員エンゲイジメント………27, 111, 112,
113, 132
集権的人事部門…………… 65, 72, 74, 194
主観アプローチ………………… 6, 41, 57
職能ルール…… 67, 77, 79, 80, 148, 153,
159, 161, 162, 169, 170, 171, 203, 204,
207, 209
職務………………………………… 209
職務記述書……… 162, 163, 164, 169, 170,
179, 188, 203, 204
職務ルール……68, 77, 80, 148, 152, 161,
169, 203, 204, 206, 207
スター……………………………… 41, 42
全社員参加型経営………………… 152, 154
全社員参画型経営………………… 138
選別アプローチ……8, 9, 24, 25, 27, 37, 41,
52, 57, 62, 77, 82, 108, 111, 120, 134,
145, 149, 150, 151, 152, 153, 154, 159,
161, 169, 170, 171, 176, 188, 189, 194,
204
双対原理………………………………… 72

た行

ダイナミックケイパビリティ… 140, 141
高い潜在能力者………8, 41, 42, 43, 44, 54,
98, 106, 107, 137, 170, 173, 189, 193

タレント・オン・デマンド…… 2, 13, 40,
54, 55, 84, 161
タレントプール…… 18, 25, 37, 40, 48, 49,
54, 63, 78, 90, 96, 98, 100, 105, 112, 193,
195, 206
タレントリテンション……………… 112
タレントレビュー会議……… 96, 98, 100,
103, 105
地域カード………………… 185, 186, 202
知的熟練………………… 66, 69, 70, 75
強み重視アプローチ……… 35, 47, 48, 58
適者開発………58, 59, 76, 80, 82, 108, 154,
195, 205, 207, 210
適者開発日本型人事管理……… 195, 202,
204, 205
適者生存……… 58, 59, 62, 74, 77, 82, 108,
207, 210
適者生存日本型人事管理… 74, 75, 76, 77,
80, 194, 201, 207
適所適財……………… 158, 159, 160, 166
トランスナショナル戦略…… 56, 171, 190

な行

日本型人事管理…… 59, 62, 63, 65, 74, 79,
80, 83, 84, 107, 109, 137, 144, 146, 147,
151, 152, 169, 173, 191, 192, 195, 197,
203, 204, 206, 209, 210

は行

パフォーマンスマネジメント…… 21, 49,
50, 63, 198, 201
半ジェネラリスト・半スペシャリスト型
………………………… 69, 75, 76
ピグマリオン効果………………… 10
文化適合………………………… 94

[著者紹介]

石山恒貴（いしやま のぶたか）

法政大学大学院政策創造研究科 教授
一橋大学社会学部卒業，産業能率大学大学院経営情報学研究科修士課程修了，法政大学大学院政策創造研究科博士後期課程修了，博士（政策学）。
一橋大学卒業後，NEC，GE，米系ライフサイエンス会社を経て，現職。
本書にて，第18回（2020年度）経営行動科学学会賞（JAAS Award）優秀研究賞受賞，HRアワード2020入賞。

主な論文：

Role of knowledge brokers in communities of practice in Japan, *Journal of Knowledge Management*, Vol.20, No.6, 2016.

「副業を含む社会活動とジョブ・クラフティングの関係性―本業に対する人材育成の効果の検討―」『日本労働研究雑誌』No.691，2018年

「戦略的タレントマネジメントが機能する条件とメカニズムの解明―外資系企業と日本企業の比較事例研究―」『日本労務学会誌』Vol.18，No.1，2017年

「大学生のアルバイト経験が職業能力とジェネリックスキルに与える影響」『人材育成研究』Vol.13，No.1，21-42，2017年（2018年人材育成学会論文賞）

「インストラクショナルデザイン理論に基づくインターンシッププログラムの学習効果」『人材育成研究』Vol.12，No.1，99-120，2016年（2016年人材育成学会奨励賞）

主な著書：

『組織内専門人材のキャリアと学習―組織を越境する新しい人材像―』日本生産性本部生産性労働情報センター，2013年

『永不后悔的跳槽法則』王玲林訳，北京理工大学出版社，2013年

『時間と場所を選ばないパラレルキャリアを始めよう！』ダイヤモンド社，2015年

『越境的学習のメカニズム―実践共同体を往還しキャリア構築するナレッジ・ブローカーの実像―』福村出版，2018年

『会社人生を後悔しない40代からの仕事術』共著，ダイヤモンド社，2018年

『地域とゆるくつながろう―サードプレイスと関係人口の時代―』編著，静岡新聞社，2019年

『越境学習入門―組織を強くする冒険人材の育て方』共著，日本能率協会マネジメントセンター，2022年

Mechanisms of Cross-Boundary Learning Communities of Practice and Job Crafting, 共著，Cambridge Scholars Publishing, 2019年

日本企業のタレントマネジメント
■適者開発日本型人事管理への変革

2020年7月20日　第1版第1刷発行
2024年10月15日　第1版第8刷発行

著　者　石　山　恒　貴
発行者　山　本　　　継
発行所　㈱中央経済社
発売元　㈱中央経済グループ
　　　　パ ブ リ ッ シ ン グ

〒101-0051　東京都千代田区神田神保町1-35
電話　03 (3293) 3371 (編集代表)
　　　03 (3293) 3381 (営業代表)
https://www.chuokeizai.co.jp
印刷／㈱堀内印刷所
製本／誠製本㈱

© 2020
Printed in Japan

好 評 既 刊

研究方法論を正当化するロジックがわかる
学術論文執筆に不可欠の書

マネジメント 研究への招待

―研究方法の種類と選択―

須田敏子[著]

Ａ５判・ソフトカバー・264頁

目 次

中央経済社

あなたに合った手法がきっと見つかる！

労働・職場調査 ガイドブック

―多様な手法で探索する働く人たちの世界―

梅崎 修・池田心豪・藤本 真[編著]

A5判・ソフトカバー・260頁

目 次

中央経済社

好評既刊

経済学・経営学のための
英語論文の書き方
―アクセプトされるポイントと戦略―

中谷安男[著]　Ａ５判・ソフトカバー・256頁

中央経済社